成尚荣——著

大夏书系·成尚荣教育文丛

语文气象

华东师范大学出版社

上海市著名商标 ECNUP

全国百佳图书出版单位

目 录

CONTENTS

辑一　精彩的命名

辑二 文化的回归

辑三　内在的尺度

辑四　语文的诗学

自序　在更大的坐标上讲述自己的故事

曾经犹豫很久，不知丛书的自序究竟说些什么，从哪里说起，怎么说。后来，我想到，丛书是对自己人生的第一次小结，而人生好比是个坐标，人生的经历以及小结其实是在坐标上讲述自己的故事。于是自序就定下了这个题目。

与此同时，我又想到故事总是一节一节的，一段一段的，可以分开读，也可以整体地去读。因此，用"一、二、三……"的方式来表达，表达人生的感悟。

一、尚可：对自己发展状态的认知

我的名字是"尚荣"二字。曾记得，原来写的是"上荣"，不知何人、何时，也不知何因改成"尚荣"了。那时，家里人没什么文化，我们又小，改为"尚荣"绝对没有什么文化的考量，但定有些什么不知所云的考虑。

我一直认为"尚荣"这名字很露，不含蓄，也很俗，不喜欢，很不喜欢。不过，现在想想，"尚荣"要比"上荣"好多了，谦逊多了，也好看一点。我对"尚荣"的解读是"尚可"，其含义是，一定要处在"尚可"的认知状态，然后才争取从尚可走向尚荣的理想状态。

这当然是一种自我暗示和要求。我认为，人不能喧闹，不能作秀，更不能炫耀（何况还没有任何可以炫耀的资本）。但人不能没有精神，不能没有思想，我一直要求自己做一个有追求的人，做一个精神灿烂的人。正是"尚可""尚荣"架构起我人生的坐标。尚可，永远使我有种觉醒和警惕，无论有什么进步、成绩，只是"尚可"而已；尚荣，永远有一种想象和追求，无论有什么进展、作为，只不过是"尚荣"而已。这一发展坐标，也许是冥冥之中人生与我的约定以及对我的承诺。我相信名字的积极暗示意义。

二、走这么久了，才知道现在才是开始

我是一只起飞很迟的鸟，不敢说"傍晚起飞的猫头鹰"，也不愿说"夕阳无限好，只是近黄昏"。说起飞很迟，是因为61岁退休后才安下心来，真正地读一点书，写一点小东西，在读书和写作中，生发出一点想法，然后把这些想法整理出来，出几本书，称作"文丛"。在整理书稿时，突然之间有了一点领悟。

第一点领悟：年龄不是问题，走了那么久，才知道，原来现在才是开始。人生坐标上的那个起点，其实是不确定的，任何一个点都可以成为起点；起点也不是固定的某一个，而是一个个起点串联起发展的一条曲线。花甲之年之后，我才开始明晰，又一个起点开始了，真正的起点开始了。这个点，就是退休时，我在心里默默地说的：我不能太落后。因为退休了，不在岗了，人一般会落后，但不能太落后。不能太落后，就必须把过去的办公桌，换成今天家里的那张书桌，书桌告诉我，走了那么久，坐在书桌前，才正是开始。所以，年龄真的不是问题，起点是自己把握的。

第二点领悟：人生是一首回旋曲，总是要回到童年这一人生根据地去。小时候，我的功课学得不错，作文尤其好。那时，我有一个巴望：巴望老师早点发作文本。因为发作文本之前，总是读一些好作文，我的作文常常被老师当作范文；也常听说，隔壁班的老师也拿我的作文去读。每当那个激动人心的时刻来临，我会想入非非：总有一天要把作文登在报刊上，尤其是一定要在《新华日报》上刊登一篇文章。童年的憧憬和想象是种潜在的力量。一个人童年时代有没有一点想入非非，今后的发展还是不

同的。和过去的学生聚会，他们也逐渐退休了，有的也快70岁了。每每回忆小学生活，总忆起那时候我读他们的作文。文丛出了，我似乎又回到了自己的童年时代。童年，那是我人生的根据地；人总是在回旋中建构自己的历史，建构自己的坐标，总得为自己鸣唱一曲。

第三点领悟：人的发展既可以规划又不能规划，最好的发展是让自己"非连续发展"。最近我很关注德国教育人类学家博尔诺夫的"非连续"教育理论。博尔诺夫说，人是可以塑造的，但塑造的观点即连续性教育理论是不完整的，应当作重要调整和修正，而非连续性教育倒是对人的发展具有根本的意义。我以为，非连续性教育可以迁移到人的非连续性发展上。所谓非连续性发展，是要淡化目的、淡化规划，是非功利的、非刻意的。我的人生好像用得上非连续发展理论。如果你功利、浮躁、刻意，会让你产生"目的性颤抖"。人的发展应自然一点，"随意"一点，对学生的教育亦应如此，最好能让他们跳出教育的设计，也让名师的发展跳开一点。只有"尚可"，才会在不满足感中再向前跨一点。

三、坐标上的原点：追寻和追赶

文丛实质上是我的一次回望，回望自己人生发展的大概图景，回望自己的坐标，在坐标上讲述自己的故事。回望不是目的，找到那个点才最为重要。我要寻找的是那个坐标上的原点，它是核心，是源泉，是出发点，也是回归点。找到原点，才能架构人生发展的坐标，才会有真故事可讲。

那个点是什么呢？它在哪里呢？

它在对人生意义的追寻中。我一直坚信这样的哲学判断：人是意义的创造者，但人也可以是意义的破坏者。我当然要做意义的创造者。问题是何为意义。我认定的意义是人生的价值，既是个人存在和发展的价值，也是对他人对教育对社会产生的一点影响。而意义有不同的深度，价值也有不同的高度。值得注意的是，人生没有统一的深度和高度，也没有统一的进度和速度，全在自己努力，不管从什么时候开始，你努力了，达到自己的高度才重要，把握自己的进度才合适。而所谓的努力，对我来说就是两个字：追赶。因为我的起点低，基础薄弱，非"补课"不可，非追赶不可。其实，追赶不仅是态度，它本身就是一种意义。

我追赶青春的步伐。路上行走，我常常不自觉地追赶年轻人的脚步，从步幅到步频。开始几分钟，能和年轻人保持一致，慢慢地赶不上了。过了几分钟，我又找年轻人作对象，去追赶他们的脚步，慢慢地，又落后了。追赶不上，我不遗憾，因为我的价值在于追求。这样做，只是对自己的要求，是想回到青年时代去，想再做一回年轻人，也是向年轻人学习，是向青春致敬的一种方式。有了青春的步伐，青春的心态，才会有青春的书写。

我追赶童心。我曾不止一次地引用作家陈祖芬的话：人总是要长大的，但眼睛不能长大；人总是要变老的，但心不能变老。不长大的眼是童眼，不老的心是童心。童心是可以超越年龄的，只要有童心，就会有童年，就会有创造。我自以为自己有颗不老的童心，喜欢和孩子说话，喜欢和年轻人对话，喜欢看绘本，喜欢想象，喜欢天上云彩的千变万化，看到窗前的树叶飘零了，我会有点伤感。追赶童心，让我有时激动不已。

我追赶时代的潮流。我不追求时尚，但是我不反对时尚，而且关注时尚。同时，我更关注时代的潮流，课程的，教学的，教育的，儿童的，教师的；经济的，科技的，社会的，哲学的，文化的。有人请我推荐一本杂志，我毫不犹豫地推荐《新华文摘》，因为它的综合性，让我捕捉到学术发展的前沿信息。每天我要读好几种报纸，报纸以最快的速度传递时代的信息，我会从中触摸时代的走向和潮流。读报并非消遣，而是让其中一则消息触动我的神经。

所有的追赶，都是在寻觅人生的意义。人生坐标，当是意义坐标。意义坐标，让我不要太落后，让我这只迟飞的鸟在夕阳晚霞中飞翔，至于它落在哪个枝头，都无所谓。迟飞，并不意味着飞不高飞不远，只要是有意义的飞翔，都是自己世界中的高度和速度。

四、大胸怀：发展的坐标要大些

人生的坐标，其实是发展的格局，坐标要大，就是格局要大。我家住傅厚岗。傅厚岗曾住过几位大家——徐悲鸿、傅抱石、林散之，还有李宗仁。我常在他们的故居前驻足，见故屋，如见故人。徐悲鸿说，一个人不能有傲气，但一定要有傲骨；傅抱石对小女傅益瑶说，不要做文人，做一个有文化的人，重要的是把自己的胸襟培养起来。徐悲鸿、傅抱石的话对我启发特别大。我的理解是：大格局来自大胸怀，胸怀大是真正的大；大格局不外在于他人，而是内在于人的心灵。而胸怀与视野联系在一起。于是，大视野、大胸怀带来大格局，大格局才会带来大一点的智慧，人才能讲一点更有内涵、更有分量的故事。这是我真正的心愿。

大胸怀下的大格局，是由时间与空间架构成的坐标。用博尔诺夫的观点看，空间常常有个方向：垂直方向、水平方向和点。垂直方向引导我们向上，向天空，向光明；水平方向引导我们向前；点则引导我们要有一个立足点。无论是向上，还是向前，还是选择一个立足点，都需要努力，都需要付出。而时间则是人类发展的空间。时间特别引导人应当有明天性。明天性，即未来性，亦即向前性和向上性。所以，实践与空间构筑了人生的坐标，这样的坐标是大坐标。

五、对未来的慷慨：把一切献给现在

在这样的更大坐标中，需要我们处理好现实与未来的关系。我非常欣赏这样的表述：对未来的慷慨，是把所有的一切都献给现在。其意不难理解：不做好现在哪有什么未来？因此想要在更大的坐标上讲述故事，则要从现在开始，只有着力讲好今天的故事，才有明天的故事。有一点，我做得还是比较好的：不虚度每一天，读书、读报、思考、写作成为一天的主要生活内容，也成了我的生活方式。有老朋友对我的评价是：成尚荣不好玩。意思是，我不会打牌，不会钓鱼，不会喝酒，不喜欢游山玩水。我的确不好玩。但我觉得我还是好玩的。我知道，年纪大了，再不抓紧时间读点书写点什么，真对不起自己，恐怕连"尚可"的水平都达不到。这位老朋友已离世了，我常默默地对他说：请九泉之下，仍继续谅解、宽容我的不好玩吧。真的，好不好玩在于自己的价值认知和追求。

六、首先做个好人，一个有道德的人

讲述的故事不管有多大，有一个十分重要的主题，那就是做个好人。做个好人真不容易。我对好人的定义是：心地善良，有社会良知，谦虚，和气，平等对人，与人为善，多站在对方的位置上想想。我的主要表现是：学会"让"。让，不是软弱，而是不必计较，不在小问题上计较，不在个人问题上计较。所谓好人，说到底是做个有道德的人。参与德育课程标准的研讨，参与道德与法治教材的审查，参与学生发展核心素养的论证，我最大的体会是：道德是照亮人生之路的光源，人生发展坐标首先是道德坐标。我信奉林肯的论述："能力将你带上峰顶，德行将让你永驻那儿。"我还没登上峰顶，但是道德将成为一种攀登的力量和永驻的力量。我也信奉，智慧首先是道德，一如亚里士多德所言，智慧就是就那些对人类有益的或有害的事采取行动的伴随着理性的真实的能力状态。我又信奉，所谓的退、让，实质上是进步，一如插秧歌："手把青秧插满田，低头便见水中天，六根清净方为道，退步原来是向前。"我还信奉，有分寸感就不会贪，有意志力就不怕，有责任心就不懒，有自控力就不乱。而分寸感、意志力、责任心、自控力无不与道德有关。

在更大的坐标上讲述故事，是一个反思、梳理、提升的过程，学者称之为"重撰"中的深加工。文丛试图对以往的观点、看法作个梳理，使之条理化、结构化，得以提升与跃迁。如果作一些概括的话，至少有三点体会。其一，心里有个视角，即"心视角"。心视角，用心去观察问题、分析问题。心视角有多大，坐标就可能有多大；心视角有多高，坐标就可能有多高。于是，我对自己的要求是，对任何观点对任何现象的分析、认识看高不看低，往深处本质上去看，往立意和价值上去看。看高就是一种升华。其二，脑子里有个思想的轮子。思想让人站立起来，让人动起来、活起来，人的全部尊严在于思想。思想是从哪里来的？来自哲学，来自文学，来自经典著作。我当然相信实践出真知，但是实践不与理论相结合，是出不了思想的。思想好比轮子，推着行动走。倘若文章里没有思想，写得再华丽都不是好文章。我常常努力地让思想的轮子转动起来。发展坐标是用思想充实起来、支撑起来的。其三，从这扇门到那扇门，打开一个新的天地。读书时，我常有种想象，我把这种阅读称作"猜想性阅读"。这样的阅读会丰富自己原有的认知框架，甚至可以改变自己原有的认知框架。写作则是从这扇门到那扇门，由此及彼，由表及里，由浅及深，是新的门窗的洞开。

七、把坐标打开：把人、文化，把教育的关注点、研究点标在坐标上

更宽广的视野，更丰富的心视角，必然让坐标向教育、向生活、向世界打开。打开的坐标才可能是更大的坐标。我对专业的理解，不囿于学科，也不囿于课程，而要在人的问题上，在文化的问题上，在教育改革、发展的一些大问题上有些深度的阐释和建构，这样的专业是大专业。由此，对教师的专业发展我曾提出"第一专业"的命题。对教师专业发展如此，对教育科研工作者也应有这样的理解与要求。基于这样的认识，文丛从八个方面梳理、表达了我这十多年对有关问题思考、研究的观点：儿童立场、教师发展、道德、课程、教学、语文、教学流派以及核心素养。我心里十分清楚：涉及面多了，研究的专题不聚焦，研究的精力不集中，在深度上、在学术的含量上达不到应有的要求。不过，我又以为，教育科研者视野开阔一点，视点多一点，并不是坏事，倒是让自己在多样性的认知与比较中，对某一个问题发现了不同的侧面，让问题立起来，观察得全面一些，也深入一些。同时，研究风格的多样化，也体现在研究的方向和价值上。

坐标打开，离不开思维方式和打开方式。我很认同"遮诠法"。遮诠法是佛教思维方式。遮，即质疑、否定；诠，即诠释、说明。遮不是目的，诠才是目的；但是没有遮，便没有深度、独特的诠；反过来，诠让遮

有了更充足的理由。由遮到诠是思维方式，也是打开、展开的方式。

遮诠法只是我认同并运用的一种方式，我运用得比较多的是"赏诠法"。所谓赏，是肯定、认同、赞赏。我始终认为，质疑、批评、批判，是认识问题的方式，是指导别人的方式，而肯定、认同、赞赏同样是认识问题的方式，同样是指导别人的方式，因为肯定、认同、赞赏，不仅让别人增强自信，而且知道哪些是认识深刻、把握准确、表达清晰的，需要保持，需要将其放大，争取做得更好。对别人的指导应如此，对自己的学习和研究也应这样。这样的态度是打开的，坐标也是打开的。打开坐标，研究才会有新视野和新格局。

打开，固然可以深入，但真心的深入应是这一句话："根索水而入土，叶追日而上天。"我对自己的要求是：向上飞扬，向下沉潜。要向上，还要向下，首先是"立起身来"。原来，所有的坐标里，都应有个人，这个人是站立起来的。这样的坐标才是更大的坐标。

八、打开感性之眼，开启写作之窗

不少人，包括老师，包括杂志编辑，也包括一些专家学者，认为我的写作是有风格的，有人曾开玩笑地说：这是成氏风格。

风格是人的影子，其意是人的个性使然，其意还在风格任人去评说。我也不知道自己的写作风格究竟是什么，只知道，那些文字是从我的心里流淌出来的，大概真实、自然与诗意，是我的风格。

不管风格不风格，有一点我是认同的，而且也是在努力践行的，那就是相信黑格尔对美的定义：美是用感性表达理念和理性。黑格尔的话与中国文化传统中的"感悟"，以及宗白华《美学散步》中的"直觉把握"是相同的，相通的。所以，我认为，写作首先是打开感性之眼，运用自己的直觉把握。我自觉而又不自觉地坚持了这一点。每次写作，总觉得自己的心灵又敞开了一次，又自由呼吸了一次，似乎是沿着一斜坡向上起飞、飞翔。心灵的自由才是最佳的写作状态，最适宜的写作风格。

当然也有人曾批评我的这一写作风格，认为过于诗意，也"带坏"了一些教师。我没有过多地去想，也没有和别人去辩论。问题出在对"诗意"的理解存在偏差。写作是个性化的创造，不必去过虑别人的议论。我坚持下来了，而且心里很踏实。

九、讲述故事应当有一个丰富的工具箱

工具的使用与创造，让人获得了解放，对工具的使用与创造已成为现代人的核心素养。

讲述故事也需要工具，不只是一种工具，而且要有一个工具箱。我的工具箱里有不少的工具。一是书籍。正如博尔赫斯所说的，书籍是人类创造的伟大工具。书籍这一工具，让我的心灵有了一次又一次腾飞的机会。二是艺术。艺术是哲学的工具。凭借艺术这一工具我走向哲学的阅读和思考。长期以来，我对艺术作品及其表演非常关注。曾记得，读师范时，我有过编写电影作品的欲望，并很冲动。现在回想起来，有点好笑，又非常欣慰。因为我那电影梦，已转向对哲学、伦理学的关注了。三是课程。从目的与手段的关系看，课程是手段、是工具。课程这一透镜，透析、透射出许多深刻的意蕴。四是教科书。我作为审查委员，对教材进行审查时，不是审查教材本身，而是去发现教材深处的人——教材是不是为人服务的。工具箱，提供了操作的工具，而工具的使用，以及使用中生成的想象，常常帮助我去编织和讲述故事。

十、故事让时间人格化，我要继续讲下去

故事可以提供一个可供分享的世界。不过，我的目的，不只在与世界分享，更为重要的是，通过故事让时间人格化，让自己的时间人格化。讲述故事，是对过去的回忆，而回忆时，是在梳理自己的感受，梳理自己人格完善的境脉。相信故事，相信时间，相信自己的人生坐标。

我会去丰富自己的人生坐标，在更大的坐标上，继续讲述自己的故事。

2017 年 1 月 15 日

写在前面　语文名师评论的尺度——语文名师断想

谈论语文教学改革，尤其是谈论语文名师，总有几个文化物象在眼前闪耀：高地与高峰、合唱队与领唱者。语文教学应当有一块高地，但高地上应当有高峰，高峰当是名师的比喻。合唱队的优秀，往往与领唱者有关，而领唱者又是在合唱队里诞生的。我们需要建构高地，也需要耸立起高峰；我们需要优秀的合唱队，也需要杰出的领唱者。总之，语文教学需要名师。但是，何为语文名师？语文名师又该如何评价？于是，我有了评论的断想。这一断想，让语文教学形成万千气象。

1.复兴始于教师。

联合国教科文等四个组织，曾共同提出一个口号：复兴始于教师。这一口号意蕴非常深刻。我的领悟是：教育的振兴，从教师开始；国家、民族的振兴，也从教师开始。

的确，谁赢得了今天的教师，谁就会赢得明天的教育；谁赢得了今天的名师，谁就会赢得今天的和明天的优质教育。

而这一切，都是为了学生的发展。因此，复兴始于教师深处的含义是，教师培养学生，好教师培养好学生。复兴始于教师，说到底，是复兴始于学生。这印证了以下两句话：今天我们给孩子们一个美好的世界，就是给未来世界留下更多好的孩子，世界才会更美好。

2.名师需要定义，从文化学的视角看，定义的过程是阐释的过程。

文化是一门解释的学问。从文化学的视角看，名师的定义是关于名师的文化解释。抑或说，名师的解释比名师的定义更重要，也更有文化的意义和色彩。

文化是由人所编织起来的一张意义之网，而人是这张意义之网上的一个动物。对名师的阐释，是与教师一起编织文化的意义之网，让教师成为文化的创造者。

这样的阐释很可能用感性的方式，有一种诗意的表达。诗意绝不是指词藻的华丽、表述的浪漫，相反，是平实、质朴、深刻的另一种表达。对语文名师的阐释用这种方式更适合。

3. 当今语文教育界，对真正名师的呼唤更为迫切。

关于名师，我们基本上达成了共识：这个时代需要名师，也不缺名师，只是真正的名师太少了。小学语文界是名师荟萃的园地。我们一定会想起斯霞老师。斯老师的童心母爱成为语文教育和整个教育的旗帜，像斯老师那样教语文已成为小学语文教师的共同愿望和执著追求。斯老师一直在云端，凝望着、期待着，我们该响亮回答：斯老师，请您放心。我们也一定会想起李吉林老师。李老师所创立的情境教育成功解决了语文符号世界与生活世界相联系相通融的问题，中国式的儿童情境学习范式已建构起来，并正在走向世界。我们也一定会去追随李老师前行的步伐。还有许多语文名师，在语文天空里都闪烁着异样的光彩。

我们不禁要问：在斯老师以后，在李老师以后，在那些语文名师之后，又是谁来引领小学语文教学呢？时代的呼唤，我们应作出应答。而对名师进行评论，应有几个尺度。

尺度之一：语文名师应当有语文教学主张。

语文名师需要对语文教学进行命名。命名实质上是在长期实践和研究的基础上，提炼自己的语文教学主张。语文名师不能没有自己的教学主张。

教学主张是教育核心理念的淬炼，使核心理念聚焦并结构化，具有鲜明的个性特点。命名时充满着想象，教育、语文教学需要丰富的想象力。

教学主张的提炼一定要基于学科的特质，不言而喻，语文教学主张必须对语文特质有深刻的认知、准确的把握、明晰的表述。因此，名师的定义，语文名师的解释，语文老师教学主张的提炼，乃是语文教学的精彩命名。

语文教学主张绝不是窄化甚或异化语文教学的内涵，而恰恰是语文教学的突破口。

有人担心，提出语文教学主张，可能使具有丰富内涵的语文窄化为"××语文"，使语文异化。我并不这么认为。教学主张是基于语文特质的独特的理解和把握，它只是力求以此来切入，推动语文教学的深度改革。因此，教学主张只不过是寻求到一个切入口、突破口，切入口、突破口也是生长点。不同的教学主张形成语文教学的不同个性、不同风格，使语文教学园地百花齐放，更加五彩斑斓、绚丽多姿。"××语文"还是语文，语文不会窄化，更不会异化，而是特色化、个性化，这是语文教学的文化回归，语文教学会更加生动，也更加深刻。当然，教学主张的表达，"××语文"只是其中一种表述方式，其他方式我们也正在寻找和创造中，比如一句话，比如一个比喻。

尺度之二：从深刻意义上看，语文名师应当让语文教学回归。

改革从来不是零起点，从来不割断历史。语文教学改革也是这样。所以，语文教学改革有时需要回归，需要回家。在回家的路上，会发现新的风景，产生新的想象，会有新的创造。回归、回家是回到语文的本质上去，回到原点上去，回到规律上去。一如对待传统，只有不断地回归、回家，才使传统成为"现代时"，而且成为"未来时"。语文教学的回归，实质是在回归中走好现实之路，走好创造之路，并走向未来。

不难理解，语文名师在本质上是文化的回归者，是站在原点的文化瞭望者和创造者。

尺度之三：语文名师应当培养自己的美学精神。

人的本性决定了人对美和审美的追求。"审美的自由是一切政治自由的基础，由此可以设计出一个虚幻的，但可以自由进入的美学王国"（席勒，《美育书简》）。从席勒的这一著名论点引申开去，可以形成这样的观点：在自由进入的美学王国里才能培育美学精神。这样的美学精神表现在对崇高和自由的追求上，也体现在美学的法则上："使人在一切外在生活中保持内心生活的笃定"（席勒，《美育书简》）。崇高与自由，带领我们冲出围栏，让我们走出了感性世界，获得精神上的进一步解放；美学法则，则让我们在规范中求得解放。

中华美学精神在于坐忘和虚静。坐忘、虚静带领我们走向心灵的自由和创造。语文教学用中华美学精神来引领，必将形成语文教学的中国品格和风格，语文名师也会充溢着中华美学精神的力量，让语文教学走向崇高。

尺度之四：根本的内在尺度——为了儿童的语文学习。

语文最精彩之处，在于语文教学让儿童精彩起来，亦即，语文的精彩不是目的，它有个根本的内在尺度，这一内在尺度就是儿童的语文学习，就是儿童的发展。儿童语文素养的养成与提升，才是语文教学主张提出及落实的根本目的。

儿童是怎么学语文的，我们并不清楚。这里用得上"陌生化"的文艺理论：语文之于儿童，是熟悉的陌生者；儿童学语文之于我们，也是熟悉的陌生者。熟悉，让儿童让我们充满亲近感；陌生，让儿童也让我们充满好奇心和求知欲。陌生与熟悉之间充满着语文的张力。语文教师，尤其是语文名师应当引导自己，也引导儿童在语文的张力里有探究，有体验，有感悟，有收获。

名师凭借语文教学主张要揭开儿童语文学习的"黑洞"，揭示儿童语文学习的密码。这是语文名师的使命与智慧。

小学语文界群星灿烂，照亮着中国小学语文教学的天空。小学语文界人才辈出。平日，为一些名师写一些评点，这些评点其实是读后感。每写一次，便对名师们有新的认识和发现。这次整理文稿，又一次被他们的精神、思想、品格和语文教学的主张，及其所形成的教学风格感动。如今，选择一部分名师以及一部分对他们评点的文稿，呈现在文丛中，再去回望时，心灵又有了新的感悟和感动。从某种意义上说，我是想初步绘制一张小学语文名师图谱。这图谱上每一位名师都像星光一样灿烂。

评论，是为了我们认识他们；评论，也是为了鼓舞自己；评论，还想在图谱上增加一点色彩。

愿全国小学语文名师照亮儿童的语文之眼，照亮语文世界，照亮无限的天空。这样，语文的万千气象让语文世界美美与共，天下大同。

核心观点　专业身份与名师成长

一、专业身份是名师成长研究的新视角、新命题

南京师范大学附属中学是出名师、大师的学校。在校史馆里，有一份珍贵的史料：20世纪30年代左右，南师附中的教师每年必须到大学进修，进修的课程有严格的规定——首先选修与自己任教学科无关的课程，其次选修与自己所教学科有关联的课程，最后才选修自己所任教学科的课程。这样的规定，已经对教师专业的理解有了超越，即超越了学科专业的范畴。物理学家钱伟长对专业的理解则有了更大的超越。他在回答别人关于专业问题时说：我没有专业，如果说我有专业的话，那就是服从祖国的需要。毋庸置疑，钱伟长是有自己的专业的，不过，他对专业的理解有更广阔的视野，不妨说他有更"大"、更"高"的专业追求。同样，学科专业是教师须臾不可缺的，也不可有丝毫的轻慢。但是，审视当下的教师专业发展，总觉得专业发展局限在学科专业上，一些地方在理解与把握上存有一定的局限性，甚至存有狭隘的倾向。的确，专业有层次性。不过，教师专业发展特别是名师成长，应当确立超越的理念，在坚守学科专业的同时，超越学科专业，追求更"大"、更"高"的专业。

常常去向李吉林老师请教，也常常和她聊天。每次与她交谈，总是不知不觉地沉浸在她无意中所形成的"情境"里。在这种自然的情境里，70

多多岁的李老师，仍是那么年轻，尤其是她的精神、她的思想、她的心灵。我想，究竟是什么关键性的因素造就了这位名师？究竟在什么特定的情境里诞生了这位儿童教育家？

于是，我留心观察。发现是观察的目的。我发现李吉林有多种不同的身份：在年轻的教师面前，她是位导师，像是一位领袖教师；在年龄稍长的教师或老同事面前，她是位可交心的朋友；在学生面前，她自然是一位典型的教师——当然已悄悄地被抹上了"慈祥"的色彩；在教授、专家面前，她是一位学者；在媒体和记者面前，她是一位教育专家；在家里，她为人妻、为人母……这就是李吉林的身份。这些不同的身份，显示着在不同的情境里，她都有关于自我意义的认同、理解与把握，以及对其所承担的基本责任的阐释与担当。但是，不管是哪种身份，总是表现为她统一的人格：一个长大的儿童。从对李吉林的观察中，我发现，身份对一个人的发展意义有多大，专业身份对教师的发展价值有多么重要。我逐步领悟到，也许，身份尤其是专业身份，是教师专业发展、名师成长研究中的重要视角、新的命题，应当引起我们的关注。

我们已经习惯了"角色"这一概念的使用。从"教师角色"这一角度去探讨教师发展也很重要。但是，由于"角色"这一概念的原本意义就含有表演的成分，"角色"也总是与人的类型区分而无多大差别，所以，我以为对教师发展的理解应当转向"教师身份""教师专业身份"，因为身份、专业身份裹挟着更为深刻的意义。

专业身份首先是对身份的理解。身份虽是一个极为普通的日常用语，但它和自我认知，包括人所处的位置、所担当的责任等意义紧紧联系在一起，而意义又总是隐藏在提问之中。关于身份，对自己而言，提问应是："我是谁？"对别人而言，提问则应是："你是谁？"这样的提问，实质是把自我认知的深层含义集中在"谁"的理解上。因而，身份不只是一个普通的用语，而且具有社会学、文化哲学的深刻意蕴。正因如此，从教师身份切入来讨论和推动教师的专业发展、名师成长，无疑具有文化提升的意义。至于专业身份，仍然可以用提问的方式来理解所蕴含的意义："你的专业究竟是什么？""你的专业究竟意味着什么？""在专业里你是谁？"无疑，这又是对专业意义的深层追问与文化解读。其实，专业身份就是把教师专业聚焦在专业意义、价值及其责任担当上。专业身份这种对教师专业发展的聚焦性，使它具有统领性，即通过专业身份认识的清晰和专业身份建构的过程，围绕着意义、价值、责任等核心，从整体上推动教师专业发展和名师成长。

教师专业发展、名师成长需要各种"力"的支撑、配合，既需要外力的帮助，更要依靠自身的力量——内在动力。这种内在动力是教师专业发展、名师成长的内驱力。一个内驱力缺失的教师，如果只靠外力的打造，其发展只能是"被发展"，不可能持久发展，也不可能真正发展，甚至是一种"不发展"。而当下教师专业发展、名师成长中，内驱力的缺失是一个较为普遍存在的突出问题。这一"被发展"问题的存在，往深处讨论，是自我认知意义的缺失，是自我追求、自主建构意识的淡漠与退却，实质是身份、专业身份的淡漠与退却。一个具有专业身份意识的教师，往往会有自我认知的觉醒、人格独立的追求、专业价值尊严的确立，随之而来的是对专业及其自主发展的责任感、使命感、自豪感和自信心的增强。他会清醒地知道，所作的一切努力，所有的专业追求，都是专业身份本身应有的要求和体现，最终体现为"发展自觉"。这样，才会时刻保持着一种不断往前的激情，在理性的伴随与推动下，去追求名师的成长。

综上所述，教师专业发展、名师成长的确应当有超越的理念，的确应当有更"大"、更"高"的专业追求，专业身份的讨论与实践，应当是教师专业发展、名师成长研究的新视角、新命题。

二、专业身份让名师走得更高更远

教师的专业身份是一个结构，从不同的角度，在不同的层面和不同的情境中，教师有不同的专业身份及其解释，体现不同的意义，其中蕴含着对权利和责任的不同理解。只有理清教师专业身份的结构和内涵，才能较为完整、准确地把握教师专业身份的含义和价值，也才能有效地推动教师专业身份的建构。

1.从职业的特点看，职业的不可替代性和特殊性，决定了"教师"是教师共同的专业身份。

教书育人，不仅是一种职业，更是一种专业，不是人人都能承担起这一任务的。但是，教师这一专业身份的深刻含义，我们的认识并没有完全到位。教师的专业使命在于，既要回望过去，把人类积淀而成的文明成果中最有价值的知识传承给学生；更要面向未来，引领学生去探求未知世界，去创造未来，因为教育是对未来的一种定义。有什么样的教育，就有什么样的儿童，就有什么样的未来。可以这么认为，回望过去是为了面向未来，是为了未来。悠悠万事，唯教育为大。可见，"教师"不仅不是人人可为的，而且是至高无上的。以教书育人为专业的教师，实质是人类文明的使者。这种身份价值和意义的确认，必定会增强教师的时代感、责任感，这样，教师才会自觉地去追求教育的理想，名师也才可能获得发展的强大动力。现在的问题是，少数教师并未真正认识到这么深层、悠远的专业意义，而只是把教书育人当作一种职业来对待，把塑造完整、优美心灵的教育降低到技术层面，当作一种技能来对待。这样的教师显然没有建构起自己的专业身份。

站在专业使命的高度，还可以从否定的角度来理解"教师"这一专业身份，即教师不应该是什么样的"谁"。比如，教师不应是"跪"着教书的人——教师应有自己独立人格的尊严和专业的尊严。他应该挺起民族的和未来的脊梁，勇敢抵制一切的伪教育和反教育，像晚清名将、中国近代海军之父左宗棠所说的那样：择高处立，就平处坐，向宽处行。有这样尊严的教师会迈向名师。又如，教师不应是传道士——教师不只是传授知识，更不应机械地灌输。他总是带着温度，在教育的科学与艺术中行走，在教与学的互动中，与学生共同发展，去寻求真理，追寻理想。有这样追求的教师同样会迈向名师。又如，教师不应是手里拿锤子的人，教师对教育应有准确的理解。马斯洛说，如果一个人手里拿着锤子，就有可能把眼前所有的东西都看作钉子来对待。这样的教师，不但看不到学生的差异，而且会把学生当作钉子狠命地用锤子去钉。教师应该看到一个丰富多彩的学生世界，一切从学生出发，因材施教，手里高掌的也许是一盏灯，也许是供人而上的梯子，说到底，应"捧着一颗心来，不带半根草去"。有这样的理解和诗意的教师更会迈向名师。再如，教师不应是误用时间的人——教师应有使用时间的智慧。卢梭曾经有个重要的判断：误用时间比虚掷时间更可恶。的确，时间可使学生的可能性变成现实。但是，如果没有把时间用在学生心智的完善与丰富上，没有把时间用在学生潜能的开发上，相反，却用时间去伤害学生的心灵，堵塞学生心智的通道，用错误的教育霸占学生所有的时空，那么，这样的教师是可恶的，而且是可怕的。有正确时间观的教师，怀着运用时间的智慧，会迈向名师。还有，教师不应是漫不经心和缺乏耐心的人——教师应有教育的品质。有学者认为，漫不经心和缺乏耐心是教师的两大毛病（甚至是罪行）。他们接着指出，缺乏耐心比漫不经心更糟糕。教师的耐心，让其学会等待，让其去除功利与浮躁，让其寻找最佳教育方案和方法。有这样教育品质的教师当然也会走向名师。

从正面来解读"教师"这一专业身份，已有很多论述和很好的见解，在此不再重复。

2. 从学科专业的角度，"学科教师"是教师基本的专业身份。

教师离不开具体的学科教学，学科教学是教师最为具体、最为实在的专业，而且成了教师特有的生活场域和生活方式。教师的专业发展当然离不开学科教学的专业发展与提升，名师也往往是因为在学科教学中取得瞩目的成绩而逐步成长起来的。

明晰和建构学科专业身份，有两个方面的问题必须予以关注和研究：一是学科专业的特点，二是学生专业知识的结构。

学科实际上是一种边界。按照美国哥伦比亚大学教授查尔斯·蒂利的观点，"身份集中在那些将我们与他们区分开来的边界上面"。学科专业身份来自学科自身的边界。由于边界的存在，学科专业具有以下特点：第一，学科专业具有相对稳定性。经过时间的检验和考验，沉淀在学科中的专业知识是成熟的、稳定的，极具传承的可能。学科专业的稳定性，给教师的学习和掌握带来了极大的便利。但是稳定并不意味着无变化和不发展，否则学科专业将会僵化、萎缩，而学科教师亦将会在学科专业上"老去"。学科教师必须在牢固掌握学科专业知识的同时，瞭望学科专业的前沿，以使自己与时俱进，不断改善和拓展自己的学科专业知识，提升学科专业水平。第二，学科专业具有自洽性。学科专业自身形成了体系，有自身的逻辑和结构。这种自洽性，凸显了学科的专业性，对教师的学科专业化水平提出了更高的要求。但与此同时，自洽性缺少学科之间的沟通与互动，容易产生自我封闭。为此，学科教师应当主动开放边界，向四边"张望"，有时甚至可以超过边界或者创造新的边界。事实证明，名师的学科专业总是呈现敞开的状态，不断吸纳其他学科知识。第三，学科专业具有深刻性。在稳定、自洽的基础上，学科专业知识越来越向深度掘进。如果对专业深刻性缺乏了解和把握，往往让教师产生两方面的问题：学科专业的肤浅和学科教学片面求深求难。因此，名师总是在"深入浅出"上锻造自己的学科专业知识和学科教学能力。

学科专业知识不是单一的，而是一个结构，结构的缺陷往往造成教师学科专业发展的缺陷。这个学科专业知识结构中，学科知识的重要性已不言而喻，除学科知识外，还应包括以下知识：一是学科教学知识。这是实践性知识，具有情境性和个性化的特点。当代美国著名的教学论专家舒尔曼说，学科教学知识"最终将课程从教科书和各类教材中提升出来，使课程获得一种独立的存在"。这样，"教师不是学科专家的依附者，而是有独立人格和专业自主权的存在"。名师正是拥有丰富而宝贵的学科教学知识，成为一个独立的存在，而且以此形成自己的优势和特点。二是条件性知识。条件性知识内接学科知识，外接实践性知识，在知识结构中起着支撑作用。名师也正是拥有了丰富而宝贵的教育理论知识和关于方法论的知识，而在课堂上驾驭自如。三是文化性知识。教师必须具有自然科学知识、社会科学知识、人文知识，拥有较为丰厚的文化背景，这样才能在课堂里游刃有余、富有魅力，形成自己特有的风格。关于以上各类知识（包括学科知识）在结构中的比例的研究表明，它们缺一不可，只有将它们综合、协调起来，才能发挥学科专业知识的整体效益。

3. 从课程专业的角度看，"课程领导者"是教师新的专业身份。

自课程论与教学论成为两个相对独立的学科以来，课程与教学的关系就一直成为学者们关注的对象。美国学者派纳认为将课程与教学结合起来是历史的一个错误。但笔者以为，课程与教学关系的纠缠，恰恰说明二者之间有极大的张力，具有无限大的发展空间。无论从哪个角度看，新一轮基础教育课程改革，让我们获得了课程概念，让我们拥有了一个重要思想：教学，一定是在课程意识、课程思想下的教学；课程，一定是观照到教学如何进行的课程。由此，教师专业有了新的拓展：课程一定要进入教师专业，而且应成为教师专业中一个不可或缺，对教学起着背景性、框架性作用的领域和内容。再由此，教师拥有了一个新的身份：课程领导者。

这意味着要破除课程的神秘性，意味着课程决策、实施的民主化思想及其过程、课程规划和实施正逐步走向广大教师。课程领导者这一身份，对教师而言，意味着以参与的方式获得主人的地位，其意义和价值在于教师以"草根"的力量，使课程真正成为学校课程，真正成为服务学生学习的课程，真正成为自己专业发展的内容、途径和方式。

在这样的背景下，教师专业发展围绕着课程发生了新的变化：教师不仅是课程的执行者，而且是学校课程的决策者、设计者、创造者。其具体的要求是：教师不仅具有教学意识，而且具有课程意识；不仅具有教学视野，而且具有课程视野；不仅具有教学知识和经验，而且具有课程知识和经验；不仅具有课程执行的知识和经验，而且具有课程规划、设计的权利和能力；不仅有使用课程资源的知识与经验，而且有创造课程资源的权利和能力；不仅要努力提高自己的课程意识和能力，而且要主动帮助其他教师增强课程意识、提高课程能力……这样的专业身份，赋予教师新的任务和意义，也提升了教师的地位和水平。

联系到名师成长，这一新的身份无疑是他们成功的重要动因。名师们以自己成功之路，为我们提供了课程领导者的鲜活案例。比如李吉林，已不仅是课堂教学的驾驭者，而且是优秀的课程领导者。她从最初的情境教学的研究和试验发展到情境教育，是因为她认识到情境教学具有普适意义和发展空间；后来之所以从情境教育研究、试验发展到情境课程，是因为她认识到情境教育必须由课程作载体，用课程来支撑；再后来，之所以又从情境课程研究、试验发展到情境下的儿童学习，是因为她还认识到课程的宗旨是为了让学生学会学习。一步一步走来，步步深入，可见她课程视野的不断扩大，是用课程来引领研究。尝试教学的创立者、特级教师邱学华同样如此。他研究的是小学数学教学，但他是在"数学课程"视野下展开的，又是把小学数学教学与中学数学教学改革打通进行研究，体现课程的整体性与联系性。所以，教师专业发展、名师成长，应当从课程领导者这一身份中，获取新的思想、新的智慧、新的思路，并走上新的高度。

4. 从教育伦理角度看，"道德教师"是教师的重要专业身份。

德国伟大的教育家赫尔巴特在讨论教育的目的时说，教育的目的可包括两种：一是可能的目的，一是必要的目的。其中，必要的目的就是道德教育。他十分明确地指出："我们可以将教育唯一的任务和全部的任务概括为这样一个概念：道德。"他又说："道德，普遍地被认为是人类的最高目标，因此也是教育的最高目标。"可见，教育首先是道德事业。道德是教育的目标，是教育的应有之义，理所当然应成为教师的重要专业。所以，美国学者诺丁斯直截了当地指出：在伦理上有考虑的教师首先应当是道德教师。道德教师不是外加的，而是教育的性质、任务、目标所决定的；道德教师不是临时的，而是永恒的，只要教育存在，道德教师身份就不会消失；道德教师不是指专门进行道德教育的教师，而是包括所有的教师，这也是教师共同的重要身份。而在当下，道德教师身份的确立尤为重要和迫切。由于全球化进程的加快，价值的多元，教育已身处道德震荡的中心。在道德震荡中，对于道德的价值容易产生迷茫，教师也容易产生教育的困惑，道德教育极有可能被忽视，也极有可能走到它相反的方向去。在这样的背景下，教师更要珍惜道德教师这一身份，坚定地担当起道德教育的任务。

其实，道德教师不仅仅指教师对学生进行道德教育，更为重要的是通过"道德"而进行教育，抑或是用"道德"的方式进行教育。以道德的方式进行的教育，说到底是以人为本、以学生发展为本的教育，其前提是对学生的尊重。尊重，是人性的起点，是道德的起点，当然也是教育的起点。把尊重当作给学生的最温暖的第一道阳光，这种诗意的表达无非是强调尊重的重要性，强调教育的人文关怀。学会尊重学生，是教师进行教育的基本原则，也是教师成功的重要秘诀。正如苏联教育家马卡连柯所说："我的基本原则——永远是尽量多地要求一个人，也要尽可能地尊重一个人。实在说，在我们辩证法里，这两者是一个东西。"这种道德的方式，给学生带来人文阳光的播撒，带来信任、鼓励、信心，让学生获得独立的人格，成为课堂的主人，成为学校的主人，成为教育的主人。

名师更应是道德教师。赫尔巴特尖锐地指出："一般地说，教育者恰恰并不是那些知识最渊博的人。"他虽是在批评当时教师中有许多知识缺乏的人，但也是在提醒大家：道德比知识渊博重要。名师是有权威的人，但是他们的权威不是来自法定规则，不是"世俗权威"，而是来自情感、理想，来自道德的力量，这才是"神圣权威"。名师也应是具有人格魅力的教师。具有人格魅力，是因为在他的内心深处，闪现着道德的人性的光彩，在他的言行中，充溢着爱——爱不仅走在教育过程中，而且走在教育的前头。一如著名教师斯霞的童心母爱。

以上所述教师身份、学科教师身份、课程领导者身份、道德教师身份等教师专业身份，是统一的，是相互渗透的，是互动的。这些身份的统一与结合，还可以启发我们对教师专业身份有另外的解读，至少有以下两点。第一点，所有的教师都应是成人世界派到儿童世界去的文化使者。成人世界与儿童世界是两个完全不同的世界，成人对儿童世界既熟悉又陌生，准确地说更多的是陌生。但是，成人尤其是教师负有引领学生发展的重任，这是教师的文化使命。他来到儿童世界，为了完成文化使命，带着期待，带着憧憬，也带着不解与疑惑。所以，他进入儿童世界后，要认真地观察，虚心地倾听，准确地把握，敏锐地发现。唯如此，他才可能使成人世界的要求、期待、憧憬变成现实。儿童文化的使者这一专业身份，要求教师把研究儿童、认识儿童、发现儿童作为专业的核心和关键；要求教师把研究文化、建构文化、发展文化作为教育的内容和方式。第二点，名师应当是教师专业发展中的杰出者，不妨把他们称作"领袖教师"。领袖教师，绝不是说他们是教师中的领袖，而是说，他们集中体现了教师专业身份中的各种意义，他们具有影响、帮助、引领、提升其他教师的品质和能力，在教师中具有号召力、凝聚力、开发力。其实，真正优秀的名师，的确应当是领袖教师。当然，这一身份应当是他人赋予的。身份具有向高性——向高一级的身份走。名师获得更高的专业身份就会走得更远，发展得更好，取得更大的成就。领袖教师应当是名师更高的身份。当领袖教师真正成为一名教师的专业身份时，他已走过了名师之路，已走向了教育家办学之路。

辑一　精彩的命名

命名是诞生一个新的概念。命名的过程是一个文化的过程。

像斯霞老师那样教语文

"像斯霞老师那样教语文"。这一主题有它的品格，就像斯霞老师，非常简洁，但非常丰富，它就像一句白话，那么质朴，又像斯霞老师那样灿烂。这一主题具有昨天性，又具有今天性和明天性。主题具有昨天性，是因为斯老师离我们远去十多年了，我们回忆她的往事，学习她的思想与经验，分享她人生的幸福。主题具有今天性，是因为我们今天都在怀念她、学习她，做斯霞一样的老师。主题具有明天性，明天性就是未来性，明天，我们会有更多斯霞一样的老师，以及像斯霞一样的教育家，明天更加美好。这个主题把昨天性、今天性和明天性结合在一起。这个主题还具有召唤性，召唤大家像斯霞那样教语文，又具有非常重要的现实性，因为当前语文教学改革有许多问题值得我们去思考和解决；这个主题具有鼓舞性，又具有现实的可操作性，斯老师的语文教学有许多具体的策略、途径、方式方法，都是可以操作的。这一主题具有校本性，因为它诞生在南师大附小。南师大附小无论是过去还是现在，一直在研究弘扬斯霞老师的教育思想，一直在研究学习斯霞老师的语文教育思想和语文教学经验。这一主题还具有普遍性，具有中国性，代表着中国品格、中国风格，当然会走向世界。斯霞老师的语文教育教学经验，让中国小学语文教育站在很高的平台上，和世界进行对话，和世界语文教育进行对话。

怎样才能真正做一个优秀的语文教师？说到这个话题当然会想到核

心素养。核心素养似乎是一个新概念，但是核心素养完全是一个新的东西吗？不是。像斯霞老师那样教语文，其实让我们破除了核心素养的神秘感。因为学生的核心素养，学生语文的核心素养早就在斯霞的语文教育中，非常具体、非常生动了，她活化了学生的核心素养。今天像斯霞老师那样教语文，其实让我们去亲近核心素养，从斯霞老师的语文教学中发现什么是核心素养，怎么培养核心素养。

像斯霞老师那样教语文，又在提醒我们，当下的语文教学改革包括课程改革，有许多许多问题要研究，可以说，风生水起眼花缭乱，我们该怎么办？斯霞老师以她非常朴实的语言、生动的教学案例告诉我们，回到教学改革的基本问题去，那就简单了，那就简洁了，那就真正伟大起来了。教学的基本问题来自哪里？来自教育中的基本关系，基本关系概括出小学语文教学的基本规定性，基本规定性折射出小学语文教学的基本规律。斯老师的小学语文教学抓住了语文教学的几个基本问题，折射了语文教学的基本规定性和基本规律。

第一，"像斯霞老师那样教语文"，首先要像斯霞老师那样做人，做一个纯粹的人，做一个精神灿烂的人，这是最最重要的。诗人臧克家，为斯霞老师的著作《我的教学生涯》写的题词，其实是一首诗："一个和孩子常年在一起的人，她的心灵永远活泼像清泉。一个人热情培育小苗的人，她会欣赏它生长的风烟。一个忘我劳动的人，她的形象在别人的记忆中活鲜。一个人用心温暖别人的人，她自己的心也必然感到温暖。"非常巧合，臧克家这位诗人在鲁迅逝世13周年的时候写了一首诗《有的人》："有的人活着，他已经死了；有的人死了，他还活着。"两首诗都是同一个作者臧克家，两首诗同一个主题：一个人。是两个不同的人，但又是相同的一个人。这是巧合？当然是巧合，但又不完全是巧合。这告诉我们，一个人对生命的意义，站在一个非常高度的时候，一定会契合的。于是，臧克家冥冥之中有一种呼唤：一个人，是一个普通人，但又是一个伟大的人。杨绛先生说：我是一滴水，但是一滴清水，不是肥皂水。水非常微小，但是一滴清水可以折射太阳的阳光；肥皂水那么庞大，那么五彩斑斓，但是肥皂水一刹那之间破碎了，肥皂水的五彩斑斓是一种浮夸和浮华。斯霞老师就是一滴水，走在人生边上，从容地坐在人生边上。杨绛先生说"我和谁都不争"，斯霞老师就是这样的人。

听听她徒弟的故事，一个家访的故事。这个故事有几个数字：第一个数字是整整两个星期，第二个数字是每天下午四点钟，第三个数字是每天晚上九点钟，第四个数字是斯霞老师70岁。斯霞老师在70岁的时候收了一个徒弟，徒弟刚开始工作时无从下手。斯老师告诉她：做语文老师首先要了解你的儿童，我带你去家访。每天下午四点钟，那是夏天，斯霞老师带着新老师到班上所有孩子的家里家访。走进去以后和家长、孩子聊生活、游戏、玩具。斯老师离开这个家的时候，孩子总是从开始的拘束变得亲切，总是喊着"斯奶奶你好"。整整两个星期。晚上九点的时候，新教师送斯老师回家，斯老师上楼梯的时候，沉重的步伐里有着辛苦。这位青年教师非常感慨，说：斯老师明天你别去了，我自己去。但是斯老师仍然说：我陪你去。每次去家访的时候，斯老师总是对家长说：这位是南师附小的新老师，你们要支持她的工作。她是在教语文吗？好像不是，她是在教人，她本身就是这样一个人。第二个片段：一部录音机。这位老师上课不拘小节，下课的时候，斯老师指着她的衣服袖管说：你看，五颜六色的粉笔灰；还有，说话太快。斯老师拿着录音机放在她的讲堂上，下课后对她说"跟我走"，录音机放的就是这位老师的教课实录。斯老师说：你说话像机关枪，哒哒哒哒的，我都听不懂，听不明白，一年级的孩子能听得懂？你心中有孩子吗？我们怎么把话说好？是的，说好话才能讲好中国故事。这台录音机整整三个月，一直陪伴着她。她后来说，人家评价她：教学语言不错，清新简洁。她说：这是我的恩师斯霞老师培养的。有人请这位老师到武汉去上课教学，其中有一个词"找茬"。怎么教？打电话问斯老师。斯老师说：这是难题吗？不是，从生活中找答案。于是，这位老师找到了答案：武汉人是怎么用武汉话说找茬儿的。在课堂上用武汉话说出来的时候，课堂上一片笑声，孩子全部听懂了。像斯霞老师那样教语文，最重要的是像斯霞老师那样做一个人。马克思讲人是人的最高本质；康德讲的人永远是目的，不是技术，不是手段。我们怎么像斯霞老师那样做一个人？

第二，"像斯霞老师那样教语文"，其实更深刻的意义是教人学语文，教儿童学语文。先说苏霍姆林斯基。他对物理老师说："你不是教物理的，你是教人学物理的。"苏霍姆林斯基的意思是不能只看到物理教材，不能只有物理课程。同样，在语文课程深处，在教学过程中，应该看到人。像斯老师那样教语文，像斯霞老师那样教儿童学语文。语文教学里有真正的人存在，才有儿童的存在；没有儿童的存在，哪有真正的语文存在？还有两个片段，也是非常感人的。一个是斯老师教《刘胡兰》的片段。《刘胡兰》这篇课文里有几句话："我是刘胡兰。""我是共产党员！""死就死，我什么都不知道！"这几句话，斯老师读了很多次，就是读不好，她分析为什么读不好，发现是因为没有参加过革命斗争。她说了一句非常朴实深刻的话：我在思想感情上没有和刘胡兰凝结在一起，所以读起来没有力量。斯老师说：我是共产党员，小小的刘胡兰鼓励了我，我要像刘胡兰那样。我设想如果我在战场上，在监狱里，面对敌人的拷打，我怎么办？她这样想了以后，感情升华了，所以在读"我是刘胡兰。""我是共产党员！""死就死，我什么都不知道！"时铿锵有力。同学们激动地睁大眼睛，咬紧嘴唇，真想冲上去抢救她。有一次，斯老师讲到雷锋的故事，她不经意地讲到"可惜雷锋死得太早"。马上有同学站起来说：你不能说"死"，应该说"牺牲"了，他牺牲得太早了。斯老师反问道：为什么应该用"牺牲"而不是用"死"？那位学生说，雷锋叔叔是为我们人民利益而死的，应该用牺牲。斯老师表扬了这位学生，鼓励大家向他学习。斯老师说：我认为共产主义道德品质就是从一点一滴培养起来的。教儿童学语文，固然要学习语言文字，但是语言文字里所透出的道德意义、价值观、崇高感更重要。

第三，"像斯霞老师那样教语文"，就是像斯霞老师那样有童心母爱，用童心母爱教语文。没有童心母爱就没有儿童，没有儿童就没有真正的语文。语文是客观存在的，一门课程就叫语文，那本教科书就叫语文书，但是没有童心母爱的话，你能够发现儿童吗？不发现儿童，没有真正的儿童，有什么真正的语文？还有两个片段，虽然很微小，但是那么深刻。第一个片段：斯老师常常讲这样的话——如果我不照镜子，已经忘记自己的年纪了。她说：我的养生之道，是做小学老师，所以我永远保持年轻。又说热爱孩子是做好教育工作的前提，也是人民教师热爱祖国的具体表现，热爱儿童就是热爱祖国。七八岁的小孩乳牙活了，小孩不舒服，常常用手摸。斯老师用棉花沾着碘酒在牙齿上一抹，把松动的乳牙拔下来了，她说自己也成了牙科医生了。第二个片段：教孩子要有礼貌。斯老师每天早上主动向小朋友问好："小朋友早！"这时候小朋友也非常真诚地立即回答："老师早！"斯老师说要求学生做到的，老师首先自己要做到。语文就是一种生活，把语文和生活隔离开，还有什么真正的语文教育？后来好多斯老师的毕业生都这么说："斯老师，你的床我睡过。""你的毛衣我穿过，到现在都没有忘记。"这一切都说明她和儿童的关系。有一次斯老师讲激动了，讲热了，卷起袖子，拿起书扇。孩子看到后就说，不能用书扇风。斯老师马上意识到了，立即承认了错误。这个命题可以反过来说：有真正的语文，才能培养真正的儿童，才具有真正的"童心母爱"。这是双向建构的关系。

第四，"像斯霞老师那样教语文"，语文教学要有大视野，要有大格局。小学语文教师教小学语文，确实是"小"，如果没有大背景、大视野、大格局，就是小的，但是斯老师教的是"大语文"，因为她有大胸怀。斯老师进行"六改五"的实验，"六改五"让她走到更高的平台上，获得很宽阔的视野。对斯霞老师的语文教改实验进行质量测查，以她在二（5）班上六年制第七册里的一篇课文——《一个伤员的愿望》为例。这篇课文有484个字，比这个阶段平时阅读的在200字上下的课文，多了一倍，词语含义也深了。本来这篇课文在四年级上用三课时，但是斯老师用了两课时。最后进行测查，抽查了9名学生，8名学生所有字词都会读、都会写、都会默，所有课文都能读，只有一个学生读错了，"目不转睛"读成了"目不转眼"。她的实验实事求是。后来又对实验班进行五项实验，《江苏教育》写了一篇文章总结斯霞老师教学的五条经验，这是她留下的宝贵财富。"六改五",是学制改革,斯老师经历了。这一经历让她从大格局上更深入理解和把握了语文体系及改革的关键。更为重要的是,斯老师带儿童走进世界,走进历史,走向未来,在生活中学语文,视野是大的,格局是大的,气象是万千的。小学语文真的不小。

有段时间,在南师大附小开会,余校长说了一句话:我们向斯老师学习,首先要读好斯霞老师的故事,不了解斯霞老师的故事,怎么像斯霞老师学习?看完五卷本《斯霞文集》,我较为全面地了解了斯霞老师。

"像斯霞老师那样教语文",要具有斯霞老师的品格。我们要追求教学风格,风格是特殊的人格,追求风格首先要塑造自己的人格、品质。斯老师的品格是非常的安静、质朴,她的品质是没有装饰性。斯老师说:只有热爱孩子,才能从内心迸发出伟大的力量。外国一位教育家曾经背学生过河,斯老师说:我也有这样做过。她也说尽管"童心母爱"受批评,但她觉得爱得还很不够,爱得还不充分,班上四五十个学生,都没有爱过来。她又说,她当时搞不清楚什么是母爱,什么是童心,她不懂得什么理论,只懂得工人爱机器,农民爱土地,解放军爱武器,教师自然要爱学生。这是风格,是品格,是人格。

像斯霞老师那样教语文,写在我们的旗帜上,写在我们的行动中。

中国情境教育的原创性

1.情境教育研究所：一个诞生理论的地方。

随着课程改革的不断深化，我们常常有一种对理论的追索，而且越来越急切。显然，这是一个了不起的进步：我们尊重理论，我们需要理论，我们要培植自己的理性精神。同时，我们还有另一个追问：理论究竟是在哪里产生的？是以什么方式产生的？其实，不难发现，这一问题的背后是另一个追问：我们，中小学教师能不能创造理论？

这是一个被认为几乎"无解"的问题，甚至是个"禁区"。但是有人回答了，李吉林就是优秀回答者之一。38年来，她就研究一个课题：情境教育。这是一种精神——人生为一大事来，坚守的精神，踏实的品质；这是一种风格——刺猬型的研究风格、治学风格，求深刻，在深刻中拓展；这是一种专业——情境教育探索儿童发展的特点和规律，揭开学习中的黑洞。不仅如此，这又是一种理论。

记得上个世纪90年代，李吉林情境教育的研究、实验引起了学界广泛的关注。北京师范大学的一批博士生来到南通，来到情境教育的发源地——南通师范学校第二附属小学跟随李吉林访学，向李老师学习。在访学一段时间以后，讨论时一位博士生说：李老师，您这儿是诞生理论的地方。几十年过去了，回想起来，当年的博士生说了一句真话。当年的博士生今天已成了教授，成了博士生导师。这句真话道出了他的理论的敏锐性，而且这句真话在以后的实践中，被一次又一次证明，折射出一个真理：理论是在实践的土壤里"长"出来的，随着实践的发展而发展。

事实正是这样。李吉林38年，深耕实践，潜心实验，深入思考，不断提炼，课程、课堂，所有的资源，所有的教学现场，成了教育的田野，成了实验室、研究所。李吉林的亲身经历，打破了理论的神秘感，宣告了一个神圣的结论：中小学是可以产生理论的，中小学的老师是可以创造理论的。显然，这样的理论之树不是灰色的，而是长青的，不是模仿来的，而是具有原创性的。

往深处走，还有一个问题需要讨论，那就是什么是理论。"理论是在反复的社会实践中形成，随实践的发展而发展的。科学的理论是事物的本质及其规律性的正确反映。它在社会实践的基础上产生，并经过社会实践的检验证明其是正确的理论。"[①] 这是辞典上对理论的定义，具有经典性。不过，我们也需要对理论的另一种理解。新加坡的资政李光耀博士曾经这么谈论过理论："我们不是理论家，不会搞理论崇拜。我们面对的是实实在在的问题……我们可能读到过什么理论，也许半信半疑，但我们要保持现实、务实的头脑，不要被理论束缚、限制住……我认为，一个理论不会因为听起来悦耳，或者看起来符合逻辑就一定具有现实可行性。一个理论最终还是要放到生活中检验，也就是要看现实生活中出现了什么，要看给一个社会中的人民带来什么。"[②] 这是用描述来对理论进行阐释，其阐释的要义是：在理论面前，要保持现实和务实的头脑，理论最终要回到生活中去检验，要看给社会带来什么。这种描述和阐释与经典的定义是一致的，都强调理论源自实践，强调实践的检验，强调给我们带来什么，改变什么。我们需要描述、阐释的方法，需要这样的理论。

用这样的视角来审视情境教育。情境教育源自教学现场，来自现实的研究、实践，它改变着人们对教育的理解、对教学的理解：究竟什么是教

---

① 赵德水.马克思主义知识辞典 [M].南京：江苏教育出版社，河海大学出版社，1991：887.
② 李光耀.关于理论 [N].报刊文摘，2015-7-1.

育？学习究竟是在哪里发生的？研究的结果告诉大家，它解决了符号世界与生活世界脱节的问题，形成一个体系，给儿童世界带来了学习的高效，带来童年的快乐、幸福。情境教育理论具有鲜明的实践性，经受住了生活、实践的检验。这一实践性的特点带来了情境教育理论的原创性。

2. "为儿童研究儿童"是情境教育理论体系中的根概念，彰显了情境教育理论的深刻性、前瞻性和高格调。

作为一种理论，它由一些概念组成而形成一个体系。在这一体系中应当有核心理念，但还应有根概念，唯此，这一理论才有可能成为一个学派。毋庸置疑，情境教育的核心概念是"情境"，即教育、教学的一切活动都是在情境中发生的，儿童也是在情境中学习、发展的，因为"情境"这一核心概念所以才称之为情境教育。对于这一核心概念大家是理解的。问题是，情境教育有它的根概念吗？所谓根概念，应是所有概念产生之源，是理论研究之主旨，同时根概念也揭示了理论研究、实践展开的实质。

李吉林有一报告，主题是"为儿童研究儿童"。这是她38年来研究、实践的又一次概括和提炼，以最平实、朴素的语言表达了极为深刻的内涵，这是她对38年来的研究、实践的"重撰"，是"重撰"中的又一次"深加工"。"为儿童研究儿童"充溢着深刻的理论内涵，让我们感受到其间极大的思想张力。我以为，"为儿童研究儿童"正是情境教育的根概念。尽管是在最近的报告中提出来的，其实早已孕伏在长期的研究、实践中，引领着研究、实践过程。随着深入，这一根概念日臻明朗起来。"为儿童研究儿童"扎根在李吉林的心灵深处，处处显现出思想的光彩与魅力，而今天的再提炼再阐发，让这一理论更具根性、更鲜明，也更具召唤力。

（1）"为儿童研究儿童"揭示了情境教育的实质是儿童研究，显现了情境教育理论的深刻性。

情境教育要研究课程、教学、学习，也要研究资源、途径方法等，但这一切研究究竟是以什么为核心展开的？情境教育的实质究竟该怎么定位？"为儿童研究儿童"解答了以上问题。情境教育中，课程开发与实施的中心都是儿童，课程的深处是儿童，课程是儿童学习的课程，课程是为儿童成长铺设的幸福跑道。教学的核心是儿童的学习，情境教育中，教师与学生既见教材更见儿童，既有教学更有儿童，教学育人成了教学的旨归。儿童学习，是儿童情境中的学习，只有当儿童学习是快乐的，儿童才会真正成为"情感的王子"，"以情为纽带"这一操作要义才是有生命的；只有当儿童的学习是高效的，儿童才会有获得感、成长感。快乐与高效成了情境教育的主题。

以上这一切，都在证明一个理论原点：情境教育的实质是儿童研究。情境只是手段而非目的，情境教育是个过程，在这过程中永远有活跃着的儿童，儿童学习、发展，最终成为活泼泼的儿童。儿童研究成了情境教育的底色，儿童发展是情境教育的实质，也是情境教育成功的根本原因。世界课程改革的潮流一次又一次发出研究儿童的呼唤，情境教育积极呼应着，并成功地探索着。这一理论是深刻的。

（2）"为儿童研究儿童"揭示了"教学即儿童研究"的规律，体现了情境教育理论的前瞻性。

教学过程究竟是一个什么样的过程？教学过程与儿童研究究竟是什么关系？以往的理论不是非常清晰的，实践上也是比较模糊的，常常处在黑箱之中，形成黑洞。长期以来，教学就是教学，显得很"纯粹"，并将儿童研究从教学过程中剥离开来，于是教学与儿童研究成了两回事，变成两张"皮"。所谓的"纯粹"实质是教学过程的单一，与儿童研究相分割以至对立。这一现象不只出现在中国，国外也有同样的存在，让儿童研究回到教学过程中，成为世界各国，尤其是各国理论界研究的重要课题。

美国哈佛大学教授、皮亚杰的学生爱莉诺·达克沃斯，潜心于教学研究和儿童发展研究，她的"最大贡献在于把皮亚杰的理论创造性地转化为一种教学价值论和教学方法论……达克沃斯的教学价值论（或教学哲学观）可概括为：课堂教学必须建基于每一个学生的独特性之上"。她努力地"将'临床访谈'发展为一种使教学与研究一体化的教学方法论……她认为，教学是学生讲解、教师倾听的过程"。①达克沃斯的"教学与研究一体化的教学方法论"，隐含着一个重要的理念和方法：教学即儿童研究。

李吉林的情境教育理论也正是要破解教学与儿童研究的关系这一难题，那就是"为儿童研究儿童"，其深意就是，在教学中研究儿童，研究儿童是怎么学习的，教语文的过程就是研究儿童怎么学语文的过程，教数学的过程亦即研究儿童怎么学数学的过程，所有教学都是这样。从另一个角度看，所有教学首先要研究儿童，而且在教学过程中研究儿童。情境教育的核心元素、四大特点以及操作要义，既是关于教学的，也是关于儿童研究的，既是教学过程，又是儿童研究过程，两者是自然地高度地融合在一起的，它们是一体化的。

（3）"为儿童研究儿童"，规定了儿童研究的价值立意，彰显了情境教育理论的高格调。

儿童是研究的对象和内容，儿童研究是方法、手段，对象、内容、方法、手段等，不能代替研究的价值方向和价值立意。我们必须看到，不是所有的研究儿童或曰儿童研究都是为儿童的。不"为儿童"的儿童研究必定是功利的、浮躁的，而且很有可能异化为"伪儿童研究"，若此，儿童研究只是作为一个借口，作为一种名义。以"儿童研究"为名义的儿童研究必须警惕和反对。

"为儿童研究儿童"规定了儿童研究的价值方向，即为了儿童的发展，不只是为未来，也为当下，这一价值方向充满着道德性和旨归性。正如李吉林所说："让儿童快乐自由成长正是情境教育诗篇的神韵所在"，"情境教育就是一首给孩子带来快乐的、让他们幼小心灵向往的《云雀之歌》"。②因此，"为儿童研究儿童"亦是崇高的境界，它摒弃了教育的浮躁、浮华以至浮夸，它消除了教育的功利主义。由此，还可以得出两个结论：其一，情境教育研究者是"长大的儿童"。当自己成为儿童时才能真正研究

---

① 爱莉诺·达克沃斯.精彩观念的诞生——达克沃斯教学论文集 [M].张华，等译.北京：高等教育出版社，2005：译者前言 3-4.
② 李吉林.潺潺清泉——李吉林教育随笔 [M].北京：教育科学出版社，2016：42-43.

儿童，真正懂儿童，真正为儿童。其二，儿童研究是真学问，真就真在来不得半点马虎和虚假；儿童研究是大学问，大就大在儿童可以定义未来，影响一个民族的振兴；儿童研究是深学问，深就深在它可以让教育的黑洞敞亮、澄明起来；儿童研究是难学问，因为真，因为大，因为深，它就必然难。"为儿童研究儿童"彰显了情境教育理论的深刻性以及深刻性的高格调。

3.情境教育植根于中华民族优秀文化传统土壤中，具有中国特色和中国品格，体现了理论自信和实践自信。

情境教育受到国外母语教育思想和经验的启发，但它把根深深地扎在中华优秀文化传统的土壤中，从中华传统文化中汲取思想和理论的营养，又面对中国教育的现实，通过扎扎实实的研究，逐步地建构情境教育的理论体系与实践体系。而且理论体系与实践体系是融为一体的，不分离的，形成了理论化的实践，又形成了实践化的理论，因而彰显了中国的特色、风格和品格。

首先，情境教育创造性地开发中国文化传统中的"意境说"。一千多年前刘勰的《文心雕龙》以及近代学者王国维的《人间词话》，可谓"意境说"的代表杰作，是中华民族文化经典。李吉林将其精髓概括为"情景交融、境界为上"。她说："读着它，不得不为其深广而震撼。'意境说'虽然原本是文学创作的理论，或更确切地说是'诗论'，但在探索情境教育的过程中，却可'借古人之境界为我之境界'。正如王国维所言，'一切境界无不为诗人所设'，而我觉得一切境界无不为我、为儿童所设。"[①] 一个"借"，一个"无不"，道出了李吉林在深谙"意境说"内涵、要义基础上的借鉴、迁移与创造的精神。她又说："我从'意境说'中概括出了'真、美、情、思'四大特点，并从中得到启迪，进而影响了我的儿童教

---

① 李吉林.激情萌发智慧——李吉林情境教育论文选[M].北京：教育科学出版社，2016：353.

育观及课程观。"① 这样的概括是"中国化"的，显现了中华文化的美学色彩。从文学、美学理论到教育理论，是一个转化的过程，这样的转化实质是创新性发展。

其次，情境教育形成了自己的领域及其体系。从情境教学到情境教育，再到情境课程，再到儿童的情境学习，这不仅是研究、发展的脉络，而且是一种境脉，是教育教学领域的明晰与体系的建构，这一体系具有渐进性、进阶性、完整性，体现了研究的开创性与发展性。从课程结构看，情境教育有自己独到的理解，进行新的建构。情境课程分为四大领域：核心领域——主要是学科情境课程，综合领域——主要是主题性大单元情境课程，衔接课程——主要是过渡性情境课程，源泉课程——主要是野外情境课程。这一划分不是以课程开发主体为维度，而是着眼于儿童的生活领域和发展阶段，将课程与儿童生活紧密联系在一起，情境课程带来儿童的在情境中的生活，情境课程就是儿童的生活。其中，源泉课程又突破了空间概念，引领儿童走进生活，寻找学习之源、发展之源。这是"中国式"的划分，具有鲜明的本土特色，散发着田野的味道，是开阔的，是审美的。

再次，情境教育用中国思维方式提炼、阐述中国儿童教育的思想和理论。基于中国优秀传统文化，立足中国的教育实践，面对着中国儿童，用自己的话语表述中国教育改革、研究的理论与思想，是情境教育具有中国风格、中国品格的重要体现。情境教育既注重情感又注重理性，追求两者的统一与相互支撑。但有人将二者对立起来，有的认为情感的盲目性、变幻性带来欺骗性，有的则认为理性的永恒性、不变性带来所谓的神圣性，二者是难以统一、结合的。而情境教育提出，"注重情、突出思"，"情切、意远、理富其中"，"以思为核心，以情为纽带"，臻于"以美为境界"。这是一种表达方式，深处是一种思维方式，是对"二元对立"思维方式的突

① 李吉林.激情萌发智慧——李吉林情境教育论文选 [M].北京：教育科学出版社，2016：353.

破与超越，是"天人合一""和谐""中庸"思想在教育中的智慧运用。

与这样的思维方式、表达方式相联系的，是情境教育中艺术与科学的结合。教育是艺术呢，还是科学？艺术，追求、张扬个性；科学，追求、注重规范性。两者似乎是矛盾、冲突的。而情境教育将二者统一起来，将规范性与个性结合起来，将理性与感性结合起来，将课堂教学当作一个"艺术品"。"艺术品"就不只是艺术了，其中有科学的内涵、科学的支撑。而这一"艺术品"具体演绎为李吉林的教学风格。李吉林的教学风格是在情境教育中形成的，其整体风貌是教育与教学、教学与研究、教师与儿童、课程与教学、教与学的统一结合，其独特性是情理交融，既活又实，以及鲜明的节律感与审美性。

由李吉林的教学风格自然论及她的表达方式，她用感性来表达理念和理性，这是"美"的方式，我称其为"李吉林方式"。李吉林的教学风格、"李吉林方式"都是情境教育理论的中国特色、中国品格的具体体现，因而形成了中国气派。情境教育与世界教育的对话，是中国教育与世界教育的对话。我们应当有这样的自信和更深切的期盼。

4. 李吉林的求真品格生发出情境教育的原创性，情境教育的原创性又丰富了李吉林的创造性品格。

任何理论的诞生、教育模式的建构都不只是一个单纯的理论问题或是实践问题，更不只是方法、技术问题，它一定自然地和人的心灵的解放、人生意义的理解、人生境界的追求相联系，是形而下与形而上的结合。一如"文化的最后一级台阶"的论述："中华文化的终极成果，是中国人的集体人格。复兴中华文化，也就是寻找和优化中国人的集体人格。这也可以看作是文化的最后一级台阶。"[①]"最后一级台阶"还可以深入讨论和进一步斟酌，它给我们的启发是，在理论体系、实践体系的背后要看到人，看到建构者的人格，要从人格角度来认识理论与实践的建构。

情境教育的原创性与李吉林的人格紧密相连，并相呼应。李吉林的人

---

① 余秋雨 . 君子之道 [M]. 北京：北京联合出版公司，2014：4.

格可以用"求真"来概括和描述。"求真"必然引导人去追求去创造去超越。"求真"的内涵十分丰富，我们可以从不同方面去认识李吉林的品格，去剖析情境教育理论的原创品格。

（1）李吉林的求真品格表现为诗意的生存方式、生活状态，以及折射出来的人生态度。

用诗意地栖居在大地之上来描述李吉林的生存方式和生活状态是很恰切的。记得海德格尔曾对"诗意地栖居"作过这样的阐发：人要抽离大地，透过艰辛，仰望神明，来到半空之中，再回到大地上去。海德格尔的解释告诉我们，诗意地栖居，要透过艰辛，即超越艰辛；要抽离大地，即有更高的向往；要仰望神明，即有崇高的理想追求；再回到大地上，脚踏实地地学习、工作、生活。这是创造的过程和境界。李吉林也曾用两个比喻阐发这样的生存方式和生活状态："我是一个竞走运动员"——永不停步，永远向前，走得又好还又快，但脚永远不能离开大地；"我又是一个跳高运动员"——目标不断升高，人生的高度不断提升，只有不断超越自己，才会在新的人生坐标体系中提升自己的位置。

诗意地栖居，是一种积极的生活态度。李吉林的生活态度是，热爱生活。她的生活多姿多彩，不囿于生活的框定，而是追求心灵的解放与自由，因而她多才多艺：喜欢朗诵、弹琴、跳舞；喜欢体育，爱好排球，约上女同事，雨天中到荷花池游泳。她的生活态度表现为：改变自己。她内心是不安分的，不安于现状，总试图去改变，总尝试新的"活法"，哪怕有人质疑，她也会坚持，并在改变中创新。她的生活态度还表现为执著，但又洒脱。执著让她坚持不懈，刻苦钻研，在"深挖洞"中让自己深刻起来；洒脱让她多方面去涉及，打开眼界，自在地工作，自在地思想，在"广积粮"中拓人生的宽度，丰盈自己的知识背景。李吉林的生活情境是开放的、丰富的、创造的，是有境界的。这样的生活方式、状态、态度与境界，会潜移默化在她的情境教育研究中。

（2）李吉林的求真品格表现为审美追求，折射出中华美学精神。

李吉林有对美的追求，有着丰富的深度的审美体验。而这种审美体验与追求又是中华美学精神的生动体现。一是"虚静"。虚静这一中华美学精神不只是安静，更重要的是谦虚。李吉林很自信，不轻信，更不盲从，但她有着可贵的谦逊，善于倾听不同的意见，反照自己，吸取合理的成分，丰富自己已有的认知框架，甚至会改变已有的认知框架，建构新的框架。李吉林不喜欢正儿八经地开会，不喜欢程式化的谈话，喜欢的是"聊"，喜欢的是"七嘴八舌"。正是在这种自由的对谈中，让自己的心灵"虚空"起来，"虚静"起来，从中获得启发，有新的发现，有新的想象。二是"坐忘"。坐忘是中国文人、学者典型的美学精神。坐忘，是一种忘我的投入，耐得住寂寞，坐得住冷板凳。李吉林的坐忘聚焦在执著与坚韧上。比如备一堂语文课，可以反复阅读，反复思考，不断走访，不断修改教案，有时甚至推翻重来，不厌其烦，精益求精。比如，练习书法，专心致志，心无旁骛，揣摩，欣赏，修改，思忖，一个女人写出了男子汉的气势，透出了她心中的豪气。比如裁剪衣服，对照着书，比画着身材，想象着效果，一刀一剪，有时大刀阔斧，有时小心翼翼，精心制作。坐忘的精神既是做学问的精神，又是生活、工作的品格。教书、写作、开发课程，好比在裁剪，既是对作品材料的裁剪，又是对自己思想的淬化和优选。

虚静和坐忘，闪耀着中华文化的光彩，映射着中华美学精神。这样的美学精神让她的工作、学习、生活能静又能动，既活泼又扎实，既能大又能小，既着眼宏观又能着力微观……这是一种古典风格，又闪烁着时代的色彩。不难理解，中华美学精神指引下才会诞生具有中国品格的情境教育理论。

（3）李吉林的求真品格表现为爱的情怀，映射出"长大儿童"可贵的童心。

所谓真，是指正确的认识，显示出对事物特有的规定性的准确认识与把握，保持存在与认识的一致性。李吉林对儿童的独特性有深入的理解，并且保持着认识与实践的一致性。在此基础上，李吉林将自己称作"长大的儿童"。"长大的儿童"首先是儿童。孩子是人之初，童心是人的纯真之心，是人的天然本性和真情实感；童心，创造之心，是人创造、创新的源泉。"长大的儿童"饱含着对儿童真心的爱，又饱含着对创造创新的执著向往和追求，儿童的情怀，亦是创造创新的情怀。这样的情怀，让李吉林永远处在儿童想象的状态，处在紧张的智力创造状态，对真的追求，又是对真的真正、切实的回归。"长大的儿童"毕竟是"长大的"。"长大"，意味着成熟，意味着引领、教导的使命与责任，意味着既在儿童中，又在儿童"外"，所谓"外"，是种超然的状态。正是因为此，情境教育才会凝练出"为儿童研究儿童"的根概念，才会以儿童发展为核心为宗旨，把情境教育建构成儿童成长之乐园，儿童发展之大厦。

与儿童情怀相关联的是李吉林的乡土情怀。李吉林挚爱她的故乡南通，永远忘不掉那条古老的濠河，永远忘不掉那条叫作官地街的小巷子，永远忘不掉那座有院子的小宅，永远忘不掉珠媚园，永远忘不掉北濠河畔的田野，以及夜空的星星，田野上的蒲公英……浓浓的乡情让她有了家国情怀，而家国情怀让她在语文教材的第一课写下："我们是中国人。我们爱自己的祖国。"

袁浩：将育人贯穿在作文教学中

读了袁浩等老师的《揭开儿童作文的奥秘》的书稿，很是高兴，感想很多。我为我们小学教育有这样优秀的人才而自豪。

我想先谈谈作文教学以外的话。

小学教育需要专家，需要教育家。教育专家、教育家在哪里诞生？翻阅袁浩等同志的书稿，我又一次想到，小学教育是一块肥沃的土壤，小学教育专家、小学教育家应该而且可以在小学校园里诞生，在小学教育改革的实践中诞生，在那些勤奋读书、深入研究、善于总结的小学教师和小学教育工作者中诞生。袁浩近四十年来，一直在小学教育园地里耕耘，执著追求。吟秋在《为了这方神圣的天地》中对袁浩的评价与赞扬恰如其分："有人说，你应该去写诗；有人说，你最好去作画；有人说，你可以去当记者。你的回答都是'不'，因为你的五彩之梦只是当一名称职的教师。"其实，袁浩已经把北京东路小学当作了小学教育心理实验室，把小学教育当作一门科学来研究。他不仅在探索小学生作文的奥秘，而且在探索整个小学教育的规律。他已经把五彩的梦变成了现实。我以为袁浩何止是一位称职的小学教师，而且是一位小学教育专家。我希望袁浩在理论与实践的结合上再开掘，在小学教育的宏观与微观的融合上再研究，升华理念，成为小学教育家。我也希望广大的小学教师们、小学校长们、小学教育工作者们，珍惜自己的岗位，在自己的前面竖起高高的标杆，在小学校园这块土壤里播种、耕耘，实验研究，上下求索，努力成为小学教育专家，以至成为小学教育家。

再谈谈与作文教学靠近的话。

当前，全国各地正在深入实施素质教育。但是，素质教育该向哪里深入？实施素质教育固然需要良好的社会环境、标准化的办学条件，但如果只停留在宏观的号召和外部条件的改善上，素质教育的目标是难以达到的。国内外教育改革的历史和当今的实践告诉我们，任何教育改革的目标最终都要通过课程、教材的改革来实现。因此，课程改革应当成为素质教育的"重点工程"。袁浩老师清醒地认识到这一点，他在十多年前就构思并着手进行了"学校的课程改革"。在实施过程中，他又紧紧抓住在小学课程结构中起骨架支撑作用的语文教学改革，紧紧抓住作文教学改革——这一小学教育教学的重点课题和难题不放。他以课程的基本思想、观念研究语文和作文教学改革；又从语文和作文教学改革切入，带动和指导其他学科和活动课程的改革。这样，学校的课程改革就落到了实处，小学素质教育目标的课程化、小学课程的素质化也就落到了实处。我希望小学校长，在严格执行课程计划的同时，能根据学校的实际，坚持基础性、综合化、多样化等小学课程改革的原则，思考学校的课程改革，并选择好切入口，推进课程建设，使学校的素质教育形成鲜明的特色，形成或发展学校的优良传统。

袁浩的这本书是作文教学的专著，当然应该谈谈小学教学本身的话。

作文教学一直是小学教育中的难题，长期以来困扰着我们。究竟怎样进行小学作文教学改革，提高实效？袁浩坚持实验，潜心研究，很好地回答了这一难题。可以说，袁浩是在探索小学作文教学的体系，探索这一体系的科学化和最优化。

我十分赞同袁浩对小学作文教学现状的分析。我以为当前小学作文教学既存在着"文学化""成人化"倾向，同时又存在着随意性及无目的、大操练的倾向。可以说，应试教育对作文教学影响最大。从面广量大的学校来看，大家对作文教学的规律还没有搞清楚，更没有准确地把握。针对这一现状，袁浩深入研究了小学作文应该是什么这一根本问题。他认为，作文应该成为学生生活的需要、童年的乐事，要用自己的话表达自己的意思，要在教学生作文的过程中教学生做人，并让学生在学会做人的过程中学会作文。因此，他提出让作文回到学生生活中去的主张，他十分强调要丰富学生生活，拓宽学生视野，培养学生积极的情绪，提高学生观察和认识的水平。他将育人这根红线始终贯穿在作文教学的全过程。

我还十分赞赏袁浩以新的视角和方法，研究和改革小学作文教学。学生作文的过程不仅是运用写作知识、提高写作技能的过程，而且是心理发展的过程。长期以来，我们对学生作文心理关注得很不够，研究得更不够，对作文教学的心理研究几乎是空白。实践证明，忽视学生作文的心理过程，忽视作文教学的心理研究，作文教学就会事倍功半，收效甚微。袁浩在用教育理论指导作文教学实践，研究学生、研究学生作文心理方面进行了一系列的探索，推进了小学作文教学的科学化，从更高层次上总结了小学作文教学的规律，揭开了小学生作文的奥秘。

更为可贵的是，袁浩的作文教学心理研究，不是从理论到理论，也不是对实践经验的简单概括，而是让实践走向理论，在实践的基础上进行理性思维，进行规律性的揭示和提升。这正是袁浩科学研究的特点，也正是这本专著的鲜明特色。读了这本书，你会感到特别亲切，似乎袁浩老师在与我们亲切交谈。书中的事情就发生在我们身边，但又比我们感觉到的更高一层，因而，我们读后能得到启发，得到提高。我们的作文教学研究，以及整个小学教育研究就应像袁浩那样，坚持理论与实践相结合，尤其应注意在实践基础上的理论概括，让实践走向理论，让理论贴近和指导实践。

袁浩老师这本专著中的众多实例都来自本校教师的教改实践，从而让我们看到了我国小学作文教学改革的成果，向人们展示了作文教学心理研究与实践的美好前景。我们应该感谢北京东路小学的老师们，感谢袁浩老师。

窦桂梅：超越理念下的深度建构与智慧表达

阅读是一个理解的过程，而理解则包含着澄清、修正，以及不断扩大的断定。为了理解，并不需要戴另一个人的眼镜，只需要进入对话、进入思考。

我集中一段时间读了窦桂梅老师的专著，还有她不少的新作，以及教学实录。读这些文字，很轻松、很愉悦，因为这些文字中流动着浓郁的情感，跳跃着智慧的火花，为我们呈现着丰富的、生动的教学情景，引发我们诸多美好的想象；但是真正读好则不容易，因为窦桂梅的语文教学是一次次哲思之旅，这些文字深蕴着思想，是很有深度的，要透视文字背景的哲思，寻找、发现其间独到的见解、主张和内含着的意义、价值，需要认真的态度。在她文字的冲击下，我的阅读也是一次哲思之旅。读罢，我对窦桂梅生出钦佩之意，并生出深深的慨叹：小学语文教学的改革和突破，太需要一批有思想深度、敢于探索研究、功力较深的教师了！我们应为有这样一批教师感到自豪，也应对他们的发展给予更多的真诚的关注和支持。唯此，在发现别人的时候，也就发现了自己。小学语文教学改革，在一批优秀教师的带领下，在积极的对话中，在深入的实验中，将会呈现更为繁荣的景象——我敢断定。

一、超越：锻造语文教师的精神品格，筑高语文的生命

超越，是窦桂梅的主导思想，是她永恒的追求。她就是在一次次的追求超越中，锻造了自己的精神品格，筑高了自己的生命，也筑高了语文的生命。

1.窦桂梅超越的主要体现。

主要体现在三个方面：其一，对自我的超越。这种超越是一种精神。一种什么精神？总是对自己不满，敢于"自否定"的精神。窦桂梅总是对自己"不满"，总是在自我否定，而结果则是在"不满"中前进，在"自否定"中超越。这种"'不满'与超越，是由精神底蕴的无限性，即无限可能性和无限可深入性所决定的"，因此，我认同一位学者的判断："安定的精神已不是精神，自满自足的精神也将不是精神，它们都是精神的沉沦和'物化'。"超越的精神，使窦桂梅的人生更有意义，虽然很苦很累。其二，对语文现代性的见解。语文教学应具有现代性，应当现代化。但什么是现代性？现代性不是历史时段，它是一种思考和感受的方式，一种行动的方式，既标志着属性也表现为一种使命。窦桂梅正是对语文教学的现代性作出了选择，用自己的方式去思考、去行动。他们进行的"主题教学"的探索，从某个角度触及了语文教学的属性，对大语文观作出了自己的诠释和概括。我们处在经验世界中，但还应在经验中发现真理，窦桂梅正是这么努力的。她有深深的思考，她有自己独到的见解，也许这正是被福柯称之为"气质的东西"。其三，对语文教学的主张。1998年，窦桂梅初步形成了语文教学"三个超越"的主张，即"语文教学要冲破以教材为中心，以课堂为中心，以语文教师为中心的樊篱"，要"学好教材，超越教材"，"立足课堂，超越课堂"，"尊重教师，超越教师"。显然，这不是对教材、课堂和教师的否定，而是对"满足"的超越。何为超越？超越总是和"基于"联结在一起，"学好""立足""尊重"正是"基于"的具体体现。"基于"不是脱离，更不是放弃；"基于"也不是"止于"，而是一块"起跳板"，以此为起点，有新的跳跃、新的拓展和追求。显然，"三个超越"

是对传统语文教学观的扬弃，是对课程改革理念的坚守与具体化，是对既有教学模式的超越。

2.超越观的认识论基础：语文的可能性和儿童的可能性。

语文是一种可能性。为什么？首先，作品是一个独立自足的世界。但是，这个世界充满着不确定性。文本是多元的。真正的多元则是无限的、不确定的、动态的。而文本的多元性为文本自己所运作以及读者的游戏活动开启了可能。文本的无限性、多元性实质是文本的可能性，这种可能性包含着"超越"的可能性。语文教学就是要开发这种可能性，使学生在"可能性"的开发中产生超越。其次，语文学习的实质是一种文化生活。一如学者所言，文化生活和理智生活都不过是彼此相互作用的文本，它们产生更多的文本。学生将在教师的引领下，在语文学习的文化生活中，与理智互动，进行新的文本创作，以"产生更多的文本"。这种文本的"可生长性"为教学的超越提供了可能，反之，没有对文本的超越，就不可能有新文本的创作。这就是对教材的超越。再次，课程改革为教师的创造性实施课程提供了极大的可能，语文课程标准也为教师的"超越"提供了极大的空间。语文教学改革要确立"语文可能性"的理念，倡导这种"超越"的精神，培育这种"超越"的能力。

儿童更是一种可能性。可能性是人的最伟大之处，更是儿童的最伟大之处。可能性实际上是人的潜能，这可能正是郭思乐所说的儿童的"深度自然"。儿童的语文学习，是潜能的开发，创造力的展开。语文教学要从对儿童现实性的关注转向对儿童更多可能性的开发。对这种可能性的开发，必然表现在对课堂和教师的超越上。反过来说，超越正是对儿童可能性的认可和尊重；轻慢甚或忽略超越，正是对儿童创造性的轻慢、忽略，甚至是一种扼杀。若此，就是不道德的语文教学，不道德的教育。窦桂梅的教学实践已给我们指明了一条道路。

3.超越是对教学准则的理性识别。

教学需要建立准则，问题是需要建立什么样的准则，以及为什么要建立准则。准则是人为的——人是准则的创造者；准则是为人的——为解放人、为人的创造性的发挥而存在的。那么，这是一种什么样的准则呢？培根讲过相当深刻的话：假如一个人想从确定性开始，那么，他就会以怀疑告终，但是，假如他乐于从怀疑开始，那么，他就会以确定性告终。笛卡尔的观点与此十分相似，他把这种准则称为"指导心灵的规则"，即问题研究，其方法为探究和怀疑，并以此推动认识论的转向。也许这就是解构主义者提出的"怀疑的解释学"。从著作中，我了解到窦桂梅正在关注解构主义思想。我以为，她的超越的主张，正是对以往教学准则的反思，力求"冲破樊篱"，建立新的准则，突破长期以来形成的那些根深蒂固的东西。往本质处讲，准则的变革是心灵和思维方式的变革。窦桂梅正是把思维方式搁置在变革的当口，她努力使自己处在思想的地平线上。

4. 超越的宗旨是为了筑高生命。

窦桂梅十分明确地说："三个超越"是为了"引导学生进行语言的积累，生活的积累，情感的积累，为学生的生命奠基，为中华民族的创造力奠基"。"超越"和"创新"是一对双胞胎，创新需要超越，超越为了创新，在某种意义上说，超越正是一种创新。创新是生命进步的灵魂，创新的生命才是有活力的、有创造力的，否则是平庸的。窦桂梅用创新筑高了自己的生命，也筑高了语文的生命，同样，用超越和创新为学生构筑了精神高地和生命的高度。我们欣喜地看到，窦桂梅所教的学生充满着超越的激情，充满着自信，充满着对理想的追求。面对这样的"超越"我们怎能不鼓而呼之、击而掌之呢？

二、结构与意义：主题教学的理论假说

在超越理念的引领下，通过潜心研究和试验，窦桂梅形成了自己的语文教学主张：主题教学。"什么是主题教学？主题教学是要从生命的层次，用动态生成的观念，重新全面认识课堂教学，整体构建课堂教学。简单说，它是围绕一定的主题，充分重视个体经验，通过与多个文本的碰撞交融，在重过程的生成理解中，实现课程主题意义建构的一种开放性教学。"主题教学的优点是，"将语文教材零碎散落的，甚至单一的内容统整

起来"；其特点是"内容密度高，容量大，综合性强，学生所学的知识是多方面的、立体的"；"'主题'不是思想主题，不是知识主题，也不是写作主题，而是文化主题"。应当说，这样的界说还是清晰的、比较准确的，当然，还需深究和完善，尤其是要明晰主题教学的理论支撑，使其站立得更稳妥，开掘得更有深度。

1. 主题教学是一种语文教学的建筑。

海德格尔说："语言是存在的家"，"但是，我们通过什么达于安居之处呢？通过建筑。那让我们安居的诗的创造，就是一种建筑"。这种建筑的成果是形成一种新的结构。语文离不开语言文字的运用和创造，语文教学亦应是一种建筑。首先，理想的文本应是一种结构。后结构主义（几乎是解构主义的同义词）者，法国的罗兰·巴尔特指出："理想的文本乃是一组能指，而不是所指的结构。"所谓"能指"意为改造、变动和创造，所谓"所指"意为现成的、无须改变的。其言下之意是，非结构的文本不是理想的文本，仅是"所指"的结构也不是理想的文本；理想的文本必须经过调整、扩充、重组，以形成"能指"的结构。其次，结构应是一种联系后形成的关系。皮亚杰进一步说："结构是一个由种种转换规律组成的'体系'。"这种"体系"包括三个基本的特征：整体性、转换性和自身调整性（或内部调整性）。"整体性指结构是按照一定组合规则构成的整体"，"转换性指结构中的各个成分可按照一定的规则互相替换而不改变结构本身"，"自我调整性指结构是自足的……带来了结构的守恒性和某种封闭性"。再次，结构是改变人们思维方式的思想运动。结构的过程是改造的过程，是思维产生飞跃的过程，所以，结构可以活跃人们的思维，锻造人们对事物整体把握的能力。据此，我们可以作如下的判断：主题教学力图形成语文教学的体系，这种体系是文本结构化的过程，如此的结构是按一定规则的、可以转换的，在经历开放变动以后是守恒的、稳定的，具有自洽自足的封闭性。当然，我们对主题教学的这种判断也是一种期待。

2. 主题教学是对现有教材和教学内容的解构。

首先要说明的是，解构并不是破坏或毁灭。毋庸置疑，主题教学在尊重文本，立足文本的同时，要去解构现有的文本，但这绝不是破坏，而只是防止教材的僵化，并逐步形成文本的多样化和丰富性。其次，和结构主义一样，解构主义主张由外部分析回归文本内部分析，但解构主义更主张文本的生产性。这种文本的生产性使文本的"单意义"消失了，导致文本意义的增殖和不确定性。同样，解构主义认为文本的学习是一种生产性的而不是保护性的阅读。我理解，解构性阅读强调的是一个建构的过程，要在阅读中形成知识、经验的结构化。这种"剥夺"性的阅读，需要我们提供框架性的更为丰富的资源。

用以上理念观照主题教学，我们不难发现，主题教学在建构与解构中寻找广阔的地带，寻找结合点，用文化把相关的内容进行链接和组合，引导学生作内部分析，由此及彼，产生联系，"生产"新的文本，"生产"新的思维。也许有人说，我们还未进入后现代、后结构，解构主义离我们还很远，其实，作为一种思潮和主义是不受时空限制的，它已经在影响我们，已经渗透在教学中，而这种影响是积极的。我们不能说，主题教学没有受到这种积极的影响，我们也不能不说，这种积极的影响已有积极的效果。

3. 主题教学的意义在于扩大学生的视野。

作为人类，我们无法越出语言的疆界，我们似乎无法逃离它的局限和要求，用后现代主义的另一个口号来说："我们被监禁在语言的牢房里。"但是，人类有能力颠覆监狱的大墙，以使我们突围。从本质上讲，语言不是固定不变的，意义是滑动的、可变的，因此要通过语言去建构意义，我们希望用另一种眼光去审视，用另一种想象力去想象，用另一种心灵去感受。这样，在阅读时，我可能变成了千百万人。主题教学好比是给了学生"别的眼睛""别的想象力""别的心"，开了新的"窗户"，实质上扩大了学生的生存空间，通过对相关内容的扩展，让他们了解了世界的结构。对世界的透视角度越多，学生所获就越多。——这便是主题教学的深层意义。

4.主题——"根状茎"结构。

主题教学应是一种什么样的思维？有人曾提出"树喻"理论，即知识按照系统的等级体系的原则组织起来，如同树的枝条最后归总到树根一样，知识的分枝深深地植根于坚实的基础之中。这是一种纵向性的思维方式。按这种纵向性思维方式，主题教学可形成思想主题、知识主题、写作主题等。而文化主题则是一种"根状茎"结构。从植物学上来讲，"根状茎"与树的主根的须根的结构不同，它是一种延长到地下的块茎，通常水平生长，上面生长枝条，下面产生根系。根状茎意味着开放而不是封闭；是朝多个方向而不是朝一个方向流动的。文化是流动的、运动的、非等级的。主题教学之文化主题大概就应是"根状茎"结构，它倡导着横向思维方式。文化主题就是用文化润泽学生的心灵，用文化培育人文情怀，使文化成为学生发展的力量，文化上的每一次进步，都让他们向自由迈进一步。

三、基于儿童与基于思维：深度的"尺度"

窦桂梅的主题教学有三个维度：温度——基本性，广度——开放性，深度——发展性。我以为这样的界说是恰当的。现在引起争议较大的是"深度"。这种质疑是正常的、合理的，其关键在于对"深度"要作出准确的解说。

1.小学语文需不需要深度？

学者邓晓芒对此有过较深的思考。他说：人们常有一种误解，以为儿童文学不要有什么深刻的思想，只要能"寓教于乐"、丰富一下儿童的课余生活就足够了。至于连我们成年人都不大弄得清楚的"思想"，恐怕也就只能"免了"。儿童之所以可爱、"有童趣"、"童真"不就在于无思想、"单纯"吗？接着，他举了《会数十个数的小山羊》的故事：小山羊用学到的十个数去数牛、马、猪等等，激怒了这些无知而又无辜的群众——"不许它数我们！"大家一起来追赶小山羊，后来终于发现会数数对大家有用处。这几乎是一篇哲学寓言：数数对于动物，相当于新思想对于人类；但在我们周围，从孩提时代开始，人们既不数数自己，也不许人家数数自己，这已成为一种"集体无意义"了。

我是赞同邓晓芒的观点的。其一，童年总是一个深刻的话题。儿童并不单纯。文艺复兴时期的伊拉斯谟认为，拉丁语中"儿童"意味着"自由者"；蒙台梭利说，儿童是"上帝派来的密探"；苏霍姆林斯基说，儿童是"世界的发现者"；泰戈尔则认为，成人世界的问题，要让儿童的那纯洁而镇定的生命之光去解决……而我们则很不了解儿童的秘密。瑞吉欧幼教的创始人马拉古兹曾写过一首诗：《其实有一百》。诗中写道：在儿童的眼睛里，世界上有一百双手、一百种语言、一百个念头、一百种思考方式……但是，成人却说：不，只有一双手、一种语言、一个念头、一种思考方式。这是为什么呢？孩子们说："这是因为，你们缺少关怀，缺少倾听，缺少理解。"——我们不能小看、低看、浅看我们的孩子，孩子其实有他丰富而深刻的心灵世界。其二，语文教材中不乏深刻性的课文，甚至可以说，不具深度的文章，即使再美也不会被选入。究其原因，在于书被我们称为"旅行者的航船或马匹"，人生旅途最好的伴侣；图书馆曾有一个美丽的名称"思想的壁橱"。我们不妨把教材也看作是"思想的壁橱"，要用思想去启发思想，用深刻去启发深刻，把这些"碳凝聚转化成的金刚石"当作思想的资源来开掘，"统摄提升并赋予宇宙人生以意义"。其三，中华民族需要思想的深刻性。恩格斯早就说过，一个民族想要站在科学的最高峰，就一刻也不能没有理论的思维。民族思维的深刻性来自民族的未来人，小学语文教学担负着提升学生思维和思想深刻性的使命。

2. 什么是深度？

这是一个很难界定的概念。《现代汉语词典》中有两个义项是我们阐释的依据：触及事物本质的程度；事物向更高阶段发展的程度。我以为，"深度"有以下含义。

第一，深度首先是一种发现。罗素说："……在句子结构和句子推断的事实的结构之间存在着一种可以发现的关系，……只要充分注意，语言的性质可以帮助我们理解世界的结构。"从语言中发现，从语言中探究人生和世界的结构与奥秘，探究事物的本质与本源，看到眼睛背后的东西，这本身就是"向内深入"，是一种深度。这种向内的深度又是一种"内心倾向"，会使学生获得一双透视的慧眼。所以，语文教学的深度可以理解为对语言文字的一种发现。

第二，深度是一种思维。思维是地球上最绚丽的花朵。思维本身是一种过程，是心灵运动的过程，是同心灵的对话。这种思维的深度表现为教师引导下的思想，以及"自我咀嚼""自我反思"；表现为对语言文字、对文本、对教师、对权威的质疑；表现为对挑战的应答，并在应答中生长自己的智慧。海德格尔说，"思"可以在语言中犁出不显眼的沟。所以，语文教学的深度还可以理解为语言文字中的思维训练。

第三，深度是一种建构。语文学习从本质上讲是学生的建构活动，极富创造性。学生的学习建构来自想象。英国诗人布莱克说过这样的话："只有一种能力可造就一位诗人：想象、神性的视力。"建构往往发生在想象之中，建构也来自文本的"生产性"。"保护性"阅读给学生的只能是静止的、僵化的、冷冰冰的文字，而"生产性"阅读发展了学生的个性和创造性，"生产"出新的文本。建构还来自"故事"的表达与倾听。人类文化具有很强的"故事性"，它是个说不完的故事、不断改写的故事。因此，"人在文化中生活"也就是"人在故事中"。而故事是需要"命名"、讲述与倾听的。从文化学意义上说，语文学习是一种"故事"的创作。所以，语文教学的深度还可以理解为自主建构和创造。

3. 小学语文需要什么样的深度？

很显然，小学语文教学中的深度是有边界的。一是深度不是知识的程度和难度，不是知识的汇集和堆砌，不是知识的考试。二是深度不是对深奥思想的阐述，不是对玄妙理论的搬运，不是对"高深"的讲解。三是深度不是离开文本的任意扩展和拔高，不是对文本无限的开掘。

更为重要的是，"深度"应是"儿童的深度"。成人与儿童处于两个完全不同的世界，成人的标准与儿童的标准有不同的内涵和价值指向，而在儿童身上发生的问题，原因往往应该在成人身上寻找。蒙台梭利在《童年的秘密》中早就谈道："儿童跟成人的冲突主要是由成人引起的。因为在儿童的生理和心理发展过程中，成人始终像'一个拥有惊人力量的巨人站在边上，等待着猛扑过去并把他压垮'。"所以，"成人必须从自己身上找到导致压抑儿童的那些无意的错误"。值得十分注意的是，"深度"应站在儿童的立场上，应从儿童出发，应用儿童的眼光和儿童的标准。凡是适合儿童的并能促进儿童发展的，就是合理的深度。我们既不能低看儿童，也不能高估儿童。儿童的需要就是衡量"深度"的唯一尺度。同时，"深度"面对的不是少数学生，而应是所有学生，只有所有学生所认同的、能理解的、能接纳的以及能促进所有学生发展的深度，才是属于"儿童的深度"，才是我们倡导的深度。

4. 如何把学生引向深度？

窦桂梅已有了很好的探索。她认为，"要拿真诚的阅读体验和学生交流"，"在课堂上把这种深度适当地隐藏起来"，"将阅读体验感受的权利和时间交还给孩子"，"要始终关注语言的深处"，等等。这些都是很好的见解和有效的办法。

拓开去看，把学生引向深度的关键是教师，而教师教学的关键则在于对学生的引领。读者反应理论认为，读者是使文本产生意义的关键，应将诠释权交给读者，读者在阅读时不只是像一个水手那样，坐在那儿等着水溢进去，作者在创作时当然也不会是木乃伊。而教师的引领，不要传授一套赏析文学作品的技术、写作的方法，更不是带人去浏览文苑的繁花，而是要像植物学一样，对花形成一门知识。这门知识并不能保证你能创造出一朵美丽的花，但是它可以让你更了解什么是花，花应如何才能生长。以上这些引述和阐释，无非是说，"儿童深度"应该让儿童去发现、解释、获得；他们不应该像水手，而应像勘探者、探险者和攀登者。这样，学生才能真正和"深度"生活在一起。

四、心智的丰富：主题教学的智慧表达

文艺的觉醒与振兴在于生命力的解放，那么，教育教学呢？在于教者

生命的觉醒与舒展，因为：认识教育的真谛不能仅凭理智，还要凭心智；理智往往受到限制，而心智却是无限的。

窦桂梅有丰富的心智，而心智之门背后则是智慧。

窦桂梅爱读书。阅读成了她的学习方法和生存方式，书籍慰藉着她的心灵，丰富着她的心智，滋养着她的思想。教《圆明园的毁灭》，她读了大量相关文章，如吕厚龙的《告别圆明园》、樊美平的《透过圆明园的硝烟》、李仲琴的《由"庚子国难"看"愤青"的虚火》、袁伟时的《现代化与中国的历史教科书问题》以及李大钊等人写的一些现代诗歌等。于是，"阅读中的震撼使我更坚定了原先的打算：对这篇课文的解读，绝不能仅仅止步于'痛恨'"。没有大量的阅读和吸收，怎么可能有心智的丰富，又怎么可能有对课题的确定、内容的广度？更为可贵的是，她不是为教书而读书，而是为人生的意义而读书，为"拥有面对文本的力量"而读书。

窦桂梅爱思考。她说："也许，人类生存多久，就要思考多久。"思考成了她的习惯，思考使她逐步占领教学的制高点。她常常思考：你有专业自信吗？自信使她"怀着一份自然的心态"。你的专业自能如何？专业能力使她那"一亩三分地"与自然、与社会、与世界相勾联，与人心相沟通。你有专业自我吗？专业自我锻造了她的人格。在思考后，她确立了这么一个信念：做一名有专业尊严的语文教师。心智的丰富在于心智的敞亮，在于思想的润泽和支撑。

窦桂梅有一种文化自觉。这种文化自觉首先表现为教育的觉醒。"关起门来上课的教师不能称之为公共教育的教师。因为他们只是把教室、学生当作私有财产，把教师这种职业私有化而已。……如果不是所有的教师都打开教室的大门，并且从内部彻底粉碎这种权力关系，那么，学校的改革是不可能实现的。"她之所以对佐藤学《静悄悄的革命》中的这段话如此钟情、反复引用，是因为她对课堂、对教学、对教师、对教育的本义、原义及真谛有了较为透彻的认识。心智觉醒了，随着心智觉醒的，还有人类许多高贵的禀赋。窦桂梅是一个具有教育使命感和文化自觉的教师。也许这一段话更能表达我的意思：荣耀不在于"所来自之处"，而在于"将要前往的地方"，在于我们的意志，以及不断要求超越自己步伐的期许。

丰富的心智让窦桂梅的主题教学有了智慧的表达。窦桂梅的智慧表达是一个十分值得研究的课题，以下权且作些罗列：

让学生"走进去"，又"走出来"。走进去，走进文本，走进文字，走进意义。海德格尔早就说过："人们必须花极大的努力才能与语言真正居住在一起。"走进文字，为的是"居住"式的体验；而走出来，则是开阔视域，超越文本与文字，"走出来"实质是"生出来"，生成新的内容和意义。而这种"走进""走出"不是单向的，而是双向互动的。读完一本名著以后，感受是"我出来了！"或者，从另一个角度看，是"我进来了！"

让学生感受、感悟。王荣生教授这么认为，翻阅窦老师写的文章，频频跳跃的是这样一些词汇："感受""感悟""感受到""领悟到"；有意思的是，窦老师把"悟"解释为"思考"——"我的思考、思考的我"。主题高于学生的阅读感受，主题教学的要义就是要让学生"感受到"。窦桂梅不仅培养学生学习语文的方式，而且在培养学生的感悟思维。这种感悟思维介于感性与理性之间，是二者的混合体，又是二者的桥梁，同时介于情感的形象思维和理智的抽象思维之间，乃是中国智慧和智慧能力的传统优势所在。

把知识转化为智慧。智慧是掌握知识的方式和能力，智慧高于知识，智慧统率知识，要把知识转化为智慧。窦桂梅的课上，从来不忽视和放松知识，相反，该讲的讲，该练的练，该读的读，该"抠"的"抠"，一丝不苟，毫不马虎。但是最为可贵的是，她很自觉地很艺术地让学生把掌握知识的过程，化作生长智慧的过程，并且让学生对知识作出评价和选择，把价值指向学生的创造性思维和创新能力。课堂上，你常常会感受到一种轻松，就在轻松中智慧登上了学生快速行进的列车。所以有人说，这不仅仅是在学语文。那是在学什么呢？

在文章匆匆结尾的时候，我突然发现自己对窦桂梅的教学思想、教学艺术、教学风格未有智慧的表达。不过没关系，还有下一次。也许下一次我会在"走进去"的同时又"走了出来"，当然首先是"走进去"。

主题教学：一种理论主张与实践模式

听了窦桂梅老师的两堂语文课。每听一次课，心就被感动一次，甚至是被震撼一次。当时我有一个想法，教学成果奖的评选，如果条件许可，到现场听一听课堂教学，在真实的情境里，亲身感受一次，那该多好啊！我深以为，真正的教学成果，是在教学现场中，最大的成功，应当是教学现场中学生的真实学习和真正发展。

不少老师听课以后都有这样的感慨：窦老师的语文课又有了重要的变化，而且越变越好。窦老师的课变化在哪里？是什么让她变了？自然想起了她的主题教学，是主题教学让她深刻变化，这种变化，说到底是主题教学本身的深化和发展。

主题教学是窦桂梅于2001年在反思实践、抽象经验的基础上提出来的。主题教学既是一种实践模式，又是一种理论主张，是实践与理论的双向建构。十多年来，对于主题教学不断研究不断深入，其价值、意义日益彰显，其内涵、特征日益清晰，其操作实施也不断丰富，这不仅引领着清华附小的语文教学和课程改革，也在全国产生越来越大的影响。我们应继续关注主题教学，并加以认真研究。

一、主题教学的核心主张是整合

在这样的语境下，主题是载体。这启发我们语文教学中要学会整体思维，建构并增强课程意识和创新能力。

课程改革以来，小学语文教学发生了可喜的变化，有了长足的进步，但仍然存在一些突出问题。窦桂梅对这些突出问题，用"工具性与人文性割裂""教学内容支离破碎""教学目标不清、教学方式僵化"来概括，其结果是，语文教学"难以形成核心价值观""难以整体提升语文素养""儿童学习负担过重"。这些问题背后或深处的重要原因是，语文教学缺失课程意识，缺少整体设计，缺少综合统筹。显然，整合应当是破这一难题的良方，从宏观上看，综合思维应当是语文教学的主导思维之一。

整合必须确立核心，围绕这一核心，加强统筹，削枝去叶，突出重点，并且加强联系，促进教学往核心处和深处走。而整合需要载体，所谓核心，在窦桂梅看来就是主题。换个角度讲，在整合视野里，主题既是载体又是教学的核心。以主题为载体，把有关内容围绕核心整合起来，形成清晰而又简约的结构，促使学生在完整的语文世界里获得整体性发展，这就是主题教学的要义。不难看出，整合不仅是手段，也不仅是思维方式，而且是一种调整和创造。系统理论告诉我们，知识课程的整合有利于激发学生的创新灵感。

主题教学以整合为语文教学的核心主张，其结果是什么呢？就教师而言，是课程意识的增强，从教学走向课程，在课程的框架里审视小学语文，同时，真正促使语文成为一门课程，而不只是一本语文教科书，不只是课堂里的一次教学活动。语文课程带来体系化的思考和建构。对学生而言，这是整体性、系统性思维方式和品质的培养，让他们学会在生活中找寻核心，搭建载体，学会创造，在完整的语文世界里，过有主题的有意义的完整的语文生活。

二、主题教学的核心目标是语文立人

在这样的语境下，主题是核心价值，是情感文明。这启发我们，语文教学要以语文素养的培养，尤其是以核心价值观的培育为根本任务。

窦桂梅提出主题教学的核心目标是语文立人，鲜明而坚定。众所周知，教育的一切，一切的教育都是为了立人。可遗憾的是，在语文教学的实践中，老师常常以知识、以分数、以背诵、以简单反复的操练代替了语文教育，遮蔽了语文教学中的人，代替了语文教学中人的发展。在教育本质的视野里，主题教学把最为根本、最为重要的主题定位于关于人、关于人的发展。窦桂梅的语文教学不是教语文，而是教人学课文，教儿童学语文。语文教学固然要关心学生知识的获得，而且要基于知识，但一定要超越知识，通过语文教学来育人，最终让学生在语文学习中作为真正的人站立起来。

"语文立人"不是一句空话，它是通过培养语文的核心素养来达成的。"素养"这个概念早在 1883 年美国的《新英格兰教育杂志》中就使用了。日本教育学家佐藤学在《课程与教师》里认为素养"探讨的是学校教育的公共性"，常常"是由非情境化的知识技能所构成的"，即"知识的情境依存性与认识的相对性，是被否定的"。所谓公共性，所谓摆脱情境依存性等，意在强调素养或核心素养的共同性、共通性，是所有人必备的。窦桂梅较早地在主题教学中使用这一概念，说明了她对理论和前沿性问题的敏感。语文的核心素养究竟有哪些，大家都在研究，而清华附小已在《小学语文质量目标手册》中对语文核心素养作了初步的确定，所谓的"三个一"，即一手好汉字、一副好口才、一篇好文章，正是她和她的团队提炼出的语文核心素养的一部分。

值得注意的是，在"语文立人"这一核心目标引领下，主题教学特别关注核心价值观的培育和践行。窦桂梅特别警惕一位哲学家所提醒的"脑中之轮"，明确提出："如今的教学，我们不追求课堂的完美无缺，我们更愿意传递一种声音：透过语言文字，要让孩子们葆有天真和纯粹，葆有批判和反思，只有思想力量，才能如阳光般照耀孩子的心灵！"在这样的语境下，主题指的是核心价值，而核心价值又以具体的语词来呈现。所以她说："如果将这样的主题印在脑海中，这对儿童一生的发展将多么重要！"我们应抛弃"脑中之轮"，但孩子必须"脑中有弦""心中有魂"，必须在心灵中播下核心价值观的种子。完全可以说，主题教学探索了将社会主义核心价值观教育融入语文教学的思路和方式，为我们提供了一种样式。

与此同时，主题又是核心价值观引领下的"意义群"，主题教学是引导学生去发现和创造语文文本的意义，用意义、"意义群"滋养自己的心灵和思想。最近，窦桂梅又特别关注情感文明的教育，通过主题教学培养儿童早期的情感认同、情感习惯、情感能力、情感反应模式等。在这样的语境下，主题又应当是"意义群"中的情感文明。

三、主题教学的核心立场是儿童立场

在这样的语境下，主题的主语是儿童，儿童即主题。这启发我们语文教学要让儿童站在课堂的中央，让儿童自主学语文，去生成主题。

教学的核心是学生学会学习。主题教学依循教学的本质，始终引导儿童自主学习、学会学习、创造性学习、享受学习。因此，窦桂梅将教学的核心立场定位于儿童立场。她说："儿童站立在课堂的中央，……尊重儿童的独特感受，张扬个性，激发创造力，提高参与意识，让儿童成为课堂的主人。"在这样的语境下，主题的主语是儿童，一切从儿童出发，一切以儿童为主体，让儿童展开语文学习。不仅如此，主题教学的主体就应是儿童，要以儿童的学习和发展为主题，儿童学会学语文了，语文教学就成功了。站在儿童立场上的主题教学是真正的儿童自己的语文学习、语文生活。也许在这方面，大家觉得窦桂梅的变化特别大。

具体说，主题教学的情境脉络是：儿童发现价值、开发价值、生成价值、融入价值。所谓发现价值，是说文本中的价值不是教师告诉儿童的，而是儿童自己在学习中思考、发现的；开发价值是在发现以后的深度认知，发掘价值的意义，让其呈现，让其走到课堂里来；生成价值则是对原有价值的超越，由此及彼，发现新的意义，创造新的价值；而这一切，都是儿童凭借主题融入价值的过程。《皇帝的新装》"共学"阶段，聚焦"新装"，学生质疑如此精彩，如此深刻，正是发现、开发、生成、融入价值的经典片段。由此看来，主题教学追求儿童的深度，追求儿童的哲理。这方面窦桂梅的课尤为突出、可贵。

基于儿童立场的主题教学，其实是鼓励学生敢于超越。对于窦桂梅在探索阶段提出的"三个超越"——"基于教材，超越教材""立足课堂，超越课堂""尊重教师，超越教师"，我向来持肯定、赞赏的态度。"三个超越"是儿童立场的具体体现，是主题教学的境界。

四、主题教学的核心策略和主要手段是语言文字的运用

在这样的语境下，主题也可以是核心语词，准确地说即用核心语词来呈现主题。这启发我们，语文教学应围绕主题整体推进。

不同语境下的主题有不同的认定和内涵，可见主题是多元的、动态发展的，因而主题教学是丰富多彩的。但无论何种语境、何种内涵的主题，都离不开语言文字的运用，都要落实在语言文字的运用中，否则，就不是语文的主题教学。正因为此，大家听窦桂梅的课，总是叹服于她的生动与深刻，毫无说教的感觉。这样的主题，才是有根的、实的，活泼泼的语言文字里是一个个活泼泼生命的跃动和生长。

在语言文字的学习运用中，窦桂梅的主题教学呈现三种方式。其一，通过语言文字的朗读、感悟，引导学生探寻"主题潜伏"，进而让"主题呈现"，并引导学生将"主题深化"，同时进行"主题拓展"。《皇帝的新装》教学中，聚焦大臣、聚焦百姓、聚焦皇帝、聚焦结尾以至聚焦现实，都是在语言文字的伴随下，主题逐渐凸现和深化的过程。其二，课堂教学中，采用"预学—共学—延学"的板块结构，让学生在语言文字中"摸爬滚打"，有几个来回，这正是在主题教学中语言文字与儿童的相遇和游戏，于是有了语言文字与主题的狂欢。其三，制定《小学语文质量目标手册》《小学语文乐学手册》，并将两种手册转化为课堂教学的理念和方式，从而整体推进了主题教学的发展。

王崧舟：哲学的尺度与实践的智慧

诗意语文是当下几位优秀的小学语文教师所作的一项试验和研究。在进行较长时间的探索以后，他们又作了一些理论上的概括，尤其是王崧舟老师。这一研究和命题很有针对性，很有新意，很有价值，受到小学语文教师以至语文教育界的关注，产生了较大影响，引起了大家的讨论，当然也有一些争论。

诗意语文还将进一步研究下去，试验还应更加具体，研究还应更加深入，理论上的概括随着实践和研究还应更加清晰、准确和集中。相信，他们会做得到，而且会做得好，因为前一阶段研究的状态和成果已经告诉了我们他们有这个能力。借用一种诗意的说法，诗意语文像是语文之境中一次"美丽的日出"。日出已显现着巨大的生命力，而更加灿烂的美丽当是在日出以后的升腾。我们将满怀信心地期待着，因为，这批语文人有一个永恒的名字：卓越！

讨论诗意语文的话题很有意义，也很难。我一直研读有关材料，也认真地去思考，有了一些心得。总的想法是从哲学层面作些探讨，当然这就离不开对智慧教学的讨论。再借用一种诗意的说法：我想和大家作一次对话和分享，让诗意语文的诗意在我们中飘荡，像是意义的溪水在我们的心灵和思想里流动，并以此引起更加深入的讨论。

一、诗意语文这项研究：超越本身的意义和价值——精神、见解和主张

"美丽的日出"，其美丽不仅仅是日出本身，更在于给我们带来的绚烂的天空。诗意语文这项研究的意义和价值已超越了其本身，它带给我们的是更为宽阔的视野和深入的思考，是一种"美丽"的启发。

第一，诗意语文研究告诉我们，语文教师要有追求。现在的社会有一种浮躁，浮躁之气开始向校园扩散。浮躁实际上是一种功利，也是一种肤浅。这种浮躁使我想起昆德拉说过的话：人处在一个真正的缩减的旋涡中，胡塞尔所讲的"生活世界"在旋涡中宿命般地黯淡，存在坠入遗忘。是的，当今有些语文教师也在缩减的旋涡中挣扎，有的人把读书缩减为看教辅材料和"快餐读物"，把学习缩减为看电视，把思考缩减为一次报告会的考试，把教学设计缩减为教学案例的组合。总之，丰富的过程简单化了，精神价值被缩减成了实用价值，于是，有些人把精神追求异化成官能享受。这样，理想和追求在旋涡中被冲走了，流逝了。诗意语文的研究者却坚决地说"不"。他们内心总是涌动着精神诉求和理想追求的激情，并与缩减的旋涡抗争。王崧舟用"非淡泊无以明志，非宁静无以致远"来勉励自己，列出了自我追求的三条要求："丰富的文化底蕴、高超的教育智慧、远大的职业境界"；周益民也总是遥望着呼唤他归去的那片"小树林"——诗化语文，始终倾听着、思索着和乐观地期待着；读着《花朵，把春天的门打开》中的争鸣，尽管我不知道他们姓什名谁，但总是在他们的网名后看到一种执著的追求和期盼，总是被他们感动，正如"贝壳的泪"所说，"跳出红尘，突破铁窗"去探索语文这一永远要探索的领域。有这样一批教师，我们还有什么理由不相信：语文课程标准将在这批教师手下"立"起来、"活"起来，明天的语文教学会更优秀、更精彩。诗意语文，首先是一种精神！

第二，诗意语文告诉我们，语文教师要有自己的见解。有一种普遍的现象：人们在长期的语文教学中沉浸长了，反而对语文视而不见，从而

造成对语文的遮蔽。语文究竟是什么？语文教学应该是什么？语文是一个谜，谜面似乎是简单的、清晰的，而谜底却是"诡秘"的、复杂的、多元的；语文好比一条路，它似乎只有起点，而终点永远是在"下一处"；语文好比是一座井，开掘得越深，清泉越会汩汩涌流。所以，语文教师是解谜者、行走者、勘探者。其实，语文是一个意义域，语文教学是对语文意义的追问、开掘、提取和流动。按照海德格尔的理解，通过对所在的追问，展开、澄明的是一个独特的意义域，从某种程度上说，这个意义域就是文化。只有这样，语文才会真正成为一种文化。诗意语文对什么是语文、什么是语文教学有许多见解，都是在实践中追问后的答案，不乏新颖和独到。我想说的是，诗意语文是在竭力地解蔽，揭开那一层长期罩在语文上的遮盖，这是一个"去魅"和"返魅"的过程，用马斯洛的话来说，就是达到理解的"再圣化"，即"以一种新鲜的眼光、陌生的眼光去重新审视"，"其用意在于破除笼罩在人们心目中的惯常认识"。诗意语文，是一种独到的见解。

第三，诗意语文告诉我们，有作为的语文教师要有自己的教育主张。我们暂且别忙去说诗意语文是一种流派。流派不是刻意追求的，流派有一个漫长的公众认同和接纳的过程。当然，我相信诗意语文必定会经历这一过程。但是，我们应该说，诗意语文是一种风格，这种风格表现了一种教育的主张。当今是一个开放多元的时代，倡导文化的独特色彩，唯此，文化世界才可能丰富多彩；课程改革为各种教学风格的形成留下了极大的空间，倡导着课程和教学建设要有自己的主张。主张表现为实践的智慧和理论上的勇气。好多年前，罗曼·罗兰曾批评文学创作没有个性，他说：你们的创作缺少个人的单间。今天，课程改革和教育改革为大家打开了个人的"单间"，这批年轻人勇敢地走了进去，苦苦思索，潜心研究，提出了自己对语文教学的看法，形成了自己语文教育的主张。这一主张鲜明而不含糊，浪漫而不虚空。诗意语文这一主张，实际上是选择在阳光下和微风中舒展语文教学的一种思维方式、实践方式。这一诗意的教育主张有自己的落脚点，同时，尽管是在个人"单间"里形成的，但"单间"并不封闭，而是通向大房间的，连接着丰富的生活，因而这一主张应和着时代的呼吸。主张是靠思维站立的。帕斯卡尔说："……我们全部的尊严就在于思想。"除了思想，任何别的东西都不可能有历史。所以，诗意语文有它的尊严，也将会有一种历史，是因为教育主张中所透出的思想。

二、诗意语文这个概念：语文共性中的个性——暂不定义中寻求特质

诗意语文这个概念是很难定义的，我的想法是，目前不要急急忙忙地给它一个定义，即暂不定义。暂不定义，不仅因为定义之难，更为重要的是因为它还在发育中，还将有一个漫长的探索、研究和论证的过程。暂不定义，会给自己留下伸展的余地和更大的空间，有时定义一清晰，想象的空间反而受到很大的限制。面对着新的概念，我们似乎可以像贾平凹回答自己的作品究竟是什么的提问，说"我不知道"。暂不定义实质上蕴藏着很大的可能性，未完成性实质上是一种生成性和发展性。

但是，暂不定义不等于不可定义，也不等于不可揭示，对诗意语文我们并不是什么都不知道。

诗意语文的探索者已有了一些很好的论述，我想从另几个角度对诗意语文作些描述，进行解释，概括它的一些特质。

1. 从诗意语文和语文关系的视角。诗意语文的特质，离不开语文的性质和一些共性。诗意语文与语文有一种不可区分性，它不是另一种语文，而是基于语文本质认识的，在语文共性中的个性凸显。期盼或要求诗意语文有不同于语文的特征，这既是不可能的，也是没必要的。比如说，课程标准引领下的新语文要关注生命、生活、生态，语文教学要让学生感悟、体验、对话，要培养学生的语感、思维和灵性，同样是诗意语文要关注和追求的，不能说，这是属于诗意语文的，那是属于一般语文的。我们应该说，诗意语文"更……"，比如，诗意语文"更关注……更突出……更体现……"。但是，除了这些"更……"以外，究竟还有没有它的独到之处

呢？有，那就是"诗意"。

2. 从诗的视角。诗意语文中的诗是什么？有一点非常明确，那就是周益民所说的，这儿的"诗"是一种喻指。很显然，诗意语文不是语文中诗歌的教学，也不是把语文当作诗来教，也不是教师的语言像诗一样美，当然更不是把学生培养成诗人。所以，对"诗"这一喻指的理解至关重要。

诗人说："诗是生活惟妙惟肖的表象，表现了它的真实。"文学家说："诗不是属于现实部分的事实，而是属于那些比现实更高部分的事实，应该将现实提举到和诗一般的地方。"哲学家说："纯粹地被说出的东西就是诗。"作家说："诗是联系人、社会、宇宙的心。"我罗列了以上一些论述，不全面，也不诗意，但是，却让我们从中领悟到诗喻指的是什么。是什么呢？喻指的是生活的真实，它指引着、领导着生活的方向和理想；喻指着对人的心灵、社会的进步的关注，从教室里展望世界和宇宙；喻指着从人的情感出发，让语文变得更为纯粹和丰富。不仅仅如此，孔子曰："不学诗，无以言。"他还把诗作为言语和思维方式训练的基础。不难领悟，诗还喻指言语学习、思维发展、语文素养的培养。诗意语文把落脚点落在诗上，就是落在生活上、心灵上、言语和思维的训练上。由此，看出诗意语文更努力地引导儿童从小向往崇高和伟大。

3. 从诗意的视角。诗意语文的诗意是什么？也许把诗与诗意拆开来说是不妥的，但是我想，诗与诗意既有联系又有区别，分开讨论有利于更好地理解诗意语文。

我不知道诗意语文的"诗意"是不是来自19世纪德国哲学诗人荷尔德林的那首诗，但至少是诗意语文的依据之一。这首诗在被引用的时候诗行的排列常常有误，其中关键的诗行及其排列应该如下：

人充满劳绩，但还
诗意地安居于这块大地上。我真想证明
……

海德格尔在谈论这首诗的时候说:"人只能在纯属辛劳的境地为了他的'劳绩'历尽艰难困苦。在纯属辛劳的境地中,他为自己挣得许多劳绩。但正是在这同时,在这纯属辛劳的境地中,人被允许抽身而出,透过艰辛,仰望神明。……人的仰视跨越天地。"(着重号为笔者所加,下同)海德格尔为"诗意地安居"作了最为深刻的解读:人虽处在辛劳的境地,但要抽身超脱,要透过艰辛去仰视和俯察,跨越天地,去发现更多的精彩和奥秘。接着他又说:"人并非随兴所至,偶尔进行此一跨越:人之为人,就仅仅在于他始终处于此一跨越之境。"海德格尔给了"诗意"一个最精妙的解释,即人在所在境地上的跨越,是一种诗意,人始终处在跨越之境意味着始终诗意地安居着。显然,把诗意理解为诗的意蕴、诗的意境、诗的精巧,甚至是诗所带的浪漫,不能不说有合理之处,但都不如海德格尔深刻。海德格尔还说诗是一种度测,人就是用诗意地跨越这一尺规去度测人的存在。由此,我想,诗意语文是引领儿童在辛劳的同时去仰望辛劳后面的、前面的、上面的东西,不断地去跨越,进而教给儿童如何学习如何生存的尺规,时时去度测自己的人生;反之,如果语文教学不让学生仰视和跨越,就不是诗意的。诗意诗文的诗意是深邃的。

4. 从意境的视角。意境是中国传统美学的核心范畴,同时也是一个极具现代审美意识的范畴。关于什么是意境,在美学界曾有过不同的观点。王国维和宗白华先生的意境理论早就为我们作了很好的解答。"意境说"是中国诗学传统中的概念,是民族诗学的核心范畴,其本质不是情境交融,而是"境生于象外",构成艺术的基本因素也不是情景,而是虚实。所谓"象外",虽然还不能脱离"象",却是对有限的"象"的突破和超越。意境产生于意象又超越意象,表现宇宙生命和本体。它不是不要诗的情和景,不是不讲诗的情与景的交融,而是在诗的情景交融中发掘最深的情,一层比一层更深的情,同时也透入了最深的景,一层比一层更晶莹的景……荷尔德林的"诗意地安居"及海德格尔对其所作的"跨越"的解释,与"意境说"的学脉与情脉相通,即意境正是一种诗意的存在和体验,是人生的诗化和美化。"意境说"是诗意诗语的源头和支撑之一。诗意语文更注重教学中的意境，更注重意境中情与景的交融以及独自的体验和意会，更注重意境中诗意的存在和跨越。意境和诗、诗意联系在一起。宗白华在他的著作《美学散步》中说："我不是诗人，我却主张诗人是人类的光和爱和热的鼓吹者。"郭沫若在与宗白华的通信中说："我们心中不可能没有诗意、诗境，但却不必定要做诗。"

5. 视角的聚焦。至此，我们可以给诗意语文作个概括，诗意语文是让语文本身更加显现出来。其一，诗意语文是语文的本体化，突出了语文的本义和内涵，这种"返魅"与"再圣化"实质上是语文的"回家"，也提升了语文教学的境界。其二，诗意语文是语文的整体化，它不陷于某些局部，而是更注重儿童对语文意义的整体把握，在整体的链带中获得一种自由存在。其三，诗意语文让语文美起来，充满审美的色彩。"美是一种善。"让语文美起来，就是让语文善起来。其四，诗意语文让语文个性化起来。诗意语文充分发掘语文的内涵，形成了一些个性化特点。其五，说到底诗意语文是为了让儿童诗意地生存和跨越。总之，诗意语文不是一种教学模式。

三、诗意语文的旨归：发现语文中的人——内涵的开发与心灵的丰富自由

培根说：物质以其感性的诗意光辉向着整个人微笑。语文，这一"物质"当然也应该用它的诗意光辉向着儿童微笑。但是，我们在语文教学中常常忘了向儿童微笑，甚至还会像卢森堡所说的，一个匆忙赶往伟大事业的人没心没肝地撞倒一个孩子。说得好！而雪莱进一步说，诗也是一个孩子。我们不难理解，诗意语文是为了孩子，为了孩子的微笑，为了孩子心灵的丰富和自由。这正是语文的共同追求，但诗意语文是不是更鲜明更迫切，甚至更贴切呢？我们发现，诗意语文为此坚守着。

1. 诗意语文坚守着语文中的人、儿童。语文这个世界是由人组成的，人的存在先于人的认知。但长期以来，语文中的人被遮蔽了，不见了。人

被什么遮蔽了？被所谓的理性。理性曾被一些人当作"世界的主宰"，理性支配着世界，当然也支配着语文这个世界，尤其是工具理性。这种理性，尤其是工具理性在语文中表现为文字符号、工具、技术和知识与分数。不是吗？语文教学只有字词句章，而没有字词句章中蕴含的情感和灵性；只有听说读写的训练，而没有训练中人的精神和能力，不是人去训练，而是去训练人；只注重结果，注重效率，只有知识的堆砌和考试的分数，而没有过程，没有学习的兴趣和儿童已有经验及其需求；只有教室，以及教室中那本薄薄的"神圣"的教材，而没有"田野"，没有生活，没有清清的流水蓝蓝的天……于是，孩子再也不知道蚂蚁的家在哪里、蜜蜂的家在哪里，只知道中心句、中心思想和已风干的词语解释……这样的语文，理性胜利了，情感却失败了，人被控制了，人被奴化了、物化了，人被方法化了、实证化了，最终人不见了，人失败了。

面对着如此的惨剧和危机，我们该怎么办？我们要仍欣然转身，看到红日重升的第一道朝霞。其实，理性、非理性之于人的完整生活都是不可或缺的，只是生活不能被理性独霸。诗意语文总是把教学的逻辑起点建筑在对儿童的认识上，把儿童当作是真实生活的守护者，当作语文这一"田野"上的牧羊人，于是儿童超越理性、技术和工具"诗意地"栖息在语文的大地上。诗意语文就是这么全身心地呼唤着语文中的儿童、心目中的人。这能不能算是诗意语文的一份努力呢？能不能算是诗意语文的一种特质呢？这一诗意语文的根本旨归，决定着它的方向和特质，这是毫无疑问的。

2. 诗意语文坚守着人、儿童精神的自由。精神生活是人类生存的最高境界，而这种最高境界表现为人的解放和自由。让儿童获得自由，就是让他体验人存在的价值；让儿童真正成为学习的主体，就是要让他在教育过程中获得自由。

这正是诗意语文的追求。王崧舟主张："自由对话，诗意语文的思想舒展"；"实现自我，诗意语文的精神皈依"；"精神契合，诗意语文的生命复归"；"追寻幸福，诗意语文的心灵润泽"……这些充满诗性话语的主语是儿童，主旋律是儿童精神的解放和自由，概括起来：一是追求"自由是创造的保姆"。诗意语文总是通过设计，调动学生的各种感官，让学生通过文本去自由地想象、大胆地猜测、毫无顾忌地争论，无论是《草船借箭》还是《万里长城》，无论是《威尼斯的小艇》还是《荷花》，也无论是《天鹅的故事》还是《去打开大自然绿色的课本》……学生心灵的敞亮总是让我们看到真实、可爱和创造。二是追求让学生通过选择去获得自由。"自由不是一种给定物，或一种属性，它只能在自我选择中存在。"王崧舟说得好。有选择才有自由。诗意语文为什么给学生留下足够的空间？为什么让学生始终处在开放的状态？为什么有时要把答案悬置在那里？为什么要让儿童从拾起失落的童诗中去感受、鉴赏和沉淀？……无非是让学生学会选择，进而学会创造，套用雅斯贝尔斯的话说，儿童自由创造的光辉在选择中敞亮开来。三是追求自由中的规范。诗意语文从尊重人性出发，引导儿童遵守规范，规范也就获得了诗意，儿童也从规范中获得了快乐，此时，儿童已"忘掉"了规范。总之，在语文中发现人，语文为了人，为了人的心灵丰富、解放、自由和创造，在这一旨归的尺度下，诗意语文才会是一次"美丽的日出"。

四、诗意语文的实践：艺术地设计与展开——课堂中智慧的生长

诗意语文在课堂里显得特别活跃，特别精彩。翻看着诗意语文的一个个教学案例，许多生动的情景在我眼前跳跃：教师成竹在胸，挥洒自如，才情飞扬，学生总是处在兴奋中，这种兴奋是智力的紧张、思维的挑战，兴奋后又有沉静的思考。这样的课堂，教学像是一条河，顺流而下，时而舒缓，时而激越，时而稍作停留，时而又跳跃前行，真的，你会感受到诗意。我想，这是一时的诗性发作、偶尔为之吗？回答当然是否定的。我又想，这究竟是什么呢？是方法吗？手段吗？技艺吗？回答当然还是否定的。那么，这是什么呢？用王崧舟老师的话来说：这是他们所追寻的课堂智慧。诗意语文，也应是智慧语文、诗意课堂，也应是为智慧的生

长而教而学的课堂。诗意语文诗意的飘逸在课堂里已化作智慧的流淌和灵动。

但是，这种教学的智慧不是虚空的，它实实在在地存在于教学过程中。这种教学过程又是用艺术来设计和展开的。我们可以从尼采那里寻求到理论依据。尼采认为，艺术是所有存在者基本的存在方式，就存在者来说，它们都是自己创造自己的创造者；艺术是权力意志最透明最亲切的赋形；艺术是生命的刺激物；艺术是对虚无主义最卓越的反抗……尼采关于艺术的见解，是否有点偏颇，我们可以讨论，但是用艺术作为诗意语文的支撑理论之一，肯定是正确的也是重要的。当然，我不想说，诗意语文的教师是艺术家，但我还是十分肯定地说，诗意语文应该用艺术来设计和展开。这种艺术地设计和展开主要表现在以下几个方面：

第一，预设与生成的艺术。预设与生成始终是统一体。不管何种情况，教学首先是一种预设，教学首先需要预设。在诗意语文中，预设不是固定不变的路线图，也不是僵化的板块；生成不是偶然的随机应变，也不是刻意的炫耀。依我看来，诗意不在预设与生成的谁主谁次、谁为谁服务、谁先谁后、谁多谁少，而是预设中的生成、生成中的预设。刻意的总不美，自然的、真实的才是富有诗意的。很赞成诗意语文教学设计的思路：观点—构想—现场—点评与反思。这是一种格局，这是一种大格局，是智慧的。

第二，让学生表达的艺术。狄尔泰认为，生活是不能直接把自身揭示给我们的，而只能通过心灵的客观产物来加以照亮。这种客观产物便构成了表达。表达什么？表达意义，而表达意义必须有一个基础。正如狄尔泰所说，它需要一种特殊而复杂的精神活动，即理解，理解乃是进入人类世界的过程。诗意语文在课堂里充分让学生提问、讨论、解释，让学生理解，让学生表达，在理解与表达中，"你"中发现了"我"，"我"中发现了"你"。想起周国平说的，中国需要一个自我表述的革命。诗意语文很有这种革命的意思。

第三，让学生想象的艺术。诗是需要想象的，诗意语文当然也是需要让学生想象的。而想象又是什么呢？想象就是诗人播撒一种统一的情调与精神，以那综合之魔力来混合一切的神奇力量。在诗意语文的课堂里，你常常可以看到教师播撒一种情调与精神——或是一节课文，或是一幅图画，或是一个问题，或是一段话，学生被激起想象的欲望，从各种想象的描述中你可以触摸神圣的好奇心，以及与好奇心一起觉醒的人的高贵的禀赋，这样就会感受到那混合的魔性和它的神奇力量。

第四，让学生对话的艺术。对话已成了教改的关键词，也成了一个流行的话语，但在诗意语文里，对话显得真切、自然，而且对话不是一种教学时尚的外衣，而是渗透在教学中。可贵的是，他们尊重学生，表现在尊重学生阅读的"前结构"。接受美学认为，读者总是带着先前的经验走入文本，这种先前的经验就是一种"前结构"或"成见"。这是对话的基础，忽视"前结构"便使对话处在一种空悬的状态，但是，"前结构"在对话以后解构与建构，这种再建构让学生发生变化。因为诗意语文中对话的运用基于先进的理念之上，所以是艺术的，也是较为深刻的。

第五，让学生思维的艺术。诗意不只是一种语言的感染，也不只是一种想象的自由，诗意需要安上思维的翅膀，这样才会有力度，从而飞得高、飞得远。有人说，思想的飞跃是艺术的基础。诗意语文并不花哨，并不平庸，课堂里你可以看到师生间迸发的思维火花。很高兴，诗意语文正在进行质疑性教学的试验，看来，质疑是思维的一个较高阶段，预示着诗意语文研究的深入。

就是在这种艺术的设计与展开中，学生从内心生出智慧，提升着学生的整体品质。我很羡慕，诗意语文的研究者们有这么多的智慧，他们让学生沐浴在诗意中、沐浴在智慧中，所以我又很感动。

五、诗意语文的愿景：诗意栖居与在地面上——灵空与充实

开始我说到，对诗意语文是有议论和争议的，这不是坏事。诗意语文在发育中需要各方面的关心。在这里，我也想谈几点想法，算是我对诗意语文的一点建议和提醒。

建议和提醒概括起来是如何更加准确地把握诗意栖居。我想还是先引用海德格尔的一段话："但是，当荷尔德林倡言人的安居应该是诗意的时候，这一陈述一旦作出，就给人一种与他的本意相反的印象，即：'诗意的'安居要把人拔离大地。……诗意的安居似乎自然要虚幻地漂浮在现实的上空。诗人重言诗意的安居是'于这块大地上'的安居，以此打消误会。荷尔德林借此不仅防止了'诗意的'一词险遭这类可能的错解，而且还通过附加'于这块大地上'道出了诗的本质。诗并不飞翔凌越大地之上以逃避大地的羁绊，盘旋其上。正是诗，首次将人带回大地，使人属于这块大地，并因此使他安居。"之所以大段引用，是因为太重要了。诗意，是要抽身拔离、仰视跨越，但是却不能逃离大地的羁绊而虚幻地飘浮，诗要站在地面上，人要站在地面上，唯此，人才能真正地安居。同样，诗意语文只有凌越大地又要回到大地，才是真正有诗意的，才能真正地"诗意安居"。这地面是什么呢？是生活，是人的生存，是生存的经验和意义，是生活经验和人类文化凝聚在一起的文本。

从这一根本的理念出发，诗意语文要进一步把握好以下一些关系。

1. 空灵与充实。古人云："初学词求空，空则灵气往来！既成格调，求实，实则精力弥满。""充实之谓美。"空灵和充实是诗意语文精神的两元。空灵主要指内在的自由的生命，以及由此带来的灵气；空灵来自与物象的距离和间隔。艺术境界的空并不是真正的空，而是获得的充实。充实之谓沉着、深厚、有力、丰富。从目前情况看，诗意语文追求空灵似乎强于追求充实，我想今后在厚度上和深度上似乎还有一些工作要做。

2. 浪漫与质朴。教学应有各种风格，浪漫与质朴都应提倡。以往语文教学浪漫太少，诗意太薄。而当下有些教师过于追求浪漫，表现在刻意追求词藻的华丽、话语的新奇、设计的立异，浪漫演化为作秀与表演。语文教学还应在质朴上下功夫。古代词学家有"沉郁"一说，其中一个含义是指感情的深沉和内容的浑厚。他们更注重沉郁，与此同时，他们又十分重视"简"，即"强调本色无饰的美，以简淡自然、朴素之境为最高艺术境界"。在形式与内容的关系上，反对过分讲究外在形式的雕饰，主张以意蕴美为本，超越外在形式美而走向艺术意蕴的深层发现。所以，质朴不仅是一种朴实、扎实，而且是一种简约和深刻。于此，诗意语文还应进一步去追求。

3. 精致与豪放。教学应当精致，绝不能粗糙，但是，精致不是面面俱到、周密细致、不可更改、无懈可击。有些课不妨豪放一些，教学万万不能为精致所累、被精致悄悄地消磨了豪放之大气。

闫学：教师专业成长的生命节律

　　闫学老师的书稿《教育阅读的爱与怕》放在案头快一个月了，不时地翻，不时地读，但总觉得还没有读完。究竟是什么在吸引我呢？一次，坐火车，带着这本书稿，在列车前行的节奏里读着，突然感受到另一种节奏，那么清晰，那么从容，那么生动。我想，闫学的这本书里跳动着的不仅仅是那些优美的文字，更是她思想的节拍、生命的节律。用生命的体悟写成的书，是永远也读不完的。

　　是的，闫学是在用"心"来读书，用生命来写书，用思想来阐释她对教育的关怀与理解。读书真正成了她的生活方式，思考真正成了她的工作习惯，研究垫起了她生命的高度，而这一切又凝练成一个主题词："教育阅读"。是"教育阅读"，使她摆脱了生活的旋涡，构成了她专业成长的内在规定性，又是"教育阅读"唤醒并开发了她内心的生长力量，使她在还很年轻的时候就走向特级教师，紧接着又走向了教育名师，当然最后定然会与教育家相伴而行。看来，"教育阅读"这一时代的命题应该成为公共话题，成为校园里流行的主流话语，成为所有教师共同的崇高追求。

　　"教育阅读"首先是教师的阅读。受职业特点的制约，教师的生活方式总是重复的，日复一日，年复一年，周而复始，形成教师固定的生活框架和行走路线，难免单调而狭隘。但是，闫学对生活却没有重复的感受，她认为世界上最美好的实验是教育，因此，每天都把阳光穿在身上。是什么让她在重复的生活中燃烧了教育的激情、激活了创造的心灵？书中的答案很明确，是每天的教育生活中的阅读与思考，以及阅读、思考下的教育实践。泰戈尔说过，不要试图填满生活的空白，因为音乐就来自那空白的深处。实际上，泰戈尔给了我们一道填空题："不要试图用_____来填满生命的空白，因为，_____就来自空白的深处。"显然，在第一道线上应填写"平庸、戏说、热闹"等，而在第二道线上应毫不犹豫地写上"思想与创新的活力"。的确，书籍绝妙地帮助人走出"自我"的圈子。亦如大师们所言，当你进入书的宫殿，被抛弃的只是你的缺点。

其实，"教育阅读"还不仅仅止于此。闫学的"教育阅读"还告诉我们，教师的教育情怀与教育力量、教师的专业尊严与专业价值、教师的灵性与智慧、教师的秩序与自由，无不蕴藏在"教育阅读"中。因为在神圣的心灵中，如闫学自己表述的，"有一股清明的力和强烈的感受，像火一样燃烧，像激流一般飞涌而出。你将不再孤单，有一双眼睛注视着你，有一双温热的手伸向你，你拉着这双手向前走去"，一直走向教师的理想和理想的教育。这双手就是那一本本的书，那一次次的阅读。

"教育阅读"改变着教师的生活，当然最终改变的是儿童的生活。闫学说得好，教育的世界是充满诗意与色彩的童话世界——儿童本应是诗意的存在。因此，"教育，应让孩子的世界不再卑微"，"面对孩子的世界，我决不闭上眼睛"，应该"用孩子的笔体写下：相信未来"。孩子的"笔体"离不开孩子的"文体"。孩子的"文体"就是孩子的心灵与人格。很难想象，没有书这种丰富的精神食粮孩子的"文体"会丰盈，而精神食粮应该来自教师的阅读所建构的精神世界和思想高地。"教育阅读"，是关于儿童教育的阅读，是为了儿童的阅读，是老师和学生共生生长的阅读。"一句话，一辈子"，说的是话语记忆的力量，而"一本书，一个人"，说的是阅读的教育力量。中国孩子太需要在教师引领下的一句句话、一本本书中创造当下及今后美好的人生了！

闫学还告诉我们，"教育阅读"应该读什么。有人曾一次次地问物理学家钱伟长：你的专业是什么？钱伟长就一次次地回答："我没有专业。……我的专业是热爱祖国。"章培恒教授说，他的导师蒋天枢先生教他怎么打基础，就是学文学不能光学文学，应该对文学周围的一些学科也好好地下功夫。无独有偶，南京师范大学附属中学的校史馆里存有上世纪三十年代的一份教师进修计划：首先读与任教学科无关的书，其次读与任教学科距离较近的书，最后读学科方面的书。可见，"教育阅读"的内涵相当丰富，有时要跳出"教育"。其实，任何领域的阅读，都会对教育有用，对学科教学有用，这可能是最大的"专业"。

读书需要思考，这是常识，但真正做得好的人并不多。闫学却做得好：读书的进程是思考的深入。与其说是在阅读，不如说是在"思想"；与其说是在阅读，不如说是在生长思想。至于她所归纳的"把读书与写作结合起来""有坡度的阅读""一读再读"，都是基于"生长思想"的理念。我还觉得她在阅读中"命名"是一种对阅读的创造。文化是一个故事，故事应该命名，命名的过程是一个文化的过程。你看，闫学命了多少"名"啊！阅读—内化—思想—命名，是阅读的方式，更应是阅读的原则与境界。

"未来不是我们要去的地方，而是一个我们要创造的地方。"是的，"教育阅读"把我带到一个创造的地方；"教育阅读"应该成为教师专业成长的生命节律和精神高地。

孙双金：情智语文的核心价值与现实突破

一、情智语文与"语文就是语文"在语文本质与边界的坚守中寻觅，从教学见解走向教学主张

情智语文是孙双金的语文教学见解与主张。

一个问题自然产生：情智语文与我所强调的"语文就是语文"相悖、相异吗？这是一个很有价值的问题，而问题的讨论会使对"语文就是语文"命题的认识更为深刻。

"语文就是语文"，同义的反复与强调，有其鲜明的针对性。其一，针对语文异化的可能。课程改革增强了课程结构综合的意识，开始打破学科壁垒，大门向兄弟学科敞开。我以为，语文学科的世界不妨模糊一些，也许这是一种变革的进步。但是学科间的综合并不是学科特质的改变，世界的模糊也不是世界的消失。语文必须坚守自己的特质与边界。其二，针对语文教学窄化的可能。与世界无限扩大相反的是世界的内收，造成内涵的简缩，以至内涵单薄与结构的单一。有人说"××语文"的提出会有向语文窄化发展的危险。这是一种善意的提醒。其三，针对语文教学中的浮躁。功利价值的取向，使得有的语文课（有少数教师）把浮躁推向了浮华与浮夸。"语文就是语文"严肃地要求我们，在改革的大潮中应保持清醒的头脑和平和的心态，远离并拒绝功利与浮躁，向一切花哨与形式主义关

闭大门，追求语文的本色。无疑，"语文就是语文"是对语文特质与边界的最简洁、最明快，也是最为中肯的概括，我们必须坚守。

情智语文却不属以上三种情况中的任何一种，相反，情智语文正是对"语文就是语文"另一类解释、把握和另一种方式的表达。

首先，语文教学应有不同的读解角度和突破。它是最一般，使用最为普遍的词语，但是，它有最为丰富的内涵，最为复杂的结构，因而，对语文内涵的阐释，对语文结构的分析，以及对语文教学模式的解读，不应该也不能是单一的甚至是简单的。语文好比是多棱镜，在不同的背景下呈现着不同的色彩，但它在阳光下仍然是灿烂的语文。由此，语文教学的出发点是多端的，路径也是多样的，其侧重点当然也是不同的。从存在的本质看，语文其实是一种可能性，为我们的研究和实践提供了很大的空间。语文教学的研究和实践当然也应有多种可能的产生。情智语文就是其中的一种可能，这种可能恰恰点击了语文的特质、语文教学的旨归，以及语文教学的重点。从这一发端开始，孙双金寻找语文教学的突破口。沿着这一路径行走，孙双金必然会走进语文的内核。

其次，语文教学应该倡导创造性与不同的风格。1995年，联合国教科文组织在《世界文化多样性宣言》中说：文化创造性是人类进步的源泉，文化多样性是人类最宝贵的财富，对发展至为重要。语文就是一种文化，语文教学改革就是构造一种新文化，语文的发展需要教学的多样化。语文教学的多样化，重要表现之一就是提倡不同的见解、不同的特色、不同的风格以及不同的研究范式。情智语文是孙双金对语文的独特见解（其实，这一见解具有普遍意义）。他从精神文化层面，把语文的"工具性与人文性"的统一，定位在情智共生上。同时，这种见解日渐成熟与完善，进而形成了自己的教学风格，为我国小语界百花齐放局面的形成作出了自己应有的努力。对于这种探索和创造精神我们唯一的态度是多一份宽容和鼓励，多一份提醒和指导，给这些年轻人一个"创作的单间"，为"单间"创设更大的空间。若此才会有语文教学研究文化的多样性。

再次，语文教学的实践经验应有理性的思想和概括。实践经验十分宝贵，但又不能止于经验描述，尤其是那些名师理当在实践的基础上向理性超越，而自我超越最具挑战性。孙双金充满着实践提升、自我超越的激情与实力，并把这种激情向研究的深度转化。他收集了二十多年的教学案例，对日益丰富的教学经验进行梳理，在梳理中整合、开掘、提升和概括。这样，经验的碎片化走向了经验的结构化，散点式的见解走向了理念的概括化，进而确定自己的研究框架，形成自己的教学主张。实践证明：情智语文，不是脱离实践的想象，也不是心血来潮的随意编造，在它的背后隐藏着理论的支撑和思考的力量。这反映了一个教师的成熟和深刻。也许，我们在赞赏情智语文这一主张的时候，更应赞赏的是孙双金这种向理论和研究跨越的勇气；我们在学习孙双金语文教学经验的时候，更应明晰自己行走的方式和发展的路径，在情智语文的研究进程和范式中有更深度的领悟。

二、情智共生：用语文的密码开启儿童的心智之门，直抵语文教学精神文化的核心

语文负载着一个伟大民族生存的文化精神，肩负着为一个伟大民族发展提供精神文化源泉的使命，这就是：别忘了"文学、艺术、绘画的使命是呈现无法显示的东西——崇高"。我们也应当像当年的里尔克这样恳求今天的语文教师：别忘了，语文教学的使命是在儿童的心灵上筑起民族的精神高地。遗憾的是，我们常常遗忘，因此语文教学面对着充满精神成长希望的孩子们时显得苍白、无力。可是孙双金没有忘记，他的情智语文就是在这些语文教学的本质处进行思考和探求，努力寻找破解语文难题的密码，追求语文应有的魅力和有效。

1. 情感：儿童发展、儿童语文学习的动力密码。

情感是一个精神饱满的为自己的目标而奋斗的人的本质力量。这种力量来自人的内部，它是内源性的。找到并开发这种内源性的本质力量必然给人的发展以支撑、鼓励和引领。关于这一点，徐志摩用诗的语言作了别样表达："感情是我的指南，冲动是我的风！""一生的周折都得寻出感情

线索。"是的，儿童的发展、儿童的语文学习正是需要这种情感的指南和冲动的风，语文教学就是要寻觅文本的情感线索和情感资源。如果要问，语文最宝贵的资源是什么，我的回答是情感；如果要问语文最鲜明的特征是什么，我的回答是情感的活跃；如果要问语文教师的神圣任务是什么，我的回答是激发情感，培育文化精神。可现实却是，在语文教学中鲜活的情感被风干，儿童的灵性被压榨，学习语文的兴趣被符号的理性和冰冷的技术一点一点地吞噬，因而枯燥、烦恼。英国作家毛姆说得好，对于消除烦恼，兴趣远比威士忌更有效。儿童不需要威士忌，却需要兴趣，而兴趣来自对情感的珍视与激发。孙双金的情智语文，把情感教育置于首位，让学生像领受一件宝贵的礼物一样去学习语文，这样的语文多有魅力啊！不应忘的还有：情感亦是人的表情，它是整体性地表达人的精神发育的外部表征，从人的情绪、情感可以触摸到一个人的整体面貌。情智语文营造着生动活泼的学习情境，活跃着学生丰富的情感生活，培育着学生快乐的学习表情，从内部调动着他们学习的积极性。情感——儿童语文学习的密码！

2. 智慧：儿童发展、儿童语文学习及心智成长的密码。

智慧是语文的另一个密码。它灵动得像是飘荡的云彩、流淌的溪水、四射的阳光，但它是存在的——存在于人的心智大门之内。人的启蒙、人的发展就是用钥匙去打开自己的心智大门，邀请智慧来到生活，来到语文学习场，让它生长。教育"全部的目的就是使人具有活跃的智慧"。但是，教育中，语文教学中，智慧是缺席的。智慧缺席的原因之一是知识至上的传统观念，以至造成知识独霸教育和语文教学，于是智慧被知识所逼仄、被分数所驱赶，最后，学生成了"一块块供聪明的教师捏成文化人的胶泥"。其实，这样的教师并不聪明，倒是聪明的哲学家为知识与智慧的关系作了判断。哲学家说，知识是力量，唯智慧使人自由。是的，智慧需要知识，但知识并不等同于智慧；智慧统率知识，智慧是学习知识的方式与能力，它超越了知识；智慧引领人走向文化、走向自由。孙双金的情智语文提出了智慧教育，把儿童的智慧生长作为语文教学的目的，正是基于对智慧在儿童发展中不可替代的地位和作用的认识与把握。可贵的还在于，智慧是与道德联系在一起的，生长儿童的智慧要让智慧与培养儿童的美德同行，生长儿童的智慧在某种意义上说，就是发展儿童的道德；智慧又是与能力联系在一起的，能力是智慧的呈现方式与落脚点，在某种意义上说，生长智慧要从培养能力做起；智慧的核心是思维能力，它的核心价值指向的是创造，生长智慧与儿童的创新精神、创新能力同行，其目的就是为将学生培养成为创造性人才打下基础。因此，我们完全可以说，智慧教育涵盖教育的精神文化层面。情智慧语文对这一密码的寻找，必然破解着语文教学奥秘。

3. 情智共生：直抵儿童精神文化发展的核心。

情感与智慧是交融的，不是游离的，更不是对立的，苏霍姆林斯基非常形象地说，感情如肥沃的土地，知识的种子就播种在这个土地上。情感如风，情感如阳光，情感如土壤，智慧在风的吹拂下、阳光的照耀下，在肥沃的土壤里萌发、出绿、生长，它给智慧以动力和幸福的表情；而智慧则给情感以诗意、哲理、文化和思维，它还给情感以理性的支撑和厚度，给情感以前行的方向和高度。但是，情与智的统一，需要一种外在力量的促进，这种力量就是教育。孙双金的情智语文有目的地、有计划地让情与智主动地走到一起来，让二者联手、共生、共长，共同为语文教学的魅力有效贡献出各自的力量，显现各自的色彩，并且形成合力，形成儿童生命的内在节律，消解感性与理性的对立、智慧与知识的分离，让儿童在情智的阳光下，露出学习语文的最美的容颜。就这样，情智语文开启儿童的心智之门，直抵儿童精神文化的核心。从这种意义出发，情智语文首先是儿童的语文。课程是故事，语文当然也是故事。情智语文这一故事的主语是儿童。情智，是儿童的情、儿童的智，是儿童内心的敞开，是儿童自己生长发展的动力，这就把儿童切切实实地推向了语文学习的主体地位。其次，情智语文是"成长的语文"。儿童文学作品中有"成长小说"的概念，并且说"成长"是儿童文学的母题。把它迁移到小学语文教学中来，把情智语文定位于"成长"，我认为也是恰切的。因为情智的发展推动着儿童的成长，儿童精神文化成长的重要标志是情智的共生。再次，情智语文是平衡性的。在情智语文中，更重感性，但感性与理性是平衡的；更重智慧，但知识与智慧是平衡的；更重精神，但技能与精神也获得了平衡。当然，理论与实践总有一段距离，情智语文正在缩短着这种距离。

三、孙双金：在情智语文中，用语文的方式让学生过有意义的文化生活，有效地完成语文的"独当之任"

情智语文不是另类语文，它还是语文，"正确理解与运用祖国的语言文字"仍是它的"独当之任"。所以，情智语文坚持用语文的方式，在"工具性与人文性"的统一中，让学生学习语文，让学生过有意义的文化生活。

1. 创设画面性、场景性，用朗读的方式，让学生过丰富的情感生活。

1912年，美国学者里弗和他的合作者，经过研究，把智慧界定为对情境的认识、辨别与顿悟。情智语文十分注重情境的创设。孙双金向李吉林老师学习，把情境具体化为："让教学富有画面性与场景性"，"根据文本的文字和叙述逻辑，进行创造性发挥，或演绎为一段故事，或编织成一个戏剧性的场面，或描绘成一幅生动的画面，由此让学生走进文本的情感世界"。即使是词语教学，孙双金也努力让词语呈现出画面和场景。如教《二泉映月》，把课文中15个词语分成三组，第一组描写月光美景，第二组描写阿炳坎坷的身世和对音乐的热爱，第三组描写《二泉映月》优美而激荡的旋律，让学生选择朗读的顺序，进行组合，并想象领会词语的意思。这样，词语教学也就有了情智的价值。画面性与场景性既成为一种教育手段，又成为一种教育的资源和启情生智的过程。

孙双金十分重视朗读，用朗读让学生走进文本的深处去体验、感悟。徐世荣先生曾经对讲解与朗读作了十分精辟的剖析，他说："讲解是分析，朗读是综合；讲解是钻进文本，朗读是跃出文本；讲解是摊平、摆开，朗读是融贯、显现；讲解是死的，如同进行解剖，朗读是活的，如赋给作品以生命；讲解只能使人知道，朗读更会使人感受。"好精彩的论述！情智语文正是怀着如此的理念钟情于朗读。试想，轻慢了朗读，甚至放弃了朗读，语文还是语文吗？孙双金所总结的"紧扣语言，'披文入情'"实在是学习语文的好方式，情智语文的重要途径。

2. 向问题敞开，用想象与思考的方式，让学生在积极的思维中，过紧张的智力生活。

突然想起哈佛课堂的一幕。哈佛大学教授在介绍俄国现实主义批判文学时，将教学的窗帘全都拉上，点上一支蜡烛，说这是普希金；又点起一支蜡烛，说这是果戈理；再点起一支蜡烛，说这是契诃夫；最后，他打开窗帘，阳光洒满大地，他说，这就是托尔斯泰。蜡烛、阳光都是一种隐喻，这种场景充满着诗意，课堂敞开了想象的胸怀，问题也随之而敞开。孙双金始终认为，一个孩子会不会思考，是区别他有没有智慧的一个本质问题，而会思考首先表现为问题意识和质疑精神。这种见解是深刻的。他在课堂上常常向学生说两句话："古人说，学贵有疑，小疑则小进，大疑则大进。""还有不同意见吗？老师最喜欢提不同意见的同学啦。"向问题敞开就是心灵的敞开、想象的敞开。想象能力实质是创造能力。从问题到想象，从想象到创造，贯穿其中的是思维。因此孙双金尤重问题的质量，即问题的价值与问题的深度，而问题的价值与深度实际上是对学生思维的挑战。情智语文中，学生处在积极的思维状态，因而生活在积极的智力发展中。

3. 用"登山"的方式引导阅读，让学生领略阅读的精彩，享受阅读人生。

文学批评家说，伟大的作品是分泌出来的，而不是被挤出来的。情智语文注重阅读，注重阅读中对课文分泌的营养的理解和吸收，用登山的方式去经历学习语文的过程。孙双金主张语文教学好比是登山，教学设计好比是登山设计。登山，涉及对山的认识、登山的心态、体力与智力，涉及登山目标的确定及登山路径、阶段的选择，还涉及登山后的欣赏以及感受的梳理。其实，往深里说，登山式的阅读，首先是儿童主体地位的确立，因为登山是别人无法代替的；登山式阅读是与文本的亲密接触及直接对话，因为儿童会像在山中攀登与滚爬一样，在文本中寻觅与发现；登山式阅读更注重阅读的体验，这种体验更真实、更自然，也会更有深度，不仅以体验之，而且以心悟之。在教师的鼓励与循循善诱下，在"登山"中，学生向情感与智慧的高峰步步逼近、节节攀高，真正享受阅读人生的幸福。

其实，情与智的生长也不是被"挤"出来的而是被"分泌"出来的，这种"分泌"式的生长过程应对于登山式的阅读；而在"分泌"的过程中，还会有"顿悟"与勃发，这又应对着登山中的加速与腾跃。再往深里说，语文教师好比是伟大的作品，情与智在语文教学中得以展现和发展，他们所分泌的教育营养滋养着孩子们的心灵。同时，他们的智与情也在情智语文中受到挑战。就这样，一个关于情智共生的话题，一场关于语文教学的突破在教师与儿童的相遇与对话中展开，静悄悄地开始了。

情智教育的核心元素

在《教育家》上讨论孙双金，是很有意义的。对孙双金来说，这既是一种肯定，又是一种期待；既是一次回顾总结，又是一次重要的跨越。其间的意蕴是：孙双金应该在"教育家办学"的召唤和主题中走得更快一些、更好一些。

当下，孙双金在全国的知名度越来越高，影响越来越大。我认为根本原因是，孙双金已基本形成了自己的教育主张和教学风格。教育主张、教学风格的形成使他站立在一个更高的平台上，这也在启示我们，特级教师、名师应当追求自己的教育主张和教学风格，唯此，才能使自己有一个实质性的因而是突破性的进展。

何为教育主张？笔者以为，教育主张是教育思想的具体化，是对教育观点的梳理、整合、概括和提升，是理论指导下，在实验研究中逐步形成的教育理念、理想、价值、立场的"合金"。教育主张应当是个性化的，是一个教师对教育的独特理解和把握。它比教育见解、观点更稳定，具有系统性，也更具统领性，更具个性化。因此，教育主张从整体上表现了理性思考的深度和教育理想追求的高度，以及"教育自觉"的水平和程度，也是教师是否成熟的重要标志。可以这么判断：大凡成功的、有影响的教师一般都有自己鲜明的、独特的、坚定的教育主张。

孙双金的教育主张是实施情智教育，其核心元素是：情感、智慧和情智共生。

1. 情感：儿童发展、儿童语文学习的内在本质力量。

关注人的情感发展是教育中的一个本源性、根基性的问题。因为只有情感才是真正属于个体的，它是内在的、独特的，是人类真实意向的表达。从这个意义上说，人的本质是其情感的质量及其表达。朱小蔓将一个人的情感变化、发展，看作是包括内在的情感品质与外在的情感能力提升和增长的过程。马克思更深刻地说，情感是一个精神饱满的为自己的目标而奋斗的人的本质力量。这种"本质力量"必然推动人有本质性的发展。但是，古时候有不少哲学家把情感看作有待克制的恶的本性，它在心理学中因此而居灰姑娘的地位，为了姐姐——"智慧"和"意志"的利益，她不被母亲喜爱，被驱赶出去，永远被抛弃。事实也正是如此。长期以来，教育的现实是，儿童的情感服从于认知，服从于知识，服从于分数，无形中被逐出了教育，教育显得荒凉、干瘪、枯燥。这种情感的被驱逐而缺席，导致儿童生活的灰暗和苍白，导致儿童发展的残缺和畸形。我们应当大声呼唤情感这种人的本质力量在教育中的回归。

孙双金有对教育的敏感和敏锐。他对教育现象的直觉及理性思考，掂量出情感在儿童教育中的价值分量，把它从灰姑娘的地位提上来，与姐姐——"智慧"相提并论。这样，"灰姑娘"最终是会获得大家喜爱的。不但如此，孙双金对情感及其教育的要点还有很好的把握。

第一，他把情感当作人发展的动力。徐志摩说得好："感情是我的指南，冲动是我的风！""一生的周折都得寻出情感线索。"我们的教育，就是要帮助儿童握住手中的指南，就是要帮助儿童产生冲动向前的风。在孙双金的语文课上，我们似乎也被这股情感的风所鼓动。有了这种动力，还会担忧孩子们"输在终点"吗？

第二，他把情感发展当作教育的目标。情感不是知识的附庸和奴仆，儿童情感的发展本身就是教育的目的；而且知识不与情感在一起，或曰停留在情感以外，这种知识只能是假知识和无用的知识。情感地位的提高，说到底是提高到教育目标的层位。

第三，他把情感作为教育的内容，而且对情感内涵有一个准确的把握。情感是一个完整的概念。情感不只是一个喜欢不喜欢、快乐不快乐的情绪问题，它包括道德感、理智感和美感。所谓道德感，是说情感具有道德的内涵，是用道德的观点、方式去观察和感知现实的现象时所体验到的情感。所谓理智感，在于发现人自身的目的、意义和价值，它与自觉追寻真理、探求未知联系在一起。所谓美感，是人的高级情感，是对美的反映中的一种情感体验，与崇高感联系在一起。

就是这样，从儿童发展的动力、目标和内容等维度，孙双金和老师们努力营造生动活泼的学习情境，开发各种情感资源，丰富学生积极的情感生活，培育儿童的幸福感，从内部调动儿童发展的积极性。儿童本质力量的被认识、被开发，触及教育的本质核心。这实属不易。

2. 智慧：开启儿童发展、儿童语文学习的心智之门。

智慧与情感是双胞胎，是情感的姐姐。智慧是人的生命发展中的重要命题，它既是中华民族文化的元素，又是国际符号。从古希腊的苏格拉底、中国的孔子到现代的文化学者、科学家都钟情于智慧。自然，智慧也就成了教育中的重要命题。教育"全部的目的就是使人具有活跃的智慧"。但是，如同情感被放逐一样，长期的教育实践中，智慧被某些人所设置的括号括进去了。于是教育中，只有知识而无智慧，只求智商而不求智慧，只比纸面上的分数而不闻不问那些比分数更为重要的东西。如此的教育只能是闭锁人的心智的教育，只能是愚蠢的教育，是无用的教育。这样教育下的孩子，既不能赢在终点，也不能赢在起跑线上。

孙双金深知小学教育的深刻命义，深知用双手接过一所学校，接过一门语文课程，就是接过一项使命。为此，他必须去发现并批判现实教育的弊端，针对症结所在，在他自己力所能及的范围内，动一动手术。这一刀他首先动在了智慧与知识的关系上。

自古以来，知识总是要与智慧纠缠，教师也因被纠缠在知识与智慧的关系之中而迷茫，而无奈。可以说，如今不少的课堂为知识所独霸，学生成了"一块块供聪明的教师捏成文化人的胶泥"。哲学家为此作了判断：

知识是力量，唯有智慧使人自由。又比如怀特海说，认知教育必定要传授知识，但有一个东西比它更模糊，更伟大，更居主导地位，人们把那个东西叫作智慧。你可以轻而易举地获取知识，但未必能轻而易举地获取智慧。孙双金的情智教育、情智语文并非否定知识，而是把智慧置于知识之上，用智慧去统率知识，让知识化作智慧，即转知成慧。他认为，不在乎知识的多少，而在乎对知识的态度以及是否有创造知识的能力。

此外，孙双金对智慧教育的把握，着力于以下几个方面。一是保护和激发儿童的想象力。在他的语文课上，学生的思想被装上了翅膀，好奇心突发。其实，好奇心、想象力正是智慧的萌发，因为智慧就隐藏在心灵的深处。心智之门，被好奇心、想象力开启，这本身就是智慧，又是生长智慧的秘诀。二是培养儿童学习的能力。智慧不是虚无缥缈的，它落在能力这一载体中，而能力的核心又是思维能力。培养能力，尤其培养思维能力，必定让儿童的智慧附着能力，如小精灵一样飞翔。如果要追问孙双金课堂上的孩子为什么会如此聪明，那么请观察他是如何让孩子学会学习，学会思维的。三是让儿童快乐起来。子曰"知（智）者乐"，或许可以说"乐者智"。孩子心灵自由，必定快乐，快乐的心情定会让智慧冒出新绿。

3. 情智共生：儿童生命生长的"深度自然"与内在节律。

如前所述，情感与智慧是双胞胎姐妹，又犹如儿童精神文化发展的双翼。它们共同的特点是内源性，可以被看作是儿童生命中的"深度自然"。苏霍姆林斯基有一生动的比喻：感情如肥沃的土地，知识的种子就是播种在这个土地上。孙双金的情智语文，有目的、有计划地让情与智走到一块，让二者共生、共长，共同为语文教学的使命贡献各自的力量，显示各自的色彩，消解感性与理性的对立、智慧与知识的分离，让语文从有效走向优质，展露最有魅力的笑容。这样，情智共生，就会整体性表达精神发育的外部表征，"可以触摸到一个人的整体面貌"。就这样，儿童生命的"深度自然"就焕发出来了。

情智共生下的情智教育、情智语文具有如下特点：

其一，情智教育的儿童发展为本。情智教育是为儿童的，是以儿童为主体的，是从儿童出发的。因此，情智语文课堂上不是教师的表演、炫技，而是教师启发下，儿童内在力量的唤醒，儿童心智之门的敞开，形成儿童生命的内在节律。从这个角度来看，教师应该是情智共生的榜样，他亦应像马克思所说，是"合理的儿童"。情智与儿童们一起共生。尽管在课堂上孙双金显得很大气，但从微笑（有时是狡黠的）里，你还是可以看出他的童心；尽管课堂上孙双金显得很从容，但正是在从容里我们看出他与儿童交流的急切心情。也许我们应该用情智共生来解释儿童的"合理"。

其二，情智教育的创新为核心。智慧的核心是创造，高级的美感也是指向创造的。儿童情智的发展最终为了儿童创造性的发展。曾经听过孙双金教《二泉映月》和《走进李白》。《走进李白》是孙双金自己设计的语文教学专题，教学的线索，李白诗的选择组合，故事的编排，引发了儿童的比较，无不体现着创造性；教学中也处处让我们感受到儿童情智脉搏的跳动。《二泉映月》更是让儿童用心去体验，与阿炳艺术家一起经历创作的过程。

其三，情智教育体现着北京东路小学的优秀文化传统。孙双金说，情智教育源于北小校园里柳斌同志的题词："有爱生情怀，含育人智慧。"这是一种灵感。但是如柴可夫斯基所说，灵感是一个客人，是需要邀请的。没有长期的积淀，没有平日潜心思索，灵感不会来到你的身边。孙双金读书、思考、研究，在北小的土壤里肯定会有新的绿芽，有新的风景。尤其可喜的是，老校长袁浩提出来的"心心相印"已被继承，并与情智教育合流，成为重要的教育理念和校园文化精神，我们完全有理由相信，孙双金关于情智教育的主张一定会在实践中发展。

名师的语文世界

孙双金的语文教学，大气。

孙双金语文教学的大气，是种大智慧。

庄子给大智慧下了个定义："大智闲闲"。闲，空也；空，无限大也。他是说，大智者关注世界，关注人类，有大胸襟，有大视野。

孙双金正是循着"大智闲闲"去探索、研究，去追寻、生长大智慧。于是，他走进了语文世界，而且，他正在努力建构一个属于自己的语文世界。我们不妨把他的语文教学叫作"孙双金的语文世界"。

语文课程、语文教学应当是一个世界。但实践中，我们常常将语文狭窄化、封闭化。用印度著名哲学家克里希那穆提的话来说，我们在自己的四周筑起了一道墙，然后把自己封闭在一个秘密的世界里。这种狭小的、秘密的世界，使学生的"语文呼吸"逼仄、急促，"语文边界"越来越收缩。而孙双金的语文世界，放开了边界，敞开了视界，他的语文课程、语文教学有了大格局、大手笔，让学生拥抱一个大世界。

语文课程、语文教学应当有属于自己的世界。但在实践中，我们常常生活在别人的世界里。这样，语文总是别人的，而不是自己的；语文生活总是为别人的，而不是为自己的。用梵·高对自己弟弟的话来说，不能总是在巴黎的大街上徘徊，而没有自己的麦田；用海明威的话来说，不能不找到属于自己的句子。而孙双金的语文世界，是他带领学生共同建构的，他和学生都有自己的位置，都拥有属于自己的句子。

这是孙双金的大智慧，是他语文教学的一大突破。孙双金用自己创造性的劳动启发我们，一个优秀的、有追求的语文教师应当去开辟一个语文大世界，当语文世界建构起来的时候，语文教学就会进入一个智慧的审美境界。

一、"12岁以前的语文"：重构小学语文教学体系，让学生拥有当下语文生活的幸福，而且拥有未来美好的人生

"12岁以前的语文"，是孙双金自己建构的概念。概念不只是一个符号，概念的变化抑或重建，意味着理念的变化和文化的重构。毋庸置疑"12岁以前的语文"，指的就是小学语文，初看，两者无甚大的区别，但继而细想，"12岁以前的语文"有着丰富的内涵、深刻的意蕴。12岁以前是人生开初的一段，却融于人生的长河，而人生的长河连绵不断，汩汩而流，流向人生大海。显然，"12岁以前的语文"已链接了人的一生学习，纳入了终身学习的框架，融入了终身教育的理念，其眼光之长远，其视野之开阔，是显而易见的，已经超越了"小学语文"。这是其一。"12岁以前的语文"，更凸显了这一段语文学习的特殊性、紧迫性，因为，12岁以前是人的语文学习的一个关键阶段。用孙双金的话来说，少年之记，如石上之刻；在童年期播下什么种子太重要了，"种瓜得瓜，种豆得豆"啊！孙双金用"12岁以前的语文"来提醒我们，在大千世界里，悠悠万事，唯此为大，唯打好语文学习的基础为大。显然，"12岁以前的语文"更富使命感、责任感，也更富时代的色彩和要求。这是其二。小学，是学制系统的概念，而"12岁以前的语文"，则更多的是融合生理、心理元素的文化理念，她所指向的是儿童及其童年生活。这样，"12岁以前的语文"强化了童年语文学习的价值，彰显了语文教学的儿童立场和本质特征，将会一扫僵化的、成人化的语文教学所造成的童年阴霾，而充溢童年语文生活的阳光。这样，儿童的未来是会幸福的，当下的语文学习也是快乐的。这是其三。由此，我们不难得出这样的认识："12岁以前的语文"提升了语

文教学的理念，它将会革新当下的语文教学。

孙双金明确地说，"12岁以前的语文"应当"重构小学语文教学体系"。这一体系就是一个世界。孙双金用体系的建构，给孩子们一个童年的语文世界。这个语文世界给孩子们带来了什么幸福的礼物？孙双金说，一是国学经典，二是诗歌经典，三是儿童文学经典。他又把这三种经典称作三根支柱，是这三个支柱支撑了童年的语文世界，而且将会支撑孩子们未来的人生世界。经典，总是与时间的磨洗、积淀联系在一起，从某种意义上来说，经典是一个国家、一个民族以至人类文化的优秀传统。因此，孙双金的这一命题自然涉及对待文化传统的问题。社会学家对传统有一个精辟的阐释：传统是围绕人类的不同活动领域而形成的代代相传的行事方式，是一种对社会行为具有规范作用和道德感召力的文化力量，同时也是人类在历史长河中创造性想象的沉淀。行事方式、文化力量、创造性想象的沉淀，这三个要义告诉我们，传统尤其是经典不仅属于过去，而且属于现在，也属于未来。孙双金把文化传统、文化经典送给孩子，就是把他们带进了文化历史的长河，孩子们领受幸福的礼物，在人类优秀的文化天空里翱翔，这当然是幸福的，而且为孩子们一生的幸福奠定了基础。

当然我们也会提问，难道"12岁以前的语文"就是这些经典吗？现有的课程呢，教材呢？孙双金清楚地认识到这些问题，因而对现有的教材作了处理，把现有教材与所编制的教材融合在一起。这样，"12岁以前的语文"体系自然包括了语用文体的内容，语文的实用功能并未被边缘化，学生的语用能力并未被减弱，可见体系是科学的、完善的。同时，新体系的建构促进了教学方法的变革，概括起来是：现有教材，通读全文、理解关键内容、背诵精彩词语片段；国学与诗歌经典，诵读、背诵为主，辅以适当讲解，理解大意，"不求甚解"；儿童文学，重在引导，以学生自主阅读为主；语文作业基本形式为写日记、写随笔、写读书笔记。如此等等，孙双金作了整体思考、系统设计、具体安排。确实，这是个体系，是一个变革后的语文世界，充满新意。

二、"情智语文"：重构语文课堂教学，在童年语文世界里，让儿童情智互动共生，拥有发展的本领和智慧

如果说，"12 岁以前的语文"是一个大世界，那么，可以说"情智语文"更多地注重课堂教学，相对来说是个"小世界"；如果说，"12 岁以前的语文"，主要是体系建构，是教学内容的调整、补充，是一种重构，那么"情智语文"则侧重于学生学习语文的情态、方式，指向学习的意义和价值。而这一切，都涉及孙双金语文教学的核心理念，由此，进一步丰富了孙双金的语文教学风格。可以这么说，正是由于语文"大""小"世界的建构与融合，孙双金的语文教学显得更为大气，更为从容，更为优雅。孙双金又用他的发展与深入研究告诉我们，教学风格形成和丰富的背景应当是一个开阔的开放的语文世界。于是，一个优秀的语文教师或曰语文名师都应当向自己追问：你建构了一个语文世界了吗？

问题还在于，这是一个什么样的"世界"。孙双金寻找并把握了语文世界的两个主要元素，那就是情与智。是情与智在语文世界里的相遇、碰撞、互动和共生，才使语文世界洒满阳光，充溢幸福，成为一个灿烂无比的世界，也才成为一个实实在在的世界。

首先，情智语文所构造的世界是一个"人"的世界，是关乎人的生命的世界。孙双金常用"人"来作比，他说"人"的一撇上写着五个大字——"高尚的情感"，一捺上也写着五个大字——"丰富的情感"。他深入地说，情与智的和谐是为了造就"全人"，而不是唯智，或唯情，或唯理的"半人"。显然，情智语文是关于人的发展的语文，是为了培养"全人"、健康人的语文。这是情智语文的宗旨。有人一定会有这样的质疑：语文教学本来就是关于人的，是为了人的。是的，这正是语文教学的立意、使命，是我们大家共同的追求。但是，不可否认的是，我们常常在语文教学中让人缺席，让人边缘化，让人工具化。把"人"立于情与智两个重要元素上，正是让人在情感与智慧的交融中，再次拥有人的感觉，拥有人的价值，拥有属于人自己的尊严和幸福。如果，你抬起头仰望语文这一

片星空，你一定会在情与智的闪烁中发现一个大写的"人"字。

其次，情智语文构造的世界是一个"童年"的世界。孙双金认为一堂好课，应上得学生"小脸通红，小眼发光，小手直举，小嘴常开"。这是一堂好课的外部表征，其内在的意蕴是，这才是真正的儿童。是的，儿童是情感的王子，儿童也是充满智慧"未被承认的天才"，总之，儿童是本能的缪斯。如果仍用人来作比的话，那么，儿童的双翼是由情与智共同组成的，或者说，儿童有情的右翼和智的左翼，两翼的张开、扇动，才会使儿童这一艺术之神飞翔起来。但是，遗憾的是，在日复一日、天长日久的语文教学中，儿童的情被消磨、压抑，儿童的智被挤压、驱赶，剩下的，我们所关注的，而且所见到的只是苍白、平庸的语言文字，只是一片符号。当语文成了符号世界的时候，儿童已失去了应有的色彩和意义，他们面对的是一片荒漠，其实，儿童的心灵也成了灰色的世界，枯燥、干瘪，情与感均被风干了。而当你在情智语文世界里，仰望星空的时候，你看到的是童年舞动的蓝天，蓝得透明，蓝得旷远，蓝得就像儿童纯净的心灵。于是，情感的王子在情智语文中回来了，充满智慧的天才被承认了。

再次，情智语文所构造的世界是一个想象的世界。语言文字是让人想象的世界，汉字更是一个让人思想飞翔的世界。情智语文，让儿童凭借着语言文字去想象，在想象中创造，在想象中腾跃和飞升。人不能没有想象，但我们常常误读想象，总认为想象是肤浅的，是全感性的。雨果曾为想象正名。他说：想象就是深度。没有一种精神机能比想象更能自我深化，更能深入对象……科学到了最后阶段，便遇上了想象。雨果还把想象比作"伟大的潜水者"。古哲亚里士多德也说，想象力是发明、发现及其他创造活动的源泉。为什么？爱因斯坦的解释是，想象力概括着世界的一切。有一个不可忽视的问题，那就是想象力在语文教学中被折断了翅膀，这一知识和创造活动的源泉正在逐步萎缩、枯竭。我们需要拯救儿童的想象力，需要拯救人类的想象力。也许情感与智慧是拯救想象力的良方。是的，孩子们怀着情感去学语文，定会在语言文字的温度里敞开想象的心灵；孩子们用智慧去触摸语言文字的时候，语言文字里会开腾起想象的云彩。于是，伟大的潜水者，让我们进入了语文世界的深处，而伟大的潜水者也在语文世界里探了个究竟。

其实，语文教学并不是一个"小世界"。大与小，有时候很难区分的。由情与智编织的世界同样是个大世界。由此，儿童在情智语文世界里也不仅仅是一个待启蒙的小孩，而是一个伟大的创造者。

三、爬山与登峰：孙双金为儿童进入语文世界铺设了道路

孙双金构造的语文世界，呈现在孩子们面前，孩子们应当进入这个世界，而且应当浸润于这个世界。不过，事实是孩子们常常在这个语文世界的门前徘徊，摸不着门道，进不了世界，抑或刚进入，又会因种种原因退了出来。原因何在？原因很多，缺乏一条道路不能不说是其中一个很重要的原因。严格地说，缺少一条道路，缺少通向世界的梯子。孩子们进不了世界，从某种意义来说，这个世界是无意义的，从本质上讲，这个世界是不存在的。

孙双金明白这一点。他要让孩子去拥抱语文世界，着力铺设一条道路。他认为这是一条登山之道，而且提出了登山理论。其理论是由一连串的问题构成的。为什么登山？登什么山？登山的路径由谁选择？怎么上山？登山是一个什么样的过程？山脚下、山腰中、山顶上有什么不同的感受？……这一连串的问题，串起了我们的思考之链。是的，学习，尤其是语文学习好比是一次又一次的登山，只有站到了高山之巅，才能看到遥远的地方，才能看到最美丽的风景，才会"一览众山小"。此时，儿童的情智才会得到升华，情智语文才会进入一个新的境界。

孙双金的登山理论，又具体化为积累之道、训练之道、濡化之道、不求甚解之道等。

积累之道。学习语言文字是一个不断学习、吸收、消化的过程，语文学习不是一次性过程，只有在不断吸收中不断积累，才能逐步形成语文素养。因此我们不难理解，孙双金为什么主张现有教材教学要背诵成语、句子、片段，为什么主张国学、诗歌经典教学要以诵读、背诵为主，为什么

主张儿童文学教学要以自主阅读为主。积累多了，积淀厚了，孩子们才会有语言文字的功底，才会生长起语文能力，在语文世界里游刃有余。

训练之道。语言文字只有在运用中才会有意义，才会获得生命活力。孙双金向来重视语文的训练，当然，他追求的是科学的训练，是满含情智的训练。这样的训练，让孩子们有能力去爬山登峰。

濡化之道。从心理学角度看，濡化是一个内化的过程，从文化学角度看，濡化是一个文化的过程；从伦理学角度看，濡化是一个道德的过程。孙双金用情与智把多种学科知识和原理整合起来，通过朗读、字词句篇的训练、领会、体验，在语言文字及其所构造的语文情境里濡化，受到感染，悟语言文字之魅力，学运用语言之能力。

不求甚解之道。不求甚解，不是不理解，而是没有必要追求所谓"深入"的、"透彻"的理解。不求甚解，就会给学生留下很大的空间。其实，这个空间是留给学生的，是留给学生未来的。这是一种智慧。

一条又一条道路，为孩子呈现了进入世界的无限可能。孩子们进入语文世界了，这个世界才会热闹，才会丰富，才会让孩子喜欢。孙双金既是语文世界的建构者，又是孩子们进入语文世界的引路人。

孙双金的语文世界精彩啊！

语文的精彩命名

任何事物都需要命名。命名其实是诞生一个新的概念，而新的概念的诞生则意味着理性思维水平的提升和理论建构的开始。命名的过程是一个文化的过程。

"12 岁以前的语文"是一个相当精彩的命名，是对语文，对语文教育的深刻认知和深度建构。命名者是特级教师孙双金和他的团队——南京市北京东路小学。

"12 岁以前的语文"闪烁着语文、语文教育的理想光芒，洋溢着对儿童、对儿童母语学习的无限情怀，以及命名者的文化修养、审美能力，还有那可贵的才情和创造精神。

我总觉得，我们应当对"12 岁以前的语文"致以深深的敬意，并报以真诚的掌声。尽管它还需要更深入的研究去进一步完善，但它似乎是一扇新大门的开启，那新鲜的空气涌来，那灿烂的阳光以新的方式又一次照射在语文世界里。

"12 岁以前的语文"究竟怎么理解？它的价值、意义究竟在哪里？它给我们带来什么样的文化启示和教育启迪？

其一，"12 岁以前的语文"是语文教育的理念和主张——真正的儿童的语文。

"12 岁以前的语文"正是真正的"儿童语文"。儿童期，是人生中最为生动、最为精彩的一个阶段，活泼泼的生命，多姿多彩的梦想，抑制不住的伟大的可能性。还有那幼稚中的深刻，可笑中的智慧，以及那对母语的好奇和渴望。对此，我们的教育是否深悟到了？我们的语文教育是否与他们的童年相契合，相连接，相融入了？回答是，我们关注了，但不深入；我们努力了，但方向还不够准确；我们开始改变了，但方式还不够灵活。这一切的一切，从表面上看起来，是语文教学的"少慢差费""语文课程地位性的缺失""教学内容丰富性的缺失""语言习得规律性的缺失"。如果再往深处讲，是儿童学习母语规律的缺失，是儿童的缺席。儿童不在场，小学语文还有什么真正的价值和意义？小学语文还是"小学"语文吗？还是语文吗？

基于对小学语文教育对象——儿童的追问，"12 岁以前的语文"把小学语文罗盘的指针牢牢指向儿童，让儿童在整个语文教育的坐标体系中处在核心地位，让儿童站在母语教育的中央。"12 岁以前的语文"追求的是真正的儿童自己的语文。不仅如此，"12 岁以前的语文"突出"12 岁以前"，所强调的是语文教育必须关注儿童身心发展的特定规律和认知风格，必须关注儿童心理的变化以及社会性发展的需求。这样的关注必然会使小学语文教育更注重科学性，从经验层面转向科学理论层面，也就是孙双金所说的，从"技"的层面的改良转向"道"的层面的改革。这正是"12 岁以前语文"的核心理念，正是孙双金和他的团队的语文教育主张，他们把对语文的追求投射到语文课程的建设中去，闪烁着他们一颗颗闪亮的童心。

其二，"12 岁以前的语文"是学校语文课程体系的整体思考和综合设计——贯通、衔接的语文课程。

所有课程到了学校就拥有了一个新的身份——学校课程。同样的，国家规定的、国家审查的语文教材到了学校，就成为学校语文课程建设，必须前后打通，呈现一个开放的状态，形成儿童语文教育的大格局。大格局的语文，才会让儿童语文学习有大视野，大梦想，大追求，小学语文其实不小。这就需要我们要有战略思维，进行整体思考和综合设计，建构学校语文课程体系。"12 岁以前的语文"体现的就是这样的语文课程体系观。

首先，"12岁以前的语文"是儿童期三个阶段的语文教育：0—3岁，3—6岁，6—12岁。"12岁以前的语文"跳出了小学语文这一框架，在前瞻终身的语文学习，关注衔接。而且，不同的阶段有不同的重点和功能：0—3岁，建构基于倾听的家庭语文学习，让儿童健康度过语言发展的储备期；3—6岁，建构基于游戏的伙伴语文学习，让儿童在语言发展敏感期获得更好发展；6—12岁，建构基于语言交往的学校语文学习，让儿童在语言发展关键期的语言学习得到优化。家庭语文学习—伙伴语文学习—学校语文学习，三个阶段的语文学习有了不同的名称；基于倾听—基于游戏—基于语言交往，三个阶段有不同的任务和不同的学习方式。这些表述仍可继续完善，但有了比较清晰的划分。显然，这是一种体系的建构。

　　其次，"12岁以前的语文"是三种不同形态的语文。"12岁以前的语文"是一个大概念，国家所规定的、所审定的语文教材是其中一个非常重要的组成部分，但不是唯一的，它还包括其他两个部分：一是校本语文课程，一是教师自己开发的语文课程。这样，国家语文课程—校本语文课程—教师开发的语文课程，三种课程形态组成了一个完整的语文课程体系。之所以建构这样的课程体系是为了从学校和教师的实际需要出发，形成学校语文教育的特色，更为重要的是满足学生更丰富的语文学习和发展需要，改变一本语文书支撑语文教育世界的格局，让三根支柱共同支撑起语文教育的广阔天空。这也体现了北京东路小学教师的宏阔的视野。

　　再次，"12岁以前的语文"是由三块基石所组成的语文。这三块基石是：国学经典，古典诗歌，儿童文学。之所以称为基石，是因为它们是儿童语文学习，儿童语文素养提升的不可或缺的基础。无疑，学习国学经典，是为了在语文教育中进一步强化中华优秀传统文化的教育，让语文教育有根，有魂，让仓颉造字的灵感不灭，让美丽的中文永远不老，让每一个汉字都讲述一个中国故事。无疑，古典诗歌教学是为了弘扬中华诗教的传统，当然不是为了培养小诗人，而是为了让儿童有诗意，一如美学家宗白华所言，我们心中不可没有诗意、诗境，但却不一定要做诗。包括儿童文学在内，这三块基石进行的语文审美教育，让儿童有美的生活，美的人生。康德所言的美非功利而愉悦，非概念而普遍，无目的而合目的，大概正是"12岁以前的语文"所追求的。

其三，"12岁以前的语文"是对语文教材的优化以及所构建起来的教学范式——以自主学习为核心。

学校语文体系的建构少不了教材的建设。"12岁以前的语文"开始了语文教材的变革。一是整合，将国家课程教材与其他形态的课程教材打通，整合文本的核心内容，凸显文本的表达方式，突破单独教学，同时跨越单元前后的界限。二是其中的校本课程教材形成自己的组织方式，由导读、经典选文、延展阅读三个模块组成。这样的组织方式利于学生的自主学习。三是让教材活起来，把阅读和活动相结合，"娃娃国学院"成立了，小诗人走来了，好书漂流起来了，小作家诞生了……活动、生活成了活化的教材。

教材编织方式的变革必然带来教学方式的变革。这些教学方式的背后是与"12岁以前的语文"相适应的理念：不求甚解的国学诵读，广泛积累的诗词背诵，剧本表演的儿童小说阅读，仿创式的现代诗歌阅读，多种媒体互动式阅读……而这一切都是以儿童自主学语文为核心，以儿童快乐学语文为境界。

"12岁以前的语文"还只是在探索、完善的阶段，不过，它已显现了一种新的语文曙光，给它以高度的评价并不为过，它的价值是毋庸置疑的。其价值不只是在语文本身，还锻造了语文教师们的品质：强烈的课程意识，可贵的创新勇气和精神，较强的开发能力，以及建构的智慧。学生发展了，教师的专业水平提高了，这是"12岁以前的语文"的最大成功。

在我看来，南京北京东路小学的语文教师都是"12岁以前的儿童"，可爱，可敬，可学。

辑二　文化的回归

唤醒对语文文化属性的回忆，自觉担当语文的文化责任。

薛法根：让言语智慧在语言的屏障上爆发、生长

——薛法根的语文教学主张和风格

薛法根的语文教学有着鲜明的风格。教师们都很喜欢。

风格是思想的血液。萧伯纳对思想与风格的关系有过精辟的论述：一个人要是没有什么主张，他就不会有风格，也不可能有。一个人的风格有多大力量，就看他对自己的主张感觉有多么强烈，他的信念有多么坚定。

薛法根有自己坚定的教学主张。他的语文教学主张是："为发展学生的言语智慧而教"。正是这一主张支撑着他的教学风格，他的教学风格里充溢着的思想张力，有深度，有意蕴，显现着一种独特的语文教学气象。

"为发展学生的言语智慧而教"，这一主张有着丰富的内涵。其一，这是语文的。他把语文教学的重点放在言语能力的培养上，一如叶圣陶先生所说的，这是语文教学的"独当之任"。也因为此，才会有语文教学的风格。当强烈的情感撞在语言的屏障上爆发出来的特性，才是艺术作品的风格。语文教学风格怎能离开语言文字呢？其二，这是以智慧为核心的。智慧虽比知识模糊，但比知识更伟大，在教育过程中更具主导地位；也许能轻而易举地获取知识，但未必能轻而易举地获取智慧。言语智慧超越了语文知识，其使命是把知识转化为智慧。当言语智慧成为语文教学主导的时候，语文教学一定是神圣的。其三，这是以能力为重的。能力是智慧的载体。智慧在能力上落脚，就再也不会虚无缥缈了。而这样的言语能力是带

得走的，是可再生的，是可持续发展的。"为发展学生的言语智慧而教"，薛法根把自己长期以来语文教学的理念和实践经验整合起来，聚焦起来，起着统摄和引领的作用。

薛法根的这一教学主张内蕴着一个核心的教育理念：智慧解放。这是薛法根所提出的一个概念，也是他研究的一个重要命题。智慧解放的内涵同样很丰富。其重点是：儿童有慧根，即有着巨大的潜能，但这些潜能常常被所谓的教育、所谓的语文教学压迫着，而真正的教育、良好的语文教学必须解放这些潜能；解放潜能必须用智慧的方式，而不是用外压的、强制的方式，这就需要激发儿童的主体意识，帮助学生自主学习、自主发展。因此，智慧解放说到底就是解放儿童，促进儿童生长智慧，这是薛法根语文教学的儿童立场，是"为发展学生的言语智慧而教"的理论内核和基础。

在这样的前提之下，薛法根不断寻找和创造实现的策略与方式，最后，他把策略和方式提炼成"组块教学"。所谓组块教学，就是对语文教学内容加以梳理、整合，形成结构。结构化的内容既是简约的，又是极具力量的。组块教学的基本要义是：走向生活——生活总是综合的、整体的，生活视域下的语文教学应当也必须是"组块式"的；走向结构——综合不是简单地叠加，而是按着内在关联性加以梳理，逻辑清晰，内容要素之间互动共生；走向运用——语言文字只有在运用中才会融为一体，才会真正成为学生的言语，语言的使用是语文教学的目的，当然也是组块教学的目的。

围绕着组块教学，薛法根还概括了"为发展学生的言语智慧而教"的两种策略。一是"看"教材的三种眼光，即"用儿童的眼光来解读，用教材的眼光来审视，用生活的眼光来选择"。用儿童的眼光来解读，教材才会走进儿童的心灵；用教学的眼光来审视，教材才具有课程教学的意义；用生活的眼光来选择，教材才会把语文与生活自然地联结起来。二是根据文本语言的三个层次，发现文本中适合学生学习的语言要素，重组并整合成相应的语言学习内容版块。这三个层次是：儿童交流时的伙伴语言、适合儿童发展的目标语言、文学作品中的精粹语言。尽管这些概念仍需斟酌，但这样的发现和概括充满着创造性。显然，组块教学是智慧的。

对于"为发展学生的言语智慧而教"，薛法根不仅探索、建构了实现策略和方式，而且自然地建构了一种表现形态。这种表现形态具有整体风貌、鲜明的独特性和审美意义，因而可以视作薛法根的教学风格。我以为，薛法根的教学风格可以用两个字来概括：清简。清简是洗净铅华后的简约之美，是由厚至薄的浅近之美，是直抵核心把握精髓的深刻之美。清简，不乏厚实；清简，不乏大气；清简，不乏儿童之需、儿童之情。这是一种气度和境界，是一种大智慧，是儿童之美。

薛法根的语文教学研究和实践，总是让言语智慧在语言的屏障上爆发、生长。那语言的屏障，既是薛法根发现的，更是薛法根创造的。因此，当言语智慧在语言屏障上爆火的时候，言语智慧已经在迅猛地生长了。

组块教学：语文教学的一种重要变革

身为校长的薛法根，一直以来不但没有轻慢自己心爱的语文教学，而且沉潜在语文教学改革研究中，踏实，钻研，一片真诚，又那么自在，一如他的为人风格。正是他的人格，造就了他语文教学的品格。这种人格与教学品格的相互映照，让他越走越高。组块教学，正是在这种行走中应运而生的，也是在不断深化研究中完善的。

组块教学是法根对语文教学真义与深意的一种独特认知与准确把握，他逐步将其提炼为自己的语文教学主张，并以此为核心，展开他的深度探索，形成了系列化的操作要义，一种富有理论元素的实操范式已呈现在小学语文界。

组块教学有着深刻的结构思想。从表面上看，组块教学是将内容形成一个个板块，是一种组合的方式。这种看法当然是对的，但又是不够的，因为组块教学的深处是结构主义的思想和关联性理论，还具有方法论的意义。任何事物都有一个独特的结构，抑或说都是一种结构，只不过它深藏着，被一些东西掩盖着。假若把这种内在的结构揭示出来，就会让大家一目了然，触摸到它的内在机理。语言文字更是如此。所以，结构主义认为，语言学不仅仅是激发灵感的动力和源泉，而且是一种将结构主义原本各行其是的种种设想统一起来的方法论的模式。在"组块"以后，"各行其是"却形成了合理的统一体，形成了关联，产生了合力，凸显了文本结构的独特色彩以及思想内在的丰富张力。其结果是，培养了学生综合、系统思维的方式以至品质，从语言文字的背后，看到了关联的逻辑和结构的优化，进而逐渐沉淀为自己的认知结构和素养结构。用后结构主义理论的话来说，组块教学让文本、语文成为"会开花结果的作品"，成为"会产生意义"的、显现生命活力的课程。

组块教学有着崇高的立意。结构的变化带来的是根本性变化，而根本性变化中最为重要的是学生的言语智能的发展。语言素养是人发展中，特别是学生发展中必备的核心素养。既为素养，一定是指向人的，也一定是综合的、整体的。组块教学正是要为学生的言语智能而教，科学地有效地发展学生的语言素养。法根把这样的素养称为"语言合金"。这一形象化的描述，揭示了组块教学的功能和价值。组块教学，通过"语言合金"让语言"狂欢"起来。

组块教学探索着语文教学的范式。这一范式的"不可通约"在于：整体展开，教学评一体化，即教、学、评亦形成组块，相伴而行；在语境中运用，在真实的优化了的学习情境中，真正地学习语言，让语文学习成为一种生活；组块带来的结构化，必然提高教学的效率和效益，简练、干净、流畅，法根的清简的教学风格从中形成，也为教师们称道。当然，组块教学还有更广阔的视野，尤其是从课程到生活到世界，互相关联，互为支撑。

说到底，组块教学体现了法根解放智慧的思想：解放语文，解放儿童，解放自己。组块教学将会使语文与教学发生一次重要的变革。

美学精神引领下的组块教学

常和法根聊天，也在一起开会。每次接触，总觉得他的研究又有了新的想法，改革又有了新的进展，用联合国教科文组织提出的第五根支柱"学会改变"来描述他，以及表达我的感受，还是很切合的。这就不难理解，法根为什么总是在进步，总是在跃升。萧伯纳曾经说过这样的话：唯一办事聪明的是裁缝。他每次总要把我的尺寸重新量一番，而其他的人，老拖着尺码不放。这是裁缝的智慧，而智慧在于与时俱进，在于有一种工匠精神，而工匠精神是一种专业精神。语文，对于法根而言，就是那衣服那尺寸，而他则是那智慧的裁缝。

一、美学精神的映照：薛法根语文教学研究、改革的新境界

讨论语文，不得不讨论美学和美学精神，有学者在审视美学史时，这么认为，美学史就是语文——历史的科学。语文离开美，离开美学，就不是真正的语文，甚至不是语文。随着研究的深入，美学与语文越来越互相映照，越来越融合。对中国语文教育来说，美学是语言文字的感性释放，美学是语文价值的再造，美学是对语文生命的诗化阐释。显然，作为语文教师，必须用美学精神来丰富自己、提升自己，缺少美学精神的语文教师，他的语文教学绝不是语文教育，绝不会走向审美的崇高境界。

雅斯贝尔斯说：哲学就是在路途中。美学，作为哲学的一个分支，当

然亦是如此。假若，你永远行进在路途中，假若，你不断地被唤醒，又不断地自我觉醒，那么，你一定是在追索美学，也一定在养成一种美学精神。薛法根正是如此，也许以往他还是自发的，而如今他已逐步走向自觉，美学精神在他语文教学生活中日益彰显。

从学习品质看，法根具有中国美学中的静虚和坐忘精神。静虚，内心的宁静，抛却浮躁，走向谦逊，让自己的心灵在安静、谦逊中得到安顿。这是一个审美体验的过程，极具美学精神。法根具有谦虚的美德，他总是说，自己有许多知识是不懂的，又总是说不少问题自己还没想清楚，当然他也会说，近来自己有了一些新的想法。近几年，他的阅读视野不断拓展，已超越了语文的边界，开始涉及心理学、社会学、美学、哲学等。阅读视野的开阔，让他对语文教学的理性思考日渐深入，组块教学内在关联的逻辑线索越来越明晰。其实，法根的内心又是不安分的，但是不安分并不是不静虚，正是静虚让他学会静下心来反思，在反思中寻求突破，在突破中创新。我以为，静虚品格，培育了他的创新精神，甚至可以说，静虚品格正是一种创新精神。坐忘，中华美学的又一精神。说到坐忘，我们似乎看到了那亮着灯光的窗户，那灯光下的一个人，他专心地读书、研究、写作……坐忘，刻苦、忘我，耐得住寂寞，抛却功利，走向纯粹。法根就是那个亮着灯光的窗下的人。我知道他的身体常有不适，但是学习的品质、刻苦的精神、坚持的意志从来没有被淡化，更没有被淡忘。坐忘，说到底是忘我。法根为了学校发展，为了青年教师专业成长，为了孩子们的秀外慧中，常常忘了自己的病痛。静虚与坐忘，铸就了法根的品格，在他的品格深处烙下中国美学精神的印记。

从学术的品位看，法根具有中国美学精神中的注重品味的审美品格。季羡林先生曾经分析过中国美学与西方美学的差异，认为中国美学更注重对美的"品"，亦即审美的内在品格，比如，中国常以梅、兰、竹、菊、松等表达审美感受和所追求的品位。法根领悟到这一特征，在中国美学精神的引领下，其语文教学走向内涵，走向核心，走向深处。但是，这些走向绝不是要把教学搞得复杂起来，相反，法根注重教学的清简、幽默和自然，以此来切入和牵引教学，即在清简、幽默、自然的教学风格中，引导学生品味课文的内涵，渐渐漫溯深入，抵达核心。这是以简驭繁、以愉悦致深刻、以自然求真实的审美过程。如他的《爱如茉莉》课例，淡淡的爱在哪？在对茉莉清淡、素朴美的品味中。还有《我和祖父的园子》《剪枝的学问》等，都有这样品美的历程。我们不妨作这样的概括：法根对中国美学精神的追求，凝练为清简的风格、自然的品格，表现为教学的智慧。法根的教学实践告诉我们，美学精神是可以"看得见"的。让美学精神"看得见"，需要在精神真正内化的基础上，以艺术的方式，使其外显。法根已具备了这样的积淀和实力。

从价值追求看，法根的语文教学具有中国美学的道德感和崇高感。中华民族优秀文化传统是以伦理道德为底色的，"仁者爱人""己所不欲，勿施于人"的道德感十分鲜明；美学又特别追求崇高，没有崇高感就没有美学，也就没有美学精神，"为天地立心，为生民立命，为往圣继绝学，为天下开太平"，生动而深刻地呈现了中国美学的崇高感的追求。作为中国美学载体的中国语文，更要以道德与崇高的追求为价值旨归。法根在他内心深处就是这么坚定地认知的。依我看，语文就是语文，但语文又不仅仅是语文，语文首先是"道德"课程，是"价值高端"课程。纵览法根的语文教学，深切感受到他在语言文学的背后看到了人，在母语的深处看到了一个民族，语文育人，语文立人，正是法根的追求。道德感、崇高感又被落实在语言文字中，在法根的课堂里，道德感不是说教，崇高感不是空谈，语言文字让道德感、崇高感有了落脚的地方，而道德感、崇高感让语言文字有了灵魂。

二、为发展言语智能而教：薛法根语文教学核心目的和核心任务的进一步聚焦

美学精神也常常通过提问来表现。法根常有这样的自我提问："语文是什么？对于儿童的生命成长有何意义？""语文学科究竟要教什么？怎么教？""儿童语文学习有哪些秘密？我们怎样创造可以带得走的语文？"……

这些提问写在他的思想深处，回响在语文教学的上空。提问即追问，追问让法根把语文教学的形而下与形而上结合起来，从"器"走向"道"，追寻、把握语文教学之道。

道也，路径也，规律也，哲理也，生命的创造力也——学者们对"道"有不同的解读。我们不必在它的本义与喻义上纠缠，重要的是让自己的认知贴近语文教学的主旨。在法根看来，语文教学之道即语文教学的核心任务，是语文教学的终极意义和目的。这是语文教学的根源性问题。根源性，语文教学之根、语文教学之源，语文教学建基于何处？在哪里诞生？从哪里开始，走向哪里？……诸如此类，假若搞不清，用法根的话来说，就是那"暗自摸索的黑胡同"，永远是"黑胡同"。法根想照亮它。

于是，法根把眼光投向了言语智能。为什么？道理在哪？法根是从语言的生命性来认识的。语言是一种生命，它能自我生长，而使用语言的人，更是在言说中获得生命的存在感和发展感。语言的生命更体现在母语教育上。阿根廷诗人赫尔曼说："祖国就是语言。"语言，母语，不仅是人的生命，也是祖国的生命。无论是人的生命，还是祖国的生命，集中体现在言语智能上，用智慧的方式表达语言，此时的语言就是在言说中闪耀着智慧。中国的语文教学的使命在于让儿童在语言的运用中，向人们展现自己的智慧，向生活表达自己成长的智慧，向世界讲述中国的智慧。当语言成为言语时，当言语表达自己对世界对生活的态度时，它就成了言语智能。法根认定，为促进学生言语智能发展而教，才是语文教学的核心目的和任务。

在言语智能及其教学实践中，经过研究，法根有几个重要的成果。其一，他认为言语智能是"语言合金"，是言语智力与能力的统一（这一表述还可以再斟酌，因为能力是智力的一种形态）。既是合金，它是多元素整合在一起的。法根说："以形象思维为内核的智力因素和以实践创造为内核的能力因素，在言语活动中高度融合，就构成了言语的特殊智能。"这样的界定和阐释是合理的，薛法根有着自己独到的见解。其二，言语智能中有两个重要元素，一是思维，一是情感。语言是思维的外壳，怎么思维就怎么言说，怎么言说意味着他在怎么思维，言语智能应以思维为核心。关于情感，梁启超说：天下最神圣的莫过于情感，情感这东西是人类一切动作的原动力。儿童是情感的王子，这是大家形成的共识。言语中缺失了思维，就丧失了核心，缺失了情感，就丧失了发展的原动力，丢弃了美。其三，言语智能对于语文教学，就是促使"言语与精神"的同构共生，促进学生核心素养的发展，这是语文教学的"独当之任"。在这过程中，言语智能"成为语文素养的种子，成为文化底蕴的养料，成为人格形成的萌芽"，这是诗意的表达。法根还以更直接的方式表达："让学生越学越聪明"。其四，紧紧围绕言语智能应当建构"实战型"的教学。"实战型"教学，不仅意味着要实在，要可操作，而且意味着让学生在实践中理解和运用语言文字。为言语智能发展而教，在法根那里是一个扎扎实实的教学体系。

语文教学核心目的与核心任务的进一步明晰，也在破解一个难题：语文的"工具性与人文性"。言语智能告诉我们，这一难题必须破除两元思维，应当建构复杂性思维范式。言语智能将"工具性与人文性"融合在一起，你中有我，我中有你，尤其是中华民族的母语，你即我，我即你，更要融合、锤炼与合成。法根有自己的见解和思维方式，显现了他的功力和智慧。美学精神让他走向高处。

三、组块教学，一种召唤性结构：薛法根语文教学的创新性发展

名师应当有自己的教学主张，由主张而形成教学风格。这是名师成长之道，经验已证实了这一点。法根一直没有放弃这一追求。可是，何为教学主张？又何为教学风格？法根意识到，教学主张、教学风格的本质特征是独特性，其实质是思想的深刻性，不进入思想，风格就丢弃了灵魂，血管里再也没有思想血液的奔涌，若此，风格就成了表演、炫技的面具。所谓思想的深刻性，首先是对教育本质和基本规律的深刻探究与准确把握，其次是对教学基本规定性的深刻认知和把握，再次是对语文教学基本特

征、独特任务的深刻认知和把握。舍此，无真正的教学主张、教学风格可言。基本规律、基本规定性、基本特征等，无非言其基本性，就是根本性，就是深刻性。法根正是聚焦在这些基本性、根本性、深刻性问题上潜心研究，而且有了突破性进展。他认为，语文要教形式。他说："要知道，言语智能无法'裸奔'。语文教学须以教材为凭借，关注语言形式三个层面的教学。"又认为："教学在于'织线成网'。"于是，法根提出了组块教学，"即以发展学生的语文运用能力为主线，将散乱的教学内容整合成有序的实践板块，促进学生言语智能的充分生长"。

组块教学是一个结构，法根认为所谓结构，就是在关联理论的支撑下，以教材为蓝本，"紧扣教学的关键点，连点成线、织线成网"。值得注意的是，他不求教得完整，而求教得立体。记得艺术家李默然说：不论什么艺术都应该以几何体为标准，要具体，要有长度、宽度，要有深度。风格一词，有不少的比喻，其中一个是：风格是个立方体。立体的语文是站得起来的语文，组块教学追求语文的立体性。此外，他不求教得多深——不是不要深度，而是求学得充分，组块教学为学生充分学习提供了多侧面的平台，引导学生从多种视角审视语文材料，学得充分起来，自己就在语文中生长起来，内心丰盈起来，自己就在语文中站立起来。

组块教学不是普通的结构，它是一种召唤性结构。召唤性结构具有空间性，为学生提供足够的空间。但空间不能离开时间，只有时间在空间里流淌，空间才有意义，因此马克思说："时间是人类发展的空间"。组块教学就是由空间与时间共同编织成的结构，充满着无限的可能性。召唤性结构具有开放性，为学生拓展更大的视域。组块教学注重结构的紧密，但不封闭，相反向外打开，学生从这一结构中走出来，可以走向另外一个结构，发现新的天地，甚至可以建立新的结构。召唤性结构具有开发性，激励学生去研究、探索、开发。组块教学只为学生提供材料，绝不提供答案；只为学生提供思路和线索，绝不提供所谓的标准。这样，学生的学习就是在开发，在持续开发，在开发中有所发现，有所创新。召唤性结构当然具有召唤性，召唤学生去探究，鼓舞学生去争辩，就像《狼和小羊》中的小羊，从容、沉着、应答、反驳，以理服人。如果用一个比喻来形容组块教学的话，我想用"造房子"来作比。在组块教学中，学生的语文学习好比用语言文字来造房子，门、窗、廊、床、桌、椅……都在开发、设计中。造房子就是造一个世界，组块教学引导学生走进生活，走向世界。无疑，组块教学极具美学特征。

法根重视形式是很有道理的，美国儿童剧领域的"教父"托尼·瑞奇在讨论儿童剧时，反复强调形式。他说：儿童剧里最难处理的，还是形式，最简单的总是最难办。他还说：我们追求的简单，是在表达方式层面，做减法，洗净铅华。语文教学又何尝不是如此呢？组块教学这一形式，内涵多么丰富；但它又不只是形式，是形式包裹下的无比丰富的内容。因此，法根将组块界定为内容板块：以语文核心知识为内核的内容板块、以语文能力为内核的内容板块、以语文问题解决为内核的内容板块。而这一切都是为了儿童的学习，法根将其界定为联结学习，这就与组块教学取得了内在的高度一致，形成了教学的整体。

在美学精神的引导下，法根正在实现一个转化——从教师转化为研究者，转化为学者。他是个智慧的"裁缝"。他不断地量学生的尺码，为学生提供适合的教育，提供智慧语文，为言语智能发展而教，其实，他也在不断地量自己。我们应当为他击掌。

周益民：美好的"惊动"

阅读了周益民老师的《回到话语之乡》，情不自禁地给他发了一条短信息："看了你的教学实录以及有关论述和专家评论，好不感动。你不仅在实践，而且在研究，你的教学就是研究，具有文化学、社会学、儿童论、课程论、教学论以及语言学、教材建设等多方面的意义和价值。我们应当回到以上方面的'话语'上去，可以构建新的语文教材体系。而这一切，你又总是静静的……"不到一分钟，他回了这么一条信息："我没有那样的奢望，只是凭着朴素的理解与喜好，做一件有意思的事。"

这就是周益民。谦虚，安静，素朴，从不张扬。如今这个时代，多少人要高视阔步啊，可他总是低调轻步，悄悄前行。他不想标新立异，更不想故弄玄虚，惊动大家。但他恰恰是在创新，他恰恰"惊动"了我们，准确地说，我们"被惊动"了。

他"惊动"了我们的教材观。语文教材，理当是千百万年来人类馈赠给孩子们的文化的结晶，理当让孩子们去触摸人类那唇齿间的智慧，去亲吻田野上的花朵。也许我们走得太远了，忘了出发的地方，忘掉了为什么而出发。现有的教材总是有着缺憾，那"母歌"总是在遥远的地方深情而又微弱地呼唤，那人生的摇篮曲总是离我们的生命而去，以至于在教材中老去。周益民，以他的专业敏感以及他的专业理性，默默地做着"补救"工作。这件工作之于语文教材究竟有何意义和价值？金波作了这样的评价："我很欣喜，很震动，因为在我的印象中，还没有哪位教师把绕口令纳入小学语文教材中去。虽然低年级语文教材中出现过一些民间传统童谣，但还没有出现过颠倒歌、绕口令这种类型的传统童谣。所以，我认为这是个创举。"一位德高望重的儿童文学作家、国家语文教材审查委员，这样的判断与评价完全是发自内心的，真诚的，客观的。

周益民也"惊动"了公开课。我曾听到少数人这样的议论：周益民的公开课为什么不上语文教材上的课文，却要自编教材来上这样的语文课呢？这样的议论当然不奇怪。以往我们只是基于新课改理念去理解，比如，课改提倡教师是课程领导者的观念，周益民完全可以去创生教材、创造教材；比如，一本语文书不能满足儿童发展的需要，完全应该基于教材，超越教材，像苏霍姆林斯基所说的那样，教材只是一块起跳板；等等。这些固然都对，但是，如今我才发现，我们还没有走进周益民的内心世界，还没有回到话语的故乡去。公开课就应是试验课、研究课，就应是创新课、探索课。我想，语文及其公开课，应当成为最好的礼物让孩子们领受。周益民创造了这件礼物。

郑振铎早在 20 世纪二三十年代，就提出了这样的观点：俗文学就是通俗的文学，就是民间的文学，这不仅成了中国文学史主要的成分，且也成了中国文学史的中心。这一大胆的观点，是在揭示文学的源头在民间，在民间文学。这正是周益民所要寻找的话语故乡。由此，我以为，回到话语之乡，就是回到民间去，回到田野去，回到"草根"去，回到生活中去，回到生命中去。"草根"的狂欢，创造了丰富、生动、永不枯竭的语言和文学的源头活水。但是，我们却毫无道理地远离了它，于是，语文里没了民间狂欢的情境，于是，素朴的老百姓，包括那个时代智慧的孩提们，在现在的语文教育以至整个的教育里成了"沉默的大多数"。让"沉默的"苏醒过来，让源头活水汩汩流淌起来，让古老的"母歌"再一次响起来，让田野的花朵再次开放起来，这是一项具有抢救意义和拯救价值的工作。这大概就是周益民所说的"有意思"吧。这哪里是"另类"，而应是"正类""正道"。周益民总是这么举重若轻——他悄悄地"惊动"了语文之根、之源、之命。

返本而开新。周益民返回故里，开了语文教学改革之新。返本绝不是简单地返回，而是回归中的提升，对传统的"母歌"在珍视、捍卫的同时，要加以时代的解释。维特根斯坦，这位英国哲学家旨在凭借语言的界限来解释思想的界限，曾提出"语言游戏说"，指出由意义结成关系，但"意义在于使用"。他认为，语言本身就是人的一种活动，并努力将这种活动嵌入人的"生活形式"之中。这亦即巴赫金所认为的"话语是独一无二的行为"。正因为此，周益民把童谣、颠倒歌、对联、神话、猜谜语、巧女故事作为教学活动，作为语文教学的一场"语言游戏"，让它们在教学中复活、彰显意义。值得关注的是，周益民在教学中细心地引领孩子们领悟其中的道德意义、真理的力量和审美的意蕴，把人性之美、智慧之美、崇高之美悄悄地阐发得如此细致、准确、到位。这是一种文化重建、价值重构，当然是文化启蒙与思想启蒙。语文教育应当"惊动"一下文化和价值。

周益民是"诗化语文"的倡导者。如今的试验，与他的诗化语文是何种关系？我以为，这些试验是诗化语文的题中应有之义，又是对诗化语文的提升。高尔基曾经这么评说诗：诗不是属于现实部分的事实，而是属于那比现实更高部分的事实。歌德也说过同样意思的话：应该将现实提举到和诗一般高。"和诗一般高"就是崇高，就是里尔克所说的，将诗人的工作阐释为"我赞美"。范梅南认为：所谓诗化不仅仅是诗歌的一种形式，或一种韵律的形成。诗化是对初始经验的思考，是对最初体验的描述。歌德在《浮士德》里说："太初有言""太初有思""太初有力""太初有为"。"最初"的、"太初"的、"初始"的在哪里？在那些"母歌"里，在唇齿间，在田野里。可以这么说，周益民试图用诗化语文来给自己的语文"立法"——他要"惊动"自己的诗化语文。

周益民从来不惊动儿童。他爱儿童，呵护儿童，他自己像"大男孩"。但他从来没有忘掉自己的职责和使命：引领儿童发展。我被周益民童谣里"变大还是变小"的话题吸引。这是一个极富穿透性的话题。是啊，孩子要变大，成人要变小，变大是成长，变小也是成长。周益民通过讨论，让孩子们一会儿变大，一会儿又变小，就在变大与变小的过程中，孩子们回到话语之乡去了，怀着乡情，怀着梦想，从源头起飞，在语言的上空盘旋。在周益民的语文课堂里，孩子们变大了，我们也变智慧了，变年轻了。

谢谢周益民，谢谢你美好的"惊动"。

月亮的隐喻和童年的想象

——在《童年的月亮爬上来》的背后

　　很喜欢《童年的月亮爬上来》。喜欢的理由很多。比如，题目的诗情画意，以及由此引起的无限的美好遐想；比如，主题的格调，思乡的民族情怀，以及由此内容与视野的拓展——天上人间、古代今日、童诗童谣与经典诗词的比照；比如，周益民教学的风格，以及由此表现出的教学气质——儒雅、清新、洒脱、文化的含量及有品位的幽默，等等。无疑，这是一堂有创意的课，总觉得童年的月亮也悄悄地爬上了我们的心头，升在湛蓝的"心空"。

　　不过，周益民这节课主题内容的设定和教学过程的设计，似乎还有更深层的思考与追求，他期盼自己的教学有新的进展与突破，而他又把这一切不声不响地隐藏在教学之中，隐藏在语言文字的表达中。如果把这些揭示出来，使之从个性化情景走向较为普遍意义的彰显，应该是更有必要的。

　　教有关月亮课文的不在少数，各有各的定位，各有各的风格。应该说不同的定位并没有好坏之分，但肯定有高低之别。高与低的区别主要在对月亮文化意义与审美价值的认识、阐释和教学的追求及其实现上。月亮并无年龄的规定，却可以赋予其年龄的象征。周益民的教学主旨不在"月亮"，而在"童年"，但是把"童年"依附在"月亮"上却别有一番意蕴。

显然，此时的"月亮"，是儿童眼中的月亮，是对儿时月亮的回望，是对月光下童年生活的复现与追忆，甚至可以认为月亮是儿童的代意词。这样，教学的价值指向儿童对月亮象征意义的理解与想象，月亮带给我们关于童年生活的反思。当下的儿童已失去了真正的童年生活，稍大点的孩子已失去了对童年生活幸福的回忆，他们不知道蚂蚁的家在哪里，不知道蜜蜂为什么而忙碌，再也不会用苇叶吹奏曲调，再也不会把木块做成心爱的手枪，无暇仰望星空、追随月亮。在这样的生存状态下，月亮的圆缺、月亮的乡愁、月亮的思恋虽很重要，对儿童来说已在其次，重要的是通过对关于月亮童诗童谣的朗读与讨论，在"拜月亮"中，激起快要泯灭的童趣，让儿童沉浸在遐想的欢乐之中，此时，孩子才像孩子，儿童才真正过一回儿童自己的生活。教学中"月问"环节的设计很精巧，儿童问的其实不仅仅是月亮，更重要的是让儿童敞开心扉与月亮有一次美丽的约会、一次真诚的对话、一次顽皮的游戏，以及让月亮问问儿童：你们还好吗？儿童与月亮融为一体，已分不清哪是月亮哪是儿童。月亮被标上了儿童文化的色彩，于是真正成了"童年的月亮"，于是月亮爬上了儿童的心头，映照着一颗颗童心。

值得注意的是，月亮的这种儿童文化意义的赋予又搁置在审美价值上。美、审美应该与崇高相伴。儿童与月亮的话题极易上得生动、有趣，但很可能缺少崇高感。周益民在教学中从"用'O'来代表月亮"，引申出月亮在人们心中是"独一无二"的，引申出"故乡概念放大"后的"中国月亮"，以及"嫦娥一号"，让学生心中悄然升起民族自豪感，在轻松中有了崇高感，在笑谈中有了庄严感，那种被康德称为"大的东西"在儿童心灵中生成、升起来，这是真正的审美教育。《童年的月亮爬上来》追寻的正是这种关于月亮的儿童文化意义与审美价值。这可能是周益民的思考之一。

周益民的思考似乎还在深入。他还思考什么呢？他在《课后"写在前面"》中说："隐藏在课堂背后的，则是我的对语言与人之存在关系的一点思考。"问题很清楚，他关注童诗童谣，关注语言，但更关注童诗童谣和语言中的"人之存在"，或者说，关注语言还不是他的终极目的，终极目的是语言中的人，抑或他关注语言是如何让人生存的，人在生存中是如何依凭语言去创造的。这样就使他的教学具有哲学上的思考。

关于语言与人的关系，海德格尔早就有精辟的论述："语言是存在的家。"他的进一步解释是：言说"近乎生存的揭示"，"人这个在者正是以说话的方式揭示世界也揭示自己"。在"诗"的层面上，也同样如此。海德格尔认为，诗人"以他自己的方式即诗的方式，把他经受的语言之体验形诸语言"。中国文化更是一种"诗性文化"。周益民选择关于月亮的诗与歌谣来教，显然是让儿童在诗与诗性文化中认识自己、发现自己、提升自己。首先，周益民让学生诵读正在远去的传统童谣，让他们与月亮婆婆、月亮姑姑、月亮姐姐交谈，交谈中有点顽皮，有点撒娇，显出一个个真正儿童的可爱。从主旨出发，周益民指点的是诗谣中的"我"，且让学生进行文学小研究：孩子看月亮有什么特点？孩子把月亮当什么了？这些称呼给人什么感觉？完全站在儿童立场上，以儿童眼光来观察和以儿童方式来提问。在诵读与研究中，学生发现的不仅仅是月亮，还有月亮与"我"、月亮中的"我"。这种对"我"的认知与追寻，正是对童年的追溯，是对儿童好奇心、想象力的开发。其次，让学生自己创编关于月亮的儿歌。因为有了传统诗谣和"月问"的基础，又有了儿童画《我上月亮荡秋千》的启发，学生们用自己的语言现场编作了五首儿歌。他的点睛之笔在："通过童谣的创编与研究，我们发现，在孩子眼里，月亮——"让学生在想象中归纳、小结"月亮是我们的亲人"，仍然回到了"人"的主题上。周益民的用意在于，诗人言说自己，我们也是小诗人，也应当言说自己，表达自己的情感体验，在"形诸语言"中"揭示世界也揭示自己"。再次，教学往"大诗人"上推移，诵读彭邦桢的《月之故乡》和李白的诗句，"成人和孩子眼里的月亮是不完全一样的"，"成人的月亮与我们孩子的月亮也并不是完全相对的"，但"人即使长大了仍会记得童年的时光，记得童年的月亮"，"童年的幻想成了成年后的动力与资源"。于是，无论是儿童还是成人都在语言中确认了自己，都用语言表达了自己、提升了自己。《童年的月亮爬上来》想揭示的正是这样的理念：让语言在人的创造中成为一种图景，获得生命，让人在语言的言说中成为一种价值存在；语言的自觉实质是人的自觉，语言的实践是人的问题。这可能是周益民的思考之二。

以上两方面归结起来，周益民希冀通过这堂课的探索与研究，对自己"诗化语文"的命题作出更深入的思考，有更准确的把握。我是非常赞成"诗化语文"的，倒不是它要变成另一种语文，也不是标新立异、夺人眼球，更不是故弄玄虚，制造一个概念，而是对语文本质的深刻追问、对语文教学现状的严肃反思。说老实话，命题提出至今，不少人仍存有疑虑：所有的语文怎么可能都"诗化"呢？"诗化"会不会虚化，使语文华而不实而丢弃了语文独当之任呢？应当承认，这些疑虑与忧虑不是没有道理的，正如美国科学哲学家托马斯·库恩在讨论"范式"概念时所说："术语会误导读者。"因此有必要对"诗化语文"的规定性作出比较清晰的解释。这任务须依靠大家来完成，但第一个站出来的则是周益民这位"始作俑者"。

我们可以先讨论一下"诗"。"诗化语文"离不开对"诗"的理解。大家们曾对诗有过许多精深的论述。非常有意思的是，美国诗人弗洛斯特说过这么一句令人不断回味的话：诗歌就是翻译中失去的东西。千万不要把诗只当作一种语言形式，只当作一种华丽的词藻、浪漫的情调、斑斓的色彩。

我们再讨论一下"诗化"。加拿大教育现象学者范梅南曾对诗化作过一种解释，他说："所谓诗化不仅仅是诗歌的一种形式，或一种韵律的形式。诗化是对初始经验的思考，是对最初体验的描述。"诗化是一种描述的过程、思考的过程、提炼的过程，而不是在形式上在韵律上把语言变成诗，把语文变成诗。没有对体验的描述，没有对经验的思考，哪来的诗，何以谈得上"诗化"？如此看来，以往我们对诗、对诗化的认识是远远不够的。我以为，"诗化语文"就是让语文在教师的召唤下，在儿童的自主建构中呼出时代和生命的真实感——这就是诗的本质。

更为重要的是诗与语言的关系。有学者强调，"诗是人类的母语"，语言的源头是诗。诗、诗化，离不开语言，离不开母语；诗、诗化正是从另一个层面，或曰从"根"上关注母语、关注语言，关注中国的诗性文化与诗性智慧。

以上的讨论，实际上是自我的追问与思考，进而追寻"诗化语文"的理论依据。我们所讨论的是诗化语文的基本思想，这些基本思想应该成为诗化语文的基本规定性。回过头来看这些基本思想和规定性，在《童年的月亮爬上来》的教学中得到了体现和落实，即聚焦在月亮被赋予儿童文化的意义、审美的价值，以及在童诗童谣里发现人、发现儿童上，语言真正成为儿童们的家。

童年的月亮，让我们进入了诗化的境界；《童年的月亮爬上来》，让我们眺望了那空灵的教育智慧。

诗化语文与语文教学的审美化

周益民是一位值得我们关注的年轻的小学语文教师。

周益民的教学常常有无法预约的精彩，这种精彩是在他深刻的思考和较为丰厚的文化底蕴中生成的，因而实际上是可以预约的。周益民的教学有自己的追求，这种追求不是刻意的，而是自觉的，因为他常常处在读书、思考、研究、试验的状态。近几年来，他在研究和探索诗化语文，我们也在预约着他研究的成功和精彩。

诗化语文是一个容易引起争议的命题。其一，诗化语文是否会有制造概念的嫌疑？其二，语文的诗化是否会"虚化"语文，淡化语文的工具性，使人难以捉摸？其三，语文的诗化是否会使语文偏狭为文学教学，其他类型的文体如何诗化？……其实，这是我自己"制造"出的几个问题，是在研读周益民的"理想速写"和"课堂现场"时产生的，我想这些问题可能有普遍性。

1. 我一直有这样的观点：诞生新的概念，不仅仅是话语的变化和发展，更是思想的活跃和深化。新概念的呈现，往往标志着这一领域的研究新的走向和进展。如今是一个多元发展的时代，鼓励人们去作多元的思考、探索和解读，人们充满着创造的激情和活力。语文是一个巨大的蓄水池，不断有新的水流汇聚，也不断有新的水花突冒。语文教学有研究不完的问题，因而始终充满生命的活力和创造的魅力。周益民的诗化语文不是在制造概念，而是语文教学研究中自己的独特体验以及他所作的理论概括。诗化语文的背后是他的深度思考和认真探索，体现出他的研究品质和精神气质。诗化语文是语文这个蓄水池里一朵水花。当然，诗化语文的路还很长，周益民还有许多工作要做，很艰辛，但我相信这一过程始终会伴随着诗的因素，充满着创造的激情，闪烁着理性的色彩，但又实实在在。

2. 诗化语文是什么？关键是什么是"诗化"。要给诗化语文一个准确的定位，很难。但是有一点周益民是很明确的，即"诗化"的诗是一种喻指。很显然，这儿的"诗化"不是使语文教学诗歌化，也不是教师的教学语言像诗一样美。我国古代有关于"诗教"的概念，孔子关于"诗教"的论述是很多的，比如"兴于诗，立于礼，成于乐"，"《诗》三百，一言以蔽之，曰：思无邪"。重视诗教（也包括乐教）是儒家审美教育的主要特点。同时，道家的老庄美学思想中也有很多关于诗的教育论述。此后，儒道互补以至儒、道、释的合流形成了我国古代美育思想。古代常常以诗喻美，儒的典雅、道的超脱、禅的空灵往往寓于诗中。诗喻指美的高雅的境界。由此我以为，"诗化"实质是审美化，诗化语文的主旨就是使语文教学提升到审美教育的层次。

需要讨论的是，为什么用"诗化"来喻指审美化。这是由诗在审美中的地位和功能决定的。我国有许多诗话，最早的是钟嵘的《诗品》。《诗品》中提出许多精湛的思想，指出："诗有三义焉：一曰兴，二曰比，三曰赋。……宏斯三义，酌而用之，干之以风力，润之以丹彩，使味之者无极，闻之者动心，是诗之至也。"诗之至者，味之无极，闻之动心，到达极高的审美境界。用诗化喻指审美化是顺理成章的事。诗化语文，就是让语文向审美回归，正如周益民所说这是语文的回归的应用情怀。

3. 审美是把握世界的一种方式。众所周知，认识也是一种把握世界的方式，但审美与认识在把握世界上是有区别的。其主要区别是，审美趋向于消弭主客体之间的对立，要么趋同，即"审美主体将自己的生命投注到客体里，它是对自我的肯定和欣赏"，亦即"移情"；要么物我两忘，亦即超越具体的自我，并摒弃审美客体的具体形象，而将审美客体的"具象中所蕴藏的理念的感性形式表现出来"，亦即抽象。所以，诗化语文是引领儿童用审美的方式去反映、确认和把握世界，而非单纯地用认识的方法去把握世界。其主要特征是：

（1）诗化语文让教室里的儿童走进文本中人物的心灵世界，让两种生命息息相通。《天鹅的故事》中，周益民在指导学生读了文本，引导学生诉说体会后，让学生来做一回老天鹅，亲历老天鹅破冰的过程及其体验。此时，学生已经把自己的心投射到老天鹅上，和老天鹅融化为一体，已不是教室里的儿童，而是文本中的老天鹅了。这样，学生才真正体验到老天鹅的行动是一首诗，心声是一首歌。学生的那种聆听、感悟才是入情的、真情的、深情的，他们也才真正受到感染和教育。让学生充当文本中的人物来学习，这种方法越来越多地为大家所用，诗化语文的不同之处，亦即高明之处是有理性的支撑，因而自觉，指向明确。为此，诗化语文十分注意情境的创设和"进入"的铺垫。在这篇课文教学中，采用教师旁白式的点拨，对学生的心灵和智慧进行挑战："难道你就没有看到冰面上那片片白羽、斑斑血迹？""难道真是钢铁之躯，就不怕那钻心的疼痛刺骨的寒冷？""何苦要忍受这般苦痛？"层层推进，引向深度的思维。这是一种对话。此时的对话已不是师生的对话，而是消弭了审美主体（教师、学生）、客体（老天鹅）间的对立后的心灵碰撞、思维挑战。正如他自己所言，"师生都不再是一个简单的阅读者、解释者，而是作品的一个作者，是文本的一个角色"。这样，具有诗一般的激情和浪漫，又具有史诗般的崇高境界。这是诗化的。

（2）审美教育引领学生把握的是共性的特殊表达状态，因而是个性的，同时也是感性的。诗化语文正是遵循审美教育的要义，注重个性的表达和对感性的把握。长期以来，语文教学习惯于且满足于对文章的共性把握以及理念的揭示和显明，学生的学习常常处于笼统的理解、泛泛而论的状态，止于主题思想、人物精神条条的记忆背诵，语文教学枯燥乏味，无血肉无情感，无想象探究的空间，亦无深度的体验。诗化语文力图克服这一弊端，从共性走向个性，从理性走向感性，因而语文中人物的呈现、事件的展开更具体、更形象，也就更具情感性，更有感染力。《天鹅的故事》教学，抓住天鹅破冰的声音，比如扑打冰面的嘭嘭声、冰层裂开的嚓嚓声、天鹅"克噜——克哩——克哩"的叫声，让学生反复吟诵，并学着天鹅身临其境地去呼叫，极具感性、极具个性。诗化语文实际上是通过各种手段描绘形象化的意境，营造一种整体意蕴，进而逐步提升到中国古代审美教育的境界，即文与质的统一、形与神的结合、刚与柔的和谐、动与静的协调，使形象活跃在学生的朗读中、情感激越在学生的想象中、理念闪现在生动鲜活的感性中。从某种角度看，语文诗化应该是审美教育的形象化和情感化。

（3）诗化语文中的审美交流是用艺术来表征的。唯有艺术有与艺术对话的权利。诗化语文常常是艺术地展开教学过程。"老天鹅腾空而起，利用下落的冲力，像石头似的把自己的胸脯和翅膀重重扑打在冰面上"，这一陈述句，周益民将其分行排列，使之成为一首长短诗。这是对课文表达方式的艺术化改造。有时候，陈述方式的诗化表达，会获得一种无法预料的力量和效果。你看，分行后的文字就发生了奇妙的变化，似乎获得了生命，充满了力量，每一个字都铮铮有声，每一行都像鼓槌敲打着人们的心灵，老天鹅的一举一动、所想所说都活了起来。在呈现和展开的方式上，教学《天鹅的故事》还运用了音乐，在学生的朗读中，俄罗斯合唱歌曲《俄罗斯上空的天鹅》响起来了，此时的合唱已不是歌唱者在唱，而是学生的心灵在歌唱。此外，还有画面。总之，诗化语文并不是使语文变成诗，但是少不了诗的表达和诗意的营造；诗化语文不是艺术表演，但少不了基于艺术手段的交流和对话。正是在以艺术为表征的交流和对话中，语文诗化了，语文教育审美化了。正如周益民在"理想速写"中所言："艺术为语言拓宽了空间，让通往儿童心灵的走道更为开阔。"

诗化语文引领和帮助儿童用审美的方式把握语文、把握世界，其价值不可低估。

4. 诗化语文仍在研究和探索过程中，既需要逐步搞清诗化语文是什么，又需要提醒大家诗化语文不是什么，或者不应该怎么做。

诗化语文不是语文的诗歌化，这是显而易见的。

诗化是不是诗意化？关键是怎么理解诗意。如果我们把诗意理解为，以文本为基础，根据语境和形象，用艺术的手段营造一种情境和意蕴，让学生浸润在氛围与意境中，那么，我以为诗化正是诗意化，诗意化既是诗化的内涵，也是诗化语文追求的境界。但是，如果把诗意理解为语言的华丽、情景的趣味生动，追求诗一般的浪漫和情调，那么，对诗化语文的理解就偏狭了、简单化了，而且语文教学势必华而不实。显然这不是诗化语文的本旨。

与此相关的，诗化语文也不是简单地运用艺术手段进行教学，也不是语文教学的艺术化。诚如前述，审美教育需要以艺术为交流的表征，但艺术手段和方法只是"表征"，只能是手段、形式。倘若诗化语文是语文教学的艺术化，那就可能不是语文了。而且艺术手段的运用，也不是"将课堂变得绚烂缤纷"，"朴素是优雅的灵魂，也才是'诗'的质地"。周益民的观点是可取的，很可贵的。

我特别想说的是，诗化应是空灵化，而不应是虚空化。诗化很可能使语文虚无缥缈、空洞、随意，因而无从把握。这是最为大家所争议的，也是我们所担忧的。雨果在论述诗与艺术美的时候说过这么一段话：通过真实充分地写出伟大，通过伟大充分地写出真实，这就是戏剧诗人的目的。伟大和真实这两个词包括了一切。真实包括着道德，伟大包括着美。诗要引导人们向着高尚伟大迈进，但诗是真实生活的映照。诗，有翅膀，也应有脚跟，她的脚跟不能离开大地。诗化语文的空灵化，绝不是语文教学的虚空化。其实，我以为，诗化语文必须思考和把握语文的"工具性与人文性"的统一，诗化要观照人文性，同样也要落实工具性。在"工具性与人文性"统一中生成的才是真正的语文，也才是真正的"诗化语文"，否则是虚化语文、空化语文，可能是非语文。我注意到周益民教学现场的一个细节，即填空练习："老天鹅真_____，你看它_____。"让学生明白老天鹅一系列行动的意思。这是对内容的理解和拓展，也是对语言文字的理解和运用。诗化语文并不忽视语文的本体和本位，相反，十分重视语言文字，重视语言文字的落实。所以，诗化语文不应是工具性的淡化，更不是工具性的淡出。诗化的意蕴要落实在语境和语言文字的学习中。这是我们对诗化语文的理解，也是对诗化语文的真诚提醒。

5. 诗化语文显示出精神探求的力度。周益民说："向往美好，渴盼温情，恋慕感动，应该是人性恒远的追求，也应该是语文的应有之义吧。"的确，诗化语文是有崇高的精神追求的，这种精神追求首先表现在，语文教学要引领和促进学生的精神发育，唤醒学生人性中最宝贵的东西：善良，真诚，美好，民族的魂灵，以及人类的爱等等。值得我们注意的是，当前文学作品中追求"欲望化描写"，超越人文话语进入性别话语，虚拟化世界中的庸俗、低俗，以及对红色经典文学的轻慢和随意的"个性化"改写，致使文化内涵稀薄，缺乏足够的精神维度，使学生的思想产生诸多迷惑。这些也正在影响着语文教材和语文教学。审美教育就是引领人们进入崇高的精神境界。我以为诗化语文，力图从审美的角度，用道德理想来引领学生提升生活的意义，升华高尚的情感，进行精神建构，健全学生人格，使其精神发育更安全、更健康、更良好。从《天鹅的故事》的教学现场看，这种思想非常鲜明。老天鹅那种为了别人、为了集体，甘愿忍受疼痛和寒冷的奋斗精神、献身精神，在朗读中、对话中、想象中，在音乐声中、画面里，栩栩如生，感染着学生，也感染着所有的人。语文教学不管怎么改，对学生思想的引领、情操的陶冶、精神的培育是不能丢弃的。可喜的是诗化语文正是有这种执著的追求，而这种精神上的培育在"诗意"中一点一滴渗透，随机、自然、真实、有效。

精神探求的力度同样地表现在教师的精神品格和教学的精神气质上。诗化语文对教师各方面的要求都很高，尤其对教师的思想品德素养的要求很高，对教师而言是一极大挑战。周益民广泛阅读，常常"散步在别人的知识与灵魂之中"，他"喜欢被文字打动的感觉"，"触摸整个故事的内在呼吸节奏"，就是要使自己的精神得到升华，以自己生命的力量让孩子们获得生命意义的体验和生命力量的不断壮大。我以为，诗化语文锤炼着教师的精神品格和教学的精神气质。

6. 毕加索说，每一个儿童都是艺术家。审美是儿童的天性。诗化语文，"其逻辑起点首先都应该建筑在对儿童的认识上"。可以说，诗化语文是从儿童出发的，是从儿童的审美天性出发的。其实，儿童就是一首诗，但是"非诗化语文"逐步淹没了、湮灭了儿童的诗性、诗意和创造性，使语文成了容器、使儿童成了工具。在以学生发展为本的今天，语文应该找到回家的路。"诗化语文"是一条充满诗意的回家之路。

祝禧：文化语文，还是语文，是儿童文化语文

一、文化语文是祝禧的语文教育主张，折射着她对语文教育的哲学思考

日本的哲学家、思想家中江兆民曾对哲学作过一个比喻。他说：国家没有哲学，恰像客厅里没有字画一样，不免降低了国家的品格和地位；没有哲学的人民，不论做什么事情，都没有深沉和远大的抱负，而不免疏于肤浅。是的，一个国家是这样，一所学校是这样，一名优秀的教师也应是这样。他应该这样向自己提问：我的客厅里挂着字画吗？挂的是什么字画？

祝禧，这位有影响的而且影响越来越大的特级教师，她的"客厅"里挂着字画，字画的名字叫"文化语文"。提起祝禧，大家自然想起文化语文——那恰像客厅里挂着的字画，那字画折射着她对语文教育的哲学思考。

杜威曾经讨论过哲学与教育学的关系，他的判断是："哲学就是广义的教育学说。"教育学与哲学有着天然的内在联系，教育学说如果不与哲学相联系，学科教育如果不上升到哲学层面，不进行哲学思考，必然是流于肤浅的。祝禧从母语的特性出发，对语文与文化的关系作了梳理，并加以美学的阐释，同时还与民族的性格与精神相联结，最终形成"文化语

文"的主张。这一主张是她不断学习和深入思考，特别是通过哲学不断认识与思索的结果。可以说，文化语文，让她的语文教育研究与实践进入一个新的阶段。

教学主张是教育思想、教育理念的具体化和个性化，是教师实践和研究的魂灵，是教师的核心思想。这一核心的思想的形成有一个过程。祝禧正是经历了这一过程。首先，她有着自己的追求。她不断激发自己创新的激情，保持着思考、创造的状态，对语文教育的本义、真义与要义不断思索与追寻。其次，她善于分析自己的教学经验，从活动教学的试验中提取思想，从情境教育中获取理念和研究的方式，清理自己的教学思想脉络，清晰自己的发展走向，促使从经验走向特色，从特色走向风格。再次，她加强了理论学习。尤其是美学研究方向的研究生的学习经历，让她加强了自己的理论功底，提升了自己的理性思维，促使她把实践与理论结合起来，语文教育的理念有了一次升华。所以，文化语文不是她的突发奇想，不是她的心血来潮。没有追求，没有激情，没有哲学思考，没有研究，没有痛苦的淬炼，灵感怎会去敲你的脑门？

二、文化语文还是语文，但一定是回归宗旨、提升境界、具有鲜明风格的语文

语文，承担着文化传承的重任；语文，本身就是语文。无论是为了文化的语文，还是作为文化的语文，语文和文化是不可分割的，谈语文必谈文化，研究语文就是研究文化，文化一旦离语文而去，语文就不成其为语文了。既然这样，为什么会提文化语文呢？不少人还有这样的疑问：难道文化语文要"制造"另一种语文吗？

大家的疑问不是没有道理的。但是，祝禧有自己的主张：文化语文，不是创造另一种语文，更不是"制造"另一种语文，文化语文还是语文。祝禧的这一认识和主张是有道理的，既有现实意义又有长远的发展意义。其一，这是对现行语文教育的解构。所谓解构，用德里达的话来说，就是把事物敞开，让大家进行反思和研究。当我们敞开语文教学现状的时候，

你会又一次惊讶地发现，原本鲜活的人文性消遁了，原本意蕴丰富的文化枯萎了，剩下的只有知识，只有训练，只有分数。文化语文的提出，让我们回到语文应有的意义和轨道上去。其二，解构实质是为了建构。德里达说得好：作品中有秘密，仅仅读一遍就会完全理解，任何解释都不需要的作品恐怕不能说是有价值的作品。一部作品是这样，语文更是这样，我们不妨模仿德里达的口吻这么说："请读读我的语文吧！语文里有不解之谜。"文化语文，揭开语文之谜，就是要回到语文的文化属性上去，不断开发语文中的文化资源，让学生浸润在语文的文化之中，被濡化，被陶冶，被感悟。建构富有文化含量的、回归文化属性的语文，正是文化语文的使命。其三，文化语文是为了创设语文教育的文化生态。我以为，文化生态既是语文教育的保障，又是语文教育的目的。语文的文化生态，使语文，使语文教育成为师生共同生活的文化栖息地，安全，和谐，快乐，合作。同时，语文教育中的其他各种元素和因素也是和谐相处的。良好的语文文化生态，让学生和教师如沐春风，语文的禾苗以最舒展的姿态生长。其四，文化语文，绝不是否定、排斥语文的工具性，远离字词句篇、听说读写，哪怕只是轻谩，都不是真正意义上的语文。文化语文重视语文的工具价值，但它一定以文化的方式进行的。所谓文化的方式，就是软实力提出者约瑟夫·奈所倡导的"谦卑的方式""吸引人的方式"。

因此，文化语文说到底还是语文。祝禧只是找到一个切入口，这个切入口也是突破口，以求达成真正的语文，达成语文教育的宗旨——具有鲜明风格的语文。

三、文化语文站在儿童的立场上，珍视、培育并发展儿童文化，文化语文是儿童文化语文

文化语文有鲜明的儿童立场，即文化语文是从儿童的发展需求出发的，是基于儿童的已有经验基础的，是在儿童学习、发展过程中展开的。祝禧认为，如果文化语文离开儿童，离开儿童文化，就不是文化语文了，就不是语文了，就缺失了语文教育的一切价值和意义。所以，文化语文

中，儿童是学习的主体，儿童文化是发展的动力。文化语文从某种意义上来说，是儿童文化语文。

在文化语文中，儿童成为文化的享用者和体验者，在文化的濡染中获得童年的幸福。不仅如此，文化语文还要促使儿童成为文化的创造者。在祝禧看来，儿童学习语文不是一个简单的传授与接受的过程，文化的传递实质是文化创造的过程，只有当儿童以创造的姿态和精神学习语文的时候，才会真正学习语文，语文也才会真正成为文化语文。祝禧总是让儿童成为学习语文的主体，珍视儿童学习的天性以及对母语的亲切感和敏感性，捍卫儿童的想象力、好奇心、文化话语权，让他们有充分表达的机会，总是把成人文化与儿童文化融合在一起，并以文化的方式，不露痕迹地引领儿童分析文化现象，适度地进行价值引领。可见，文化语文中，教师并没有丢失自己的文化使命。

祝禧提出文化语文要以儿童文化为语境。所谓以儿童文化为语境，就是以儿童学习和发展为本。文化语文是儿童化的，是儿童最需要、最喜欢的。以儿童文化为语境的文化语文，已经成为一件最美好的礼物被儿童领受了，文化已渗透在儿童的心田了。

语文的文化回归

语文需要回归。回归是一种新的想象和创造。

语文可以有多种回归。各种回归都有其特定的含义和方式。

在诸多回归中，祝禧的"文化语文教育"是有特殊意义的回归，是语文根本性的回归。

对"文化语文教育"又存在一些质疑，产生了一些争论。不过，从回归的角度看，是不应该有争议的。正因为这样，对于祝禧的"文化语文教育"应当予以赞同与赞扬。况且，在回归的同时，她做了一些极富创造性的研究和探索，让我们感受到文化的气息和力量，感受到她的文化底蕴和气质。

"文化语文教育"回到哪里去呢？

一、语文回到文化上去

众所周知，语文是文化的载体，语文本身就是文化，而且语文担负着传承和发展文化的重任，因此，语文与文化天然地联系在一起，文化应是语文的应有之义。既然如此，为什么还要提"文化语文教育"呢？祝禧是从问题出发的，她认为"文化语文教育"着力解决三个问题：语文教学中文化缺失问题、富含文化的语文课程群建设问题、文化情境下语文教学的文化方式问题。这三个问题涉及语文究竟是什么，需要什么样的语文以及怎样教语文。问题捕捉准确，视野宏阔，显得大气，暗含着对语文大格局的认识与追求。三个问题都离不开文化，以"文化"冠之于语文，意图非常明确：唤醒对语文文化属性的回忆，强化语文的文化特质，自觉地担当语文的文化责任。这样的认知与表述，透射出祝禧的文化自觉，令人敬佩。

问题是，回到文化究竟意味着什么？意味着回到文化的实质，即以文化人，以人化文，让师生共同去创造、体验文化，让语文成为儿童生活的精神家园；意味着回到文化的核心，即价值观，让儿童通过语文学习建构核心价值观；还意味着回到文化的体魂一体化的特征上去，让儿童在语言文字中触摸思想、情感，让语言有生命的温度，有思想的张力；当然，还意味着回到文化的最后一级"台阶"去，即培养学生的人格，在他们的心灵深处播下求真、求善、求美的种子。如此多的回到，无疑对语文教学提出了新要求，是一种挑战。"文化语文教育"正是对这一要求和挑战的回应，其中，有勇气，有责任，当然也有实力。

二、语文回到中华优秀传统文化上去

中华优秀传统文化是中华民族的精神命脉，是我们中国在世界文化激荡中站住脚跟的根基，是中华民族的突出优势，最深厚的文化软实力。如何让语文教育深植于中华文化的土壤中，滋养中华民族的生命，让中华民族文化生生不息，同样是对语文教育的极大挑战。祝禧的回答是："必须坚持传统文化在语文教学中的基础，在中国的土壤里寻找中国语文教育的钥匙。"诗一般语言里充满文化自信、文化力量和文化使命感。"文化语文教育"正是回到中国语文的根基去，建设具有中国特色的语文体系。这一责任无比重大，也无比光荣。

回到中华优秀传统文化就一定要回到母语。祝禧一直关注母语的特质，她从汉语的表达、结构、文化精神等方面作了分析。她认为汉语表达灵活、高度自由，"语义语用高于语法，重情境、重具象、重神韵、重意会、重诗趣、重虚实"，充满"言近旨远""言简意深""意象具足""气韵生动"的文化张力。这些分析都很到位，足见她的母语文化功力。有这样的认知，回到中华文化，培塑儿童的民族文化之魂，让优秀中华文化的基因发育成胚胎，强盛起来，是完全可能的。

三、语文回到儿童文化上去

小学语文应当建构儿童文化，儿童文化应当是小学语文的主体文化，亦应是小学教育的主体文化。儿童文化的主语是儿童，让儿童自主学语文，学会语文，享受语文生活，让儿童文化灵性生长，让儿童文化生命蓬勃。回到文化，回到中华传统文化，假若不回到儿童，不回到儿童文化上去，那么，以上的一切回归都是空的。

对此，祝禧又有自己精彩的见解，显现她的儿童情怀和文化积淀。她说："在儿童世界里，个体没有发生主体与客体的对峙……具有'原生态'的自由灵性。"于是，"语文教学要关注儿童获得知识的圆融和统整，与儿童文化所体现的情感指向、行为习惯、话语方式相关联，而不单单是一些事实性、工具性、逻辑性的概念范畴和规则的陈述……"阐述得如此清晰、深刻，实属难能可贵。我们完全有理由相信，在儿童文化的回归中，祝禧的"文化语文教育"是大有可为的。

我想起了祝禧所在的海门东洲小学，这么多年来，一直致力于新生活教育，有喜爱的阅读、喜爱的艺术、喜爱的体育活动……校园里洋溢着儿童文化的生气和无限的创造力。我们不难理解，"文化语文教育"就是在这样的文化土壤里自然生长起来的。回到儿童文化上去，小学语文才会诞生最精彩、最深刻的教育——我们坚信，也可以想象到。

四、语文回到课程教学文化上去

文化回归，最终要落实在课程、教学中。课程、教学文化是文化、中华优秀传统文化、儿童文化的聚焦与整合，是文化、中华优秀传统文化、儿童文化的具体体现，所以，语文的文化回归不能不关注和研究课程、教学文化的回归，同时，通过课程、教学文化去促进文化、中华优秀传统文化、儿童文化的发展。

在祝禧的文化视野中，课程文化是协商、对话的文化，课程是一条幸福的跑道，课程也是馈赠给儿童的一件美好的礼物，让他们爱学、乐学，有快乐、幸福的体验。这样的课程需要师生在协商中建构，而且让儿童参与到课程的决策与建构中去。这种协商实质上是师生间的对话，以此建构学习和发展的共同体。教学文化则是让学生学会学习，自主学习，创造性学习，最后是享受学习。不难看出，无论是统而总之的文化，还是中华优秀传统文化，还是儿童文化，都已融进了课程、教学文化。假若，课程、教学不在文化建构上着力，而只在语文知识、能力上下功夫，最终所有的文化回归都落空。祝禧，这位特级教师，既有宏观的文化领导力，又有课程、教学文化的建设力，她所上的语文课洋溢着诗意，充溢着文化情怀和儿童文化。这样的语文课必然促进课程、教学文化的建构和发展。称她的语文是"文化语文教育"还是很合适的。

以上四个方面的回到，最后要回到哪里去？这里涉及文化建设的最后一级"台阶"——人格。"文化语文教育"明确地提出，培养有教养的儿童，培育儿童的文化人格。有教养的儿童，祝禧将之界定为三种人：热爱中华文化的人、有灵性的人、文明的人。显然，"文化语文教育"把宗旨和目标指向了人的成长；教有文化的语文，培养有教养的儿童，既是目标，又是崇高的境界。

紧紧围绕这样的宗旨和境界，"文化语文教育"又注重以下两个方面的研究。一是建设富含文化的课程群。我以为，这一课程不仅指校本课程，也包括国家课程。祝禧和她的团队建构了三大类：文学意象阅读课程、儿童文学阅读课程、儿童生活课程。特别赞赏文学意象阅读课程，指向了审美，指向了具有中华文化特质的审美。让儿童有想象，想象把儿童带向梦想世界，带向自由创造的境界；让儿童有意境，"蝴蝶""月儿""推开窗儿""牧童短笛"，等等，让儿童进入了无比美好的意境之中；让儿童有一定的文化品格，如"梅兰竹菊"，体现了中华文化的审美品格，不求美而求品，有品才是真正的美；让儿童有文化生活，"永远住在童话里""友情如歌"等等，用文化滋养生活，在生活中开发文化意义。二是注重文化的方式。文化的方式是吸引人的方式、影响人的方式，它不强制、不灌输。祝禧和她的团队，采用文化情境中的活动演练，基于语言内在神韵的情感陶冶，判断、比较、推理、综合的智慧生成，伴随愉悦的艺术熏陶……形成了以文化为核心的操作方式，进而形成了语文学习的文化行为模式。

让语文在文化中回归。"文化语文教育"走出了自己的一条路。

管建刚：鲜明主张引领下的作文教学革命

　　我认识"两个"管建刚。一个是"孤独"的、"沉默不语"的。他总是用稍凹的眼睛凝视着你，偶尔迸出一句话，让你沉思好一会儿。一个是"滔滔不绝"的，别人把话题岔到其他方面，他还会执拗地回到原来的话题上来，接着往下说。"孤独"的管建刚信了周国平先生的一句话："孤独比交往更重要。"其实，"孤独"的管建刚不寂寞，他内心一直在交往，并不安静，他只是"闹中取静"。另一个管建刚"滔滔不绝"，是因为谈他学生的作文、他的作文教学故事、他的作文教学革命、他的作文教学主张。其实，"滔滔不绝"的管建刚并不喜欢热闹，他内心是相当安静的，他信了周国平先生的另一句名言："丰富的安静。"仔细想想，管建刚的"孤独"或者"滔滔不绝"，其实都是在自言自语，只不过一个在心语，一个在口语。这两者的统一，就像尼采所说的，这是伟大的风格。而风格实则是人格的外在表现。

　　管建刚钟情地、执著地研究作文教学，但并不痴迷，并不迂腐，钟情中有一份理性，执著中有一份激情。正因为此，他的作文教学已不是一般的实践，而是一种深刻的、持久的反思；也不仅仅是一种反思，而是一种富有学术含量的研究。他是一个实践家，而不仅仅是实践者；他虽不是一个思想家，但他一定是一个杰出的思想者。实践家也好，思想者也好，他总是在向你讲故事。他说："我要做一个有故事的老师。"他又说："我希望每天下班的时候都要留下一个故事。"他的话印证了爱尔兰的哲学教授理查德·卡尼的一个哲学判断："众多的故事使我们具备了人的身份。"也暗含了20世纪的思想家汉娜·阿伦特的一个重要观点："特定的人类生命，其主要特点……就是它充满着最终可以当作故事来讲的事件……"我理解，管建刚喜欢故事，希望做一个有故事的老师，实质是希望做一个闪烁生命光彩的老师，这就是他最喜欢的人的身份——语文老师。于是，不难理解，他为什么把作文叫作"作文教育"，而不是"作文教学"；他为什么把自己的作文教学主张和革命当作故事来写；他为什么专门有一本书叫《我的作文教学故事》。故事让时间人格化了，故事让他永远在教育事件中生长思想、生长智慧、生长经验，让他永远是一个充满生动、丰富又极富思想的实践家。因而，教师们喜欢他，崇拜他，我们也喜欢他，钦佩他。

也许，说到这儿，都是一些随意的话。一位作家说过，最好的序是读后感。随意归随意，还得对管建刚的作文教学作一些粗略的梳理。不是为了别的，而是为了在我的头脑里留下一些清晰的、深深的印记，以使我对作文教学有进一步的认识。

管建刚的作文教学，他自称是革命。而我认为他的作文教学革命的关键点，是他的作文教学有鲜明的、坚定的主张。我喜欢"主张"这个概念。主张、教学主张、教育主张，一定是教育思想、教育理念的具体化和个性化，是属于自己的、独特的。它是在长期实践中经提炼而形成的，比较成熟，而且比较坚定。主张是教学风格、教育风格，以至教学流派、教育流派的内在。缺乏主张的教学风格只能是一种面具。同样，缺乏主张的教学流派也只能是一具无思想张力的空壳。管建刚有自己的作文教学主张。他喜欢说的一句话是："做一个有主见的教师。"显然，在他那里，"主见"应该是"主张"的别称。的确，管建刚有自己的作文教学主张，统览管建刚的作文教学专著，和他聊作文教学，发现他有一个主导思想，那就是让学生主动地、愉快地学会写作文，创造性地写好作文，享受作文。首先，他坚定地认为，写作文说到底是关注写作文的那个"人"。写作文无非关涉三种人：一种是教作文的人，即老师；一种是写作文的人，即学生；一种是作文里的人。这三种人，"写作文的那个'人'"是关键，是核心人物，"教作文的那个人"是为"写作文的那个人"服务的，即使"作文里的那些人"也往往是"写作文的那个人"。学生既然是作文教学中的核心人物，那么作文教学就应当是他们自己的事。反之，不以"写作文的那个人"为主体、为核心展开的教学不应被视为最好的作文教学，甚至不是真正的作文教学。其次，管建刚坚定地认为写作是为了自我表达和与人交流。他说："你的学生要是不懂得'写作是自我表达和与人交流'，他们就不会知道写作的方向在哪里，他们的写作只是受命于师的作业，他们永远享受不到真正的写作快感、荣耀感和幸福感。"意思非常明白，"自我表达和与人交流"是别人不能代替的，只能学生亲历亲为亲悟亲身体验。为此，他语出惊人："他人的施舍不能解决真正的温饱"，否则，学生就成了"衣来伸手、饭来张口的孩子"，"学生应当自己去找饭吃"。他还十分勇敢而有见地地说："教材救不了作文教学的命。"谁是作文教学的"救世主"？学生自己。只有学生才能自己去擦亮作文这颗星星。在此，学生是作文教学的主人，是重要的理论基础，管建刚认为，"学生的生活是他写作的金矿"，"每个学生的内心都有一座写作金矿"。所以，学生的作文是自己开发内在的金矿，是开发生活的金矿。而这个重要的理论又建立在两点基础上：一是学生都有巨大的可能性。用范梅南的话来说：面对儿童就是面对可能性。不可否认，学生有自己学会作文的可能性，而且有写好作文的可能性。二是，作文是学生自己的发现，用管建刚的话来说，作文是学生自己心灵的发现。可见，唤醒学生的"心"，就是唤醒学生的可能性，就是唤醒学生的写作信心和自豪感。基于以上的认识，管建刚的结论是：作文教学同样应该贯穿"先学后教""以学定教""顺学而教"的原则。他既认为，这是作文教学的"最佳路径"，更认为这是作文教学的方向，方向偏了、错了，结果必然是"南辕北辙"。这就是管建刚的作文教学主张。可贵的是，他的作文教学主张来自他内心的发现，全是他用最普通的、平实的，而又有个性的话语来表达和阐释的。管建刚说的全是"自己的话"，而不是"普通话"——他开始建立自己的话语系统。

管建刚的作文教学主张也是一个系统。在"让学生主动地、愉快地学会写作文，创造性地写好作文，享受作文"主张的统领下，他提出九个具体的主张。这九个主张又可分为三个层次。第一层次是"文心"重于"文字"。我认为，"文心"绝不仅仅是一种技能，哪怕说它是第一技能。"文心"首先是学生写作的心灵，是心灵的苏醒，是心灵的敞开，是对美好生活的向往，是对理想的追求。而"文心"，管建刚将其聚焦在激发学生写作兴趣和写作意志上，他说：没有兴趣的写作是"死"的写作。也许还应该补充一句话：没有意志的写作是"短命"的写作。第二层次是"生活"富于"生成"。管建刚有一个精辟的观点：学生的作文不是另一种生活。意思很清楚，不要把学生的作文和学生的日常生活割裂开来。因此，"只要活着就有'写'的内容"。但是，学生不是为生活而作文，作文也不就是为了生活。当学生具有幸福的意义的时候，作文也才是幸福的。第三层次涉及兴趣与技能、发现和观察、讲评与指导、多改与多写、真实与虚构、课内与课外、写作与阅读。必须指出的是，这第三层次的主张也不仅仅是技术性的、技能性的，同样充溢着思想和智慧。读这些文字，总觉得，管建刚的那双稍稍凹陷的眼睛在闪亮、在微笑——好动人啊。

主张导致风格。歌德说：风格是艺术家所企求的最高境界。雨果说：风格是打开未来之门的一把钥匙。管建刚追求作文教学风格，也正在形成自己的作文教学风格。以往的成就是他追求风格过程的结晶，是他用风格打开未来之门的结果。我暂无能力去分析管建刚的作文教学风格，我只想就他的言语表现风格谈谈自己的看法。

语言表现风格具有鲜明的美学特质，因此，语言表现风格是由于语言形式美学效果的不同而表现出来的综合特点。语言表现风格离不开语言文字，但是语言文字的背后是思想和情感。马克思早就说过，语言是思想的直接现场。风格与其说是文字的特异，还不如说是思想的力量。朱光潜说，语言是由情感和思想给予意义和生命的文字组织。老舍说，风格不是由字词的堆砌而来的，它是心灵的音乐。读管建刚的文章，听他聊作文教学，吸引我们的恰恰是他的"见解"，启发我们的恰恰是他语言里所蕴含的思想，我们仿佛在听他心灵的歌唱。他关于作文教学的话语几乎都是从思想深处发出来的。

管建刚的语言比较朴实，但朴实中处处有智慧的水在流动。他不太喜欢用华丽的语言，也许他记住了叔本华的话：形容词是名词的仇敌。在叔本华那儿，形容词是华丽、炫技的代名词，名词则往往是实打实的质朴的别称。正出于这个原因，管建刚的语言没有刻意的雕琢的痕迹，因而没有王蒙所担忧的"变成矫揉造作的危险"和"变成形式主义的危险"。没有"形容词"，并不意味着语言的呆板和苍白，"名词"也并不意味着干瘪、枯燥。他不善于用彩色的羽毛炫饰自己。翻阅管建刚的文章，处处可以触摸到他情感的温度、思想的脉动。读着读着，你往往发出由衷的赞叹：说得妙！说得好！

有学者曾把语言表现风格分为朴素、华丽、简练、繁丰、明朗、含蓄、雄浑、柔婉，以及通俗、典雅等等类型。我无意把管建刚的语言风格与以上类型去对应，给其归类，因为，他各种类型的风格似乎都有，又似乎都不像。怎么办？我不妨称其为"管建刚风格"吧。我相信博物馆学家布封1753年8月25日在法兰西学士院的演说中的名言："风格即是人的本身。"而且我深信，管建刚的这种风格会影响着学生的作文表达，影响着他们的风格，影响着他们的人格。

管建刚说自己来一场作文教学革命。开始我不以为然，现在我自己开始了认识上的"转身"。其实，他的作文教学革命，是指作文教学要颠覆。何为颠覆？他的界定是："把正常的看作是不正常的。"他敢于否定、批判，否定、批判才会有创新，才会有革命。而颠覆、革命是为了什么，他说："不是为了轰动，而是为了震动！"我十分赞成，也十分赞赏。之所以这样，他说："作文教学不能寂寞。"他赶往何处？赶往理想的作文教学，这正是管建刚作文教学主张的动力。而理想的作文教学正在让教师自己再一次、不断地"过童年生活"。这正是管建刚作文教学主张的思想源泉。于是，管建刚最懂得孩子，最能走进孩子的心灵，最能从孩子出发。

说到这儿，"两个"管建刚，实质还是一个管建刚。这同一个管建刚来自教学一线，来自大地，来自田野，来自教学现场。他在学生面前铺展开一块块土地，他用自己的心灵和汗水，让孩子寻找到种子，又帮助他们把种子播在田野里。是孩子给了他灵感，是田野给了他智慧，是他自己的内心生长起了真诚和勇敢，这种真诚、智慧、勇敢让他生成了"作文教学主张"。毫不夸张地说，管建刚创新着一种作文教学的理论，这种理论是那么朴实，那么鲜活，那么深刻，那么贴近教师、贴近实践。管建刚的成长是种现象，需要深入分析。管建刚发动了作文教学革命，他正在酝酿着下一场革命。那场革命会更精彩，更让我们震动。

"指向写作的阅读课"：我的理解与建议

用理解学的观点来看，"指向写作的阅读课"及其讨论，具有可贵的"事件存在意义"，这一意义又具有"存在本身的未来性"。也许，这场讨论最后并未形成大家所认同的一致结论，但这一过程所表现出的品格、彰显的意义、生成的思想，以及"未来性"的影响，是超越讨论话题本身的。不说别的，就从这一点看，不能否认管建刚的"指向写作的阅读课"对小学语文教学改革是有贡献的。

也想说点自己的看法。基本看法是对"指向写作的阅读课"试验的支持，并对这一试验提一些建议。希望这项试验日臻完善起来，成为语文教学的一个派别。

1. "指向写作的阅读课"首先是一种精神、一种勇气和一种品格，而这一切都显现了一种特殊的意义和力量。

有人认为，管建刚烧了一把火，尽管不是烧在冬天。但是，正是这把火照亮了小学语文的田野，给田野带来了一束明亮的光。透过这束光，我们再次审视语文教学，再次检讨阅读教学。于是，我们有了许多新的发现。我们发现了一种精神，这是一种不断追求的精神。管建刚凭他的作文教学革命，已取得了很可喜的成绩和很大的影响，但他不满足，还要不断地去追求新的目标。追求，是一种自我"打破"，自我"打破"的实践是自我超越；只有追求、不断"打破"，才会有不断的超越。我们发现了一种勇气，这是实践和理论相结合的勇气。提出一个话题，形成自己的主张，开始去建构自己的话语体系，这是需要勇气的。这不只是实践的勇气，还需要理论上的勇气。管建刚埋头读书，有了很多有深度的思考，又有了许多脚踏实地的试验、研究，生长了实践的和理论的勇气。可见，有勇气也是有实力的表现。有了勇气，才会去解构，在解构的同时去建构。我们还发现了一种品格，这是一种勇于探索和担当的品格。管建刚说："大概是很多人不愿做挡箭牌。……我丢掉挡箭牌，不是不怕被人当挡箭牌；总是有人当靶子，射箭人的本领才会高起来。"他又说："一个全新的阅读教学的研究领域，对于真正有志于攀登的人来讲，不是小幸，恰恰是光荣。"这是一种先行者的品格。

正是这样的精神、勇气和品格，给我们很大的启示：优秀的教师们，尤其是特级教师们，如果都有这样的精神、勇气、品格，必然在语文教学的田野里燃起更多的火焰，亮起更多的希望之光。同时，大家都怀着海德格尔所说的"追问是思的虔诚"，在追问中反思，在反思中交流，那么，在语文教学界就会形成一种真诚的批评之风（既然有文学批评，为什么不可以有语文批评呢），语文的肌体才会更健康。再者，从江苏文化的角度看，多了一些管建刚这样的教师，追求、探索、先行，让文化基因在小学语文教学里发育、壮大，推动苏派小学语文教学的发展，这实在是件好事。所以，管建刚烧起的这把火，有着期待的意义，形成了一种特殊的力量，我们应当鼓而呼之。

2. "指向写作的阅读课"是对语文教学独当之任的深度解读，是具体的落实，也是突破。叶圣陶早就对语文教学的独当之任有了非常明确的阐释。他在《国文教学的两个基本观念》里这么说，国文教学固然有道法教育、精神训练的任务，但"却不是独当其任的唯一学科"，因此，切不可"忘了语文教学特有的任务"，"国文教学自有它独当其任的任，那就是阅读与写作的训练"。他还十分强调，"重视内容，假若超出了相当的限度，……那就很有可议之处了"。"特有的任务""独当其任的任"，说的都是语文教学的"技术"，在叶圣陶看来，语文教学中，"技术"要比内容更重要。"指向写作的阅读课"，显然是要把语文教学的独当其任的"任"挑明，让其凸显起来，让"特有的任务"成为语文教学神圣的担当。否则，语文教学中的对语言文学的学习、运用永远处在虚幻之中。从这个角度说，"指向写作"成了担当并完成独当之任的载体和保证。

值得注意的是，叶圣陶论述独当之任时，不仅指向写作，而且指向了阅读。叶圣陶非常明确地指出，"现在一说到学生国文程度，其意等于说学生写作程度"。这是为什么呢？"写作程度有迹象可寻，而阅读程度比较难捉摸，有迹象可寻的被注意了，比较难捉摸的被忽视了，原是很自然的事。"接着，他又深入展开："阅读是吸收，写作是倾吐，倾吐能否合乎法度，显然与吸收有密切的关系。单说写作程度如何如何是没有根的，要有根，就得追问那比较难捉摸的阅读程度。"大段的抄录，为的是说明阅读与写作的关系。难捉摸的和易捉摸的，如何统一在一起？即如何通过易捉摸的去解决难捉摸的？可以这么说，"指向写作的阅读课"，正是"捉摸"到了一个解决问题的好办法：写作与阅读的融合，在指向写作中，提升阅读水平和程度。这样，写作有了根，阅读也有了"形"——可触摸、可推测，也可观测。所以，不要误会"指向写作的阅读"只要写作，而丢弃了阅读，相反，在指向写作时指向了阅读，巧妙地处理了两者的关系，而且有了突破。

往哲学上讲，海德格尔有一个定义："语言是存在的家"。如何让语言成为"存在的家"？抑或如何让语言安顿在"自己的家里"？口头表达与书面表达都很重要，但相对说来，安顿在以写为方式的书面表达中恐怕是个难点。"指向写作的阅读课"是一种很有效的探索，其结果是，"人这个在者正是以说话的方式揭示世界也揭示自己"。

当下，关于基于学科本质的教学，也许可从"指向写作的阅读课"及讨论中得到启发。

3."指向写作的阅读课"，为教学改革拓开了一个新的维度，寻找到了另一条路径。

"指向写作的阅读课"是对当前只关注内容而忽略形式、技术的反判、匡正，甚至可以认定这是一种颠覆。特级教师，有追求、有勇气的特级教师，包括有作为的青年语文教师，应当去解构，在解构中去探索和建构。

此外，"指向写作的阅读课"也"指向"了当前的课堂教学。当下的课堂教学改革，都在以学生学会学习为核心展开，无疑，这触及教学的本质，澄明了教学改革的方向。但是，似乎教学也陷入了同一种模式，关注了以学为核心，却忽略了其他方面的改革，这并不是件好事。我们能不能转换一个视角，寻找另一改革的维度呢？"指向写作的阅读课"正开辟了一个全新的领域和一个新的维度，即从学科本质的维度去研究。这样，分别从教学的本质和学科的本质两方面去研究，教学改革的过程才是完整的，也才是丰富的。

当然，"指向写作的阅读课"也必须坚持以学生学会学、主动学、创造性学为核心。正是在这一点上，管建刚还必须继续努力。

4. 应当对"指向写作的阅读课"进一步解释，要更全面、更准确、更深入，若此，建构才会更完善。

建构一个概念很重要，更为重要的是对概念进行解释。合理的解释带来概念及其框架的合理性，同样，准确的解释带来概念及其框架的准确性，解释的通透性影响着甚至决定着对概念的认可程度。在概念的解释上，我以为给管建刚留下的空间还很大，他还可以做得更好。

一是关于"指向"。指向的，一般是目的或重点。目的也好，重点也罢，指向往往是种价值取向，而价值取向往往是在价值判断基础上作出的选择，因而价值取向成了一种价值宣言。"指向写作的阅读课"，说到底还是阅读课，绝不是写作课，只是写作学习成了阅读课的价值之所在。而且，我以为，"指向写作"的指向，更重要的是教学重点的取向，而不必把它视作目的。在管建刚看来，阅读教学的重点在于凭借阅读让学生学习写作。这一重点澄明了阅读教学的价值追求。因而，我们都感受到"指向写作的阅读课"价值宣言的分量，以及所带来的冲击。

二是关于"指向"中阅读与写作的关系。这里可以用得着后结构主义的观点。法国著名哲学家、文学理论家、后结构主义的中坚人物雅克·德希达对文本有专门的研究，开启了对文本的一种游戏姿态。他认为读与写是一种"双重活动"，这是因为，所谓阅读无非是传统阅读和解构的阅读。其实，此时的阅读是在写，是在改写文本，所以我们不妨这样理解，"指向写作的阅读课"其实是以读为主的读与写的双边互动。这是对"指向写作"的后结构主义理解，是很有新意和深意的。

三是对"指向写作"本身的理解。"指向写作"是纯粹的写作吗？当然不是。管建刚引用课本里的表述来解释："写作能力是语文素养的综合体现。"接着，他作了一个引申："阅读能力不是语文素养的综合体现，口语交际能力不是语文素养的综合体现。"的确，写作是一种全面训练，难怪当年清华大学招考时，只考作文。无论是理论，还是实践，写作的过程，是精神锤炼、思维活跃、情志投入、价值澄清共同参与的过程，绝非单一的技术（叶圣陶所说的"技术"是指与内容相对的形式）。因此，"指向写作的阅读课"并非把语文的人文性排斥在外，也绝非只有写作而无阅读的作文指导课，相反，要在"指向写作"时努力体现"工具性与人文性"的统一，体现文以载道的核心理念和要求。

四是对"指向写作的阅读课"的理解。管建刚给试验命名的是阅读课，而不是"指向写作的阅读教学"，这两种是有区别的。阅读教学可以有多种方式，形成不同的课型，"阅读课"只是其中一种形态。"指向写作"可以有阅读课，也可以有欣赏课、朗读课、表演课，等等。当然，我希望管建刚在试验以后，从"指向写作的阅读课"走到"指向写作的阅读教学"上去，因为，这是必然的趋势；同时，我们已经给"指向写作"作了一些解释，有了明确的边界，对写作与阅读的关系也有了一些梳理，不必顾虑。既然是自己的主张，就应坚定地走下去，在实践中去完善它。

5. "指向写作的阅读课"是试验中需要进一步关注和研究的问题。试验是一个不断反思，发现问题、研究问题、解决问题的过程。况且，管建刚的试验还只能算是起步，对一些问题还没有深入研究，发展的空间还很大。希望管建刚把大家所提的问题作个梳理，从质疑中获得启发，更从自己的提问中端正方向和思路，把试验深入进行下去。我也提些建议：

第一，关于写作与阅读的关系还要进一步把握好。《阅读史》的作者、加拿大的阿尔维托·曼古埃尔在书中明确地说："我的生活中或许可以没有书写，但是不可以没有阅读。"我发现，阅读乃先于书写。一个社会可以没有书写而存在。尽管"指向写作的阅读课"仍然是阅读课，但还要十分小心，不要因"指向写作"而淡化阅读，要在指向写作中找到阅读的路径、方法，把写作之根深深扎在阅读的土壤中。

第二，关于"工具性与人文性"的统一还要科学地艺术地把握。从现有的课例来看，突出了写作，尤其是谋篇布局、写作方法等，但总让人感觉人文性的不足。我们已明晰了写作是一个全方位的过程，但其间还应彰显人文精神的熏陶、人文素养的培养。王尚文先生用了雨后彩虹作比，形象地道明了内容与形式的关系，我们还要研究如何让彩虹之彩、之亮在彩虹这一载体上熠熠闪光。

第三，关于年段"指向写作"的要求要明确。年段不同，"指向写作"的意图、要求肯定是不一样的，需要将解决"坡度"问题作为重点来研究。同时，实施的方法不同年段也是不同的，在此基础上初步建构基本模式以及不同年段的操作特点。

第四，让案例说话。案例研究是十分有说服力的研究方法，"摇椅上杜撰的事实"不能代替它，"从抽象的、概括化理论中演绎出的事实"也不能代替它。管建刚在创造性的教学中积累了不少案例，也是一个会讲故事、创造故事的人，希望在案例研究中推进试验，进行总结、概括和提炼。

辑三　内在的尺度

当儿童与语文遇见的时候，儿童学习语文就成了语文教学的根本尺度。

王笑梅：生命语文"我"课堂

对于"生命语文'我'课堂"，王笑梅校长给了一个很好的表达、说明和解释。

这次关于"生命语文"的研讨和以往关于"生命语文"的研讨又有了新的发展和新的进步，这种发展进步是非常重要的，给我们很多启示，那就是王笑梅老师和她的团队——通州实验小学的语文教学主张在不断发展，从"生命语文"发展到"生命语文'我'课堂"。这种发展进步表现在以下五个方面。

第一，王笑梅和她的团队告诉我们，一个学校、一个名师、一个人民教育家的培训对象的语文教学主张需要具体化。也可以说语文教学主张是应该有结构的，既有宏观层面的，也有中观层面的，还有微观层面的。如果"生命语文"这个主张永远停留在宏观的层面，那就会让我们有一个飘忽不定的、缥缈的感觉，这种主张应该落实，应该具体化，甚至可操作，所以郭志明局长用了一个词——"'我'课堂"——找到了生命语文的一个落点。任何主张和任何自由都是一样的，自由总有自己的落脚点，任何主张也应该有自己的落脚点。把生命语文落在"'我'课堂"，意味着生命语文要回到课堂教学之中去。课改必须"改课"，课程改革的目标、理念、要求，都要通过课堂教学改革来落实。因为课堂教学改革，是具有实质意义一个环节。"'我'课堂"不仅是一个落点，还是一个切入点。"'我'

课堂"不仅是生命语文的落点、切入点，而且还将成为"生命语文"的一个新的生长点。因而，在落点、切入点和生长点之中就会有突破，王笑梅和她的团队，通过这次活动推出"生命语文'我'课堂"，在启发我们不断去探索、寻找，形成、建构我们的教学主张，但是教学主张一定要具体化。这点启发是非常重要的。

第二，她对"'我'课堂"作了一个非常好的解释，是有深度的解释。深度在哪里？深度在于不叫"我的课堂"而叫"'我'课堂"。"我的课堂"可能是指每一个人的，是指个体的。但是"'我'课堂"就有本质上的不同，这个本质的不同就是王笑梅在自己的表述当中所讲的把一切"他者"变化为"我者"，总是和对方和"他者"在相遇，在对话。但是对话哲学告诉我们，对话就是我从"你"中发现了"我"，"你"在"我"中发现了"你"，一切"他者"都要归结为"我者"。因此，"'我'课堂"一定是从主体出发的。这种具有哲学意义的解释，让"生命语文"站在了哲学的高点。也就告诉我们，我们进行一项教学改革的实验，必须找到形而上的无用之学，那就是哲学。用哲学来指导我们的教学改革，来帮助我们不断地修改完善自己的教育主张或者教学主张。

第三，"生命语文'我'课堂"，在"'我'课堂"建构的过程中，反过来对生命语文又有了一个比较完善的解释。那就是郭局长所提到的，生命语文应该是儿童生长的"泉眼"，这是郭局长引用王笑梅老师的话来说的。王笑梅老师非常强调"生命语文"其实就是一种心灵的约会，她突出了三个关键词。第一，突出了陌生感。在回家的路上总要遇到陌生的风景，陌生的他人，还有陌生的自己。心灵约会应该让我们的语文教学充满着陌生感，也就是一种新鲜感。第二，这种心灵约会其实就是一次对话，这种对话没有主次之分，这种对话就是一个平台，平台的一边叫作尊重，平台的另外一边叫作分享，就是在尊重与分享中进行生命语文的心灵的约会。王笑梅老师找到了她自己教学的路径，那就是——对话。第三，与心灵约会这一主张相对应的第三个关键词，那就是要有新的发现。回到语文教学的本色、本味、本真，这种回归不是简单的回归，是在回家的路上应该有新的想象、新的创造，所以这种回归，其实就是一种新发现、新创造。

第四，这种"生命语文'我'课堂"一定要围绕着素养，围绕着语文素养来进行。具有根基性的素养，学科性的核心素养，这两个概念是王笑梅老师在讲述当中特别提出来的。"生命语文'我'课堂"首先是根基性的素养。对于根基性素养，她提出了好多"力"，这种"力"就是瞿德良说的"带得走的能力"。同时，除了根基性素养以外，还应该有语文这门学科本身的素养，王笑梅把它界定为学科的核心素养。只有找到不同学科的核心素养，才能使这门学科的教学具有真正的"学科味"。"生命语文'我'课堂"，围绕着语文这门学科的核心素养来进行，必然使生命语文提升到促进学生自主发展、素养全面发展的高度。这第四点，我觉得是非常重要的，她讲得非常好。

第五，王笑梅和她的团队，对"生命语文'我'课堂"又作了另外一些阐释。一个是它的特质，用了三个词：好玩、打开和生长。再有，找到"生命语文'我'课堂"中的教师的四种身姿，包括匿身、侧身、躬身、俯身等。这些概括，都富有一定的诗意，但是这种诗意的表达，其实是有一定的深刻的隐喻意义的。它绝不是仅仅指那种身段，包括陈志祥所讲的"拥抱"。其实依我的理解，拥抱不仅仅是一个物体上的、实体上的接触，从他的发言当中我们感受到，"生命语文'我'课堂"的每一堂课都应该让学生有一种被拥抱的感觉。这是种感觉，倒不真是一种具体的行为、行动。这种被拥抱的感觉，就是心灵约会的感觉，就是一种被尊重、被解放的感觉。这种概括的表达，我以为是他们这次研讨会的重要的进步，对我们有非常重要的启发。

总之，"'我'课堂"就是一个主体性的课堂，是自主性的课堂。说到主体，一定想到人，一定想到儿童。但人是主体，有时候又不一定是主体。儿童是教育的主体，但有时候儿童也不一定是教育主体。在什么情况下，人或者说儿童，才真正成为主体呢？那就是当这个人或儿童成为过程的参与者、决策者，活动的发出者的时候。这时，人才是真正的主体，儿童才是真正的儿童。朱国忠说到儿童语文的指数。语文的指数，应该是儿童学习语文的指数，儿童语文的指数实际上就是儿童的指数。使"生命语文'我'课堂"能够更多地从儿童的指数来切入，那么儿童学习的自主性就能得到进一步的落实。主体性和自主性在大家的发言当中是有涉及的，但还不是非常聚焦的，说明还有点飘忽。此外，"'我'课堂"实际上还包括一种个性。"'我'课堂"要彰显"我"老师的，也包括彰显儿童的风格。"'我'课堂"是"我"具有"我"自己风格的课堂，老师有自己独特的教学风格，而儿童也就是学生也要有自己的学习风格。"'我'课堂"就是让老师有自己的独特的创造性的教学风格，也让每一个儿童找到最适合自己的学习风格。这时候，才是完整的"'我'课堂"。

对于"我"的解释，王笑梅作了三个解释：第一，"我"是儿童；第二，"我"是教师；第三，"我"是知识和文本。"'我'课堂"可以是儿童自己的课堂，可以是教师自己的课堂，还可以是知识文本的课堂，其实这时候儿童、教师、知识文本不应该割裂，应该是融为一体的。"我"是教师，但"我"可以是儿童；"我"是儿童，但"我"也可以是教师。以学愈愚，是我们通州实小的校训。这个"愈"指的是治愈，但依我的理解也可以指超越。儿童可以超越教师，教师当然更可以超越儿童，大家都在提升。知识当然也可以超越知识本身和文本，这样知识就走向了智慧，当知识走向智慧的时候，那"'我'课堂"就到了一种非常高的创造性的境界。

嬉乐作文的母题、主题与基本方式

　　法国电影《蝴蝶》讲述的是一位饱经风霜的老人和一个七八岁小女孩之间的故事。故事当然离不开蝴蝶。他们一起去深山寻找最名贵的蝴蝶，它叫伊莎贝拉。等啊等啊，伊莎贝拉终于出现了，可小女孩故意一个趔趄，撞翻了捕捉蝴蝶的幕布，伊莎贝拉飞走了，因为小女孩不想让伊莎贝拉成为老人的猎物。名贵的伊莎贝拉飞走了，飞进了美丽的大山中，那里才是它真正的家园，老人的心魔也像冰雪一样融化了。电影最后，小女孩天真地问老人："你家的蝴蝶是什么牌子？"老人说："蝴蝶哪有牌子？"小女孩说，蝴蝶是有牌子的，它的名字是"爱"。是小女孩和老人共同找到了伊莎贝拉，找到了爱。

　　太喜欢这部电影了，才写下这么多的话，尤其是在为王笑梅的专著所写的序里，这是因为，这个故事和王笑梅的作文教学探寻有着不可割舍的联系。我想，作文教学是不是也有"牌子"？若有，它叫什么？是谁和谁共同找到的？

　　作文教学是有"牌子"的。我所说的"牌子"，其实是说作文教学的主张和特色。我们一直在寻找，但一如名贵的伊莎贝拉，它总是躲在深山里，不轻易地露面。但是，有爱的人才能找到它，只有和孩子一起才能找到它。王笑梅正是不懈寻找作文伊莎贝拉的人，她和她的孩子们终于找到了，名字叫"儿童嬉乐作文"，主旨是"玩转童年"。《儿童作文的本义：

嬉乐作文让儿童乐并成长着》犹如伊莎贝拉，怀揣着满腔的爱，扑扇着灵动的翅膀，向我们飞来了，飞在了小学作文教学的田野里，飞在了小学语文教学的时空里，飞进了孩子们的童年里。

王笑梅是一个外表端庄、内心高雅的人。她不乏激情，也不乏理性，甚至我以为她的理性高于她的激情与感性，因而，她有较深的思考，有独特的见解。两者结合就会有美，正如黑格尔的判断："美是理念的感性显现。"基于这样的认识以及个性特点，王笑梅提出"玩转童年""儿童嬉乐作文"这样的主张是十分自然的事。从字面看，"玩转""嬉乐"似有"浅薄"之嫌，但如果细看她的专著，你一定会发现"玩转"与"嬉乐"丰富而深刻的内涵，也许这也可视作感性对理性的"穿越"。

"儿童嬉乐作文"的母题是童年。对儿童的认识与发现，对童年意义和价值的认识与发现，是其严格的内在尺度。在专著里，出现频率最高的词语就是儿童，这倒在其次，重要的是王笑梅对儿童的解释与表述：儿童天性、童年经验、童年精神、童年文化、童年哲学、童心、童言、童年灵感，等等。这一切都基于王笑梅的一个核心理念：儿童是未被承认的天才，童年是儿童的根据地。承认儿童是天才，才会信任他，才会请他走上语文教学、作文教学的核心位置。不必说那首在国际上获奖的诗《你别问这是为什么》，也不必说入选绘本的《致老鼠》，就说那首小诗《射出一个小太阳》："小手电，黑墙上。/我把开关打开了，/哈！/射出一个小太阳。"作者两岁零三个月，可见儿童的智慧潜能。王笑梅确信，有童年，才会有儿童的真正存在。去守护这块根据地吧，去滋养这块根据地吧。事实上，儿童的根据地正在退缩，极有可能"失守"。王笑梅以教师的天职去守卫、去发展。

值得一提的是，王笑梅对"嬉乐作文"进行了生态学的解释。实事求是地说，"根据地失守"，童年的退却，儿童意义的淡出，是和生态有关。所谓生态，离不开人与人之间的关系，离不开环境，也离不开制度。完全可以这么去评价：王笑梅以"嬉乐作文"的方式去营造教师与儿童的良好关系，去创设和谐、快乐、宽容的环境，去设计有利于"天才"成长的制度。这是生态学的解释，也是生态学的教育努力，生态学与教育学走到一起来了，"嬉乐作文"被安顿在安全的文化土地上了。

"嬉乐作文"的主题是生命和生活。王笑梅语文教学的主张是生命语文。她认为，童年是生命的泉眼。童年应当有童年的生活，儿童的生命就在童年的生活中，丢失生活，就会丢失生命，丢失童年，严重的问题就在于儿童生活的丢失。美国的戴维·艾尔金德教授写过一本书《忙碌的童年》。他说，儿童当下有两种忙碌，一是日历忙碌——在儿童还不具备意志力之前就强迫他们去做，他们忙碌起来；一是钟表忙碌——在短时间内向孩子提出过多的要求，强迫孩子消耗他们储存的能量，他们忙碌起来。童年的忙碌导致童年恐慌，最终导致童年的消逝，生活的萎缩。邵燕祥写过一首诗《放风筝的孩子，你到哪里去了》：放风筝的孩子就是捉萤火虫的孩子、粘知了的孩子、堆雪人的孩子。天还是那么蓝，可是，放风筝的孩子，你到哪里去了？难道像萤火虫被人捉去了吗？难道像知了被人使计粘去了吗？难道像雪人在阳光下融化了吗？难道像风筝，挂在电线上，被风撕碎，跌落下来，天边地角，化作尘泥？……是的，放风筝的孩子不见了，是他们的生活不见了，生活的活力消遁了。"嬉乐作文"就是使童年不再忙碌，而是快乐起来，生命充盈起来。

"嬉乐作文"所提倡的基本方式是快乐、有趣。孩子需要快乐、嬉乐，这是孩子的天性，是孩子特有的方式。孩子隐藏在心中的秘密，只有自然的精灵才能破译；孩子纯洁直率的语言，只有森林里的小鸟才能听懂；孩子内心流动的歌声，只有河里的小鱼儿才能领悟。孩子是孩子世界的国王，孩子是大人世界的贵宾。而自然的精灵、森林里的小鸟、河里的小鱼，还有"孩子世界的国王""大人世界的贵宾"，都应是快乐的，都应是和孩子一样欢乐的。这一切都是童性哲学的应有之义。威尔·杜兰特在他的传世之作《哲学故事》开篇中所说的第一句话就是："哲学包含着一种乐趣。"柏拉图认为哲学就是一种"可爱的娱乐活动"。玩，是一种快乐的方式，也是学习的方式，当然也可使作文变得好玩起来、嬉乐起来。

王笑梅努力建构的是童性哲学，准确地说，是要努力建构作文教学、语文教学的童性哲学。她正是用这种哲学去颠覆长期以来被技术化、工具化、符号化、成人化统治的作文教学，解放儿童、释放儿童作为天才的潜能，让他们用愉快的心情、有趣的方式去记录童年的生活，去表达童年的生活，去想象、创造童年的生活。这就从根本上改变小学作文教学的误区和困境，应当说这能形成作文教学的"牌子"，它的名字可能就是那名贵的伊莎贝拉。这样，小学作文教学的突破就会成为现实。想起了卢梭在《爱弥儿》里说的话：人来到世上有两次出生机会，第一次获得了生存，第二次获得了生活。王笑梅的这一改革，实质上是让儿童获得了第二次出生机会，这是在童年文化里出生的。而生命语文、嬉乐作文正是和儿童一起创造童年文化，使儿童在童年文化里获得幸福快乐的童年生活。

王笑梅对童性哲学的建构永远是一种不断的觉醒，永远在路途中。她清醒地知道，"嬉乐"不是一味地娱乐，更不是娱乐主义。正因为此，她还在探索，还在创造。我们有信心、更乐观地期待着。

周婷：魅力语文的意义追寻

一、魅力语文：动情的理性与理性的动情

看到一本书的书名《动情的理性——政治哲学作为道德实践》，我为之一怔，自然想到周婷的文稿:《魅力语文：儿童多彩学习生活的设计》。一个写的是自由主义政治哲学，一个写的是小学语文教育，但两者之间有着奇妙的照应，那就是在情与理中游走。语文、语文教育自然要有情，但只有情而无理是肤浅的；政治哲学自然要有理，但只有理而无情则是枯涩的；只有当情与理统一起来的时候，才称得上魅力。我们完全可以给周婷的语文教育命名："理性的动情——魅力语文作为课程改革的实践"，抑或"动情的理性——我的魅力语文沉思"。

写下这段文字以后，我有些怀疑：是否过于牵强？是否有拔高的嫌疑？很快就被自己否定了：不是牵强，不是拔高，恰恰是对魅力语文最好的表达。

上个世纪九十年代就听过周婷的课。她留给我的印象是：充满着激情，不乏浪漫与多彩。本世纪之初，又听了周婷的课，这次留给我的印象是：多了一份理性，不乏深刻与成熟。这大概是一个发展的过程，这一过程正是她魅力语文的研究、形成、完善的进程，也正是她魅力语文特质从显现至彰显的进程。这里可以关注周婷书稿中所引用的一段话："望着你，

洋洋大观，尽收眼底，历史的长河被谱写成动人的诗篇；读着你，字字珠玑，蕴意盎然，苍莽的天穹被镌刻上人生的真谛；伴着你，孜孜以求，明智灵秀，诗意的生命被描绘出美丽的画卷。"周婷之所以引用这段文字，她心里回响着的一定是：语文的多情，语文的理性，多情的理性、理性的多情，才是对魅力语文特质的描述与揭示。

二、魅力语文：语文与语文教学的互动、共生

周婷作为语文教师，自然地、悄悄地，而又坚定地、紧密地把自身与语文联系起来。魅力语文是由人的魅力创造的，没有人的魅力，没有语文教师的魅力，何来魅力语文？与其说是讨论课程意义上的魅力语文，不如说是讨论人的意义上的魅力语文教师。换个角度来说，语文本身就是具有魅力的，魅力是语文所内蕴着的，魅力语文既开发了语文的魅力，又提升了语文教师的魅力。这是一种互动，也是一种共生。

周婷的魅力语文在于她的梦想，在于她对梦想执著地追求与坚守。她的老师们这么去描述她："她期待：如一缕春风行走在真情而诗意的课堂，如一泓清泉流淌在真诚而率性的心河……她心无旁骛志高远，不待扬鞭自奋蹄，执著行走在语文教学之路上，携一份自信，带一份从容……"这是认同，是赞美，是对作为校长、作为特级教师的周婷的认同和赞美。老师们的结语是："周婷，便是一个追求梦想充满魅力的人。"

而梦想来自文化，抑或说，梦想本身就是一种文化。周婷心仪文化，追求文化，用文化来优化自己，她还带领大家去创造文化。"四色教育"正是文化创造中的所确定的教育形态。把教育和色彩联系起来，这本身就是一种诗意、一种魅力。周婷不断地读书，读书原本就是文化行动。记得她曾送给我一本书《宝贝，宝贝》，哲学家、教育哲学家周国平的。想必周婷读过，而且不只是读一本，还读了许多周国平的书；又不只读周国平的，还读了不少大家的。像语文一样，图书拥有魅力，阅读在文化中生发魅力。周婷追求魅力是很自然的事。魅力与魅力相遇时，那是怎样的精彩与动情啊！

三、魅力语文的魅力：价值、温度、张力以及语言文字

周婷对魅力语文的魅力作过认真、仔细的梳理和概括。这些概括是个性化的，却是具有普遍意义的。

魅力之一：语文教学的价值开发与提升。

语文是种文化的存在，承担着文化传承与发展的重任。文化的核心是价值，是价值观的澄清与选择。一篇篇文章，一个个故事，一段段美文，还有一个个人、一个个儿童，无不散发着价值的光辉，他们（它们）告诉我们什么是公平，什么是民主，什么是友爱，什么是幸福，什么是尊重，什么是帮助……这些都是闪亮的价值和引人向上的价值观。周婷在语文教学中就是引导学生去发现和体会，让价值像美丽的种子在儿童的心灵里萌芽、生长，将来开成鲜花、长成一棵好大好美的树，这当然最具魅力。

魅力之二：语文教学中情感的温度。

用语言文学编织成的语文满含情感。中国的汉字、母语本身就是情感的结晶，工具性中蕴含着人文性。而儿童呢？儿童是情感的王子。周婷认定：情感是非常重要的学习媒介，是学习生活的润滑剂，没有情感，就失却了学习的原动力，没有情感，就无法拥有幸福；而没有儿童情感的力量，语文教学定会"清零"，语文及其教学就无魅力可言。情感的温度让语文的魅力彰显、升温，最终成为学生一生的"暖记忆"，有"暖记忆"的陪伴，生活就有了魅力，魅力定会指向幸福。

魅力语文之三：语文教学的思想张力。

张力，拉力也。拉力，拉拽的力量，牵引的力量，张力牵引着我们的思想，拉拽着我们的想象，充溢着我们的心灵，丰盈着我们的空间——这自然是一种魅力。张力具有隐含性特点，它需要被开发和利用。语文及其教学中的张力相当丰富，周婷对张力作了个大体的分类：情感的张力、思辨的张力、个性的张力等。她还对不同类型张力的教学策略和方式作了提炼，其中，关于空间维度的"向前追溯""居中深入""向后延展""纵横勾连"等颇有新意。对于思辨的张力，周婷有着自己独到的见解："思辨让学生对学习历程充满激动和热情，进而有不断探索的热望，在认知方法

上不断纠偏，在运作取舍上不断趋向科学、理性。"

魅力语文之四：语言文字的理解与运用。

周婷运用自己的语言来表达母语之魅力："汉语文化形神兼备、神韵饱满，流淌着深刻的意蕴。"她又把语言文字和语文之魅联系起来：充分发掘母语文化丰富的内涵，彰显语文教学的魅力。周婷用自己丰富的实践证明，语文的一切之魅其实都在语言文字之中。

四、魅力语文为儿童设计多彩的学习生活

魅力语文不能脱离人的存在，尤其不能脱离儿童。儿童不只是语文的学习者，而且是语文的创造者。从儿童立场上看，魅力语文之终极意义就在于让儿童真正成为语文的创造者，让儿童过上有意义的语文生活。在诸多的语文生活中，儿童的"美读生活"尤为重要。所谓美读，即美美地读、乐乐地读、自由自在地读，从读中发现美，用美引领自己多彩的生活。可见，美读是一种境界，美读是读的心境，美读也是阅读的有效途径和方式。周婷说得好："美读，就是走进语文深处，读懂文字的背后；又能美丽转向，领略更深切的生活内涵、更高远的人生真义。"我们完全可以作出这样的判断：当美读成为儿童生活方式的时候，当语文学习成为儿童生活重要内容的时候，语文一定是有无比魅力的，一定是有无极之美的，一定是有无尽之爱的。教育家吕凤子先生就讲过这样的话，用在魅力语文中颇为合适。

五、魅力语文其实是一棵树

朱光潜先生说：对一棵树可以有三种态度——实用的、科学的、美感的。周婷非常欣赏这句话，我想，她最终想表达的是：语文是一棵树，这棵树的魅力在于实用，在于科学，在于美感，也在于实用、科学、美感的融合。那棵树的意象永远在她的语文课堂上，散发着美，触及着儿童美丽、敏感的心灵。

愿充满魅力的语文之树长得更高、更大。

语文教学的内在尺度

一、和自己同课异构：别让优秀成为卓越的敌人

评说周婷的课固然重要，不过，我觉得更为重要的是，从她的课例中领悟的其他一些东西，比如，一个名师如何让自己优秀，又如何从优秀走向卓越。

有人说："优秀是卓越的敌人。"说这话的是一位叫柯林斯的研究者。优秀怎么成了卓越的敌人？优秀是会走向卓越的呀！柯林斯的结论来自他五年的研究。他在 20 名商学院学生的帮助下，对 1965 年至 1995 年间财富 500 强中的 1435 家上市公司进行了分析，结果发现，只有 11 家公司在很长一段时间里取得较好的业绩，然后一飞冲天，并能持续保持发展。柯林斯研究的结论是：优秀是卓越的敌人，优秀未必走到卓越。对此，我的结论是，优秀是可贵的，有时也是可怕的，其根本原因是，"优秀"后是否反思，是否改进甚至创造。不断反思，不断改进，以至创造，"优秀"才会成为新的发展动力，才会走向卓越。对于企业，这一命题成立，对于教育，对于教师，这同样是振聋发聩的启示。

周婷无疑是优秀的。她把《美丽的丹顶鹤》上得如此之美，如此之好。如她自己所说，她的语文课"快乐行走在活动化情境中"。但是，八年后，周婷完全抛开了原来的教案，重新把《美丽的丹顶鹤》上得更精

彩，更成功。完全可以说，周婷正在从优秀走向卓越，其关键是周婷对优秀保持着一颗警惕的心。周婷说得好："和自己同课异构，不是我执教公开课的特例，家常课中我有时也会如此。23 年语文教学生涯，从最初对专业的热情转向学会思考。"在她看来，同课异构，首先是对自己的不满意，是一种积极进取，有更高追求的心境和状态。因而，同样的教材她会有陌生感，有陌生感就会有新鲜感，陌生感实质是创新的激情和欲望。其次是一种深度的反思，她的真切体会是，思考得越多，越觉得自己的教例不够成熟，于是要深思，要改进。更为可贵的是，周婷的同课异构更多的是一种自我否定和推翻。敢于否定和推翻，而且，否定、推翻的是自己，这既需要勇气，更需要实力。这样，周婷通过同课异构，使自己走向成熟，走向自觉，从优秀走向卓越。

值得关注的是，周婷的这种"走向"是在课程改革的进程中，她把课程改革当成一条起跑线，每一次起跑和行进都会有新的出发点，都会有新的方式。课程改革转变了她的理念，也教会了她如何在激情的同时进行理性思考；转变了她的教学观，也让她开始建立课程意识；转变了她的备课方式，也培养了自己良好的教学心志。她感谢课程改革，课程改革给了她很多机会。正因为如此，优秀才不会成为卓越的敌人，相反成为走向卓越的新起点。

二、儿童：语文教学的内在尺度

周婷开始建构自己语文教学的坐标。她追问的是，坐标的核心究竟在哪里？她的答案：儿童。因而，每次教学，她都要问自己：今天的语文课离儿童还有多远？是的，她正在走进儿童，问题是"还有多远"。我们常说，方向比距离更重要，不过，方向在她的教学中已不是问题，距离已成为她攻克的难题，因为，她知道，距离还可能会影响方向，甚至会改变方向。

周婷是这么走进儿童的。其一，让儿童"在被教的同时也在教"。儿童是"被教"的，儿童是需要"被教"的，但儿童不能只是"被教"不能一直"被教";儿童同时也在"教",儿童也可以成为教师,即把教育变成自己的教育,也即帕克·帕尔默所言,教师与儿童是舞池里的"舞伴"——平等、互动,互教互学。显然,周婷决心让儿童真正成为语文课堂里的主人,语文教学的核心应当是儿童学会学语文。其二,让儿童的语言潜能得到最大的开发。儿童的内部"潜伏"着巨大的语言能量,这些语言能量总是"不安分",总是想从身体里不断涌出来。周婷知道,尊重儿童,就必须尊重儿童的语言潜能,而尊重最好的方式是让儿童的语言得以表达。从课例中不难看出,她精心设计儿童语言表达的机会。事实说明,只要有平台,只要鼓励儿童大胆地说,儿童就能尽情表现。其实,开发儿童的语言潜能,就是开发儿童的生命潜能。其三,让儿童"多处行"。周婷一定教过冰心的作品《只拣儿童多处行》,也一定深谙"多处行"的意蕴。她说:"儿童世界有图片、谜语、故事、传说、歌谣……儿童能在一定情境激发下,情不自禁地活动、诉说。"儿童"多处行",就是让儿童进入不同的情境,有更多的选择路径,就是让儿童间有更多的交往,有更多的表达方式。因此,周婷的理念是:"用儿童世界创造教学的境界"。其四,灵动地把握儿童的学习现场。在周婷看来,儿童的学习现场就是儿童的生命在场,而儿童的学习现场是可设计的。所谓设计,绝不仅是惯常所说的预设,也包括为儿童语文学习的生成而设计。看她的两个课例,都能感受到儿童学习现场的活泼、生动,感受到儿童情感脉搏的跳动,儿童语言的喷涌。从某种意义来说,优秀的语文课主要是灵动的学习现场。依我看,周婷在这方面是很出色的。

关于走进儿童,要说的还有,八年前与八年后,周婷的最根本变化在于她儿童观的逐步自觉。八年前的那堂《美丽的丹顶鹤》,教师更多的还是外在的行为,而八年后的课,可以看出周婷更多的是内在尺度的自然表现,因而,在课堂里显得更理性,更成熟,更自然,更到位,更在"走进"。这里,我也建议周婷对"自由生长""自然生长""自觉生长"三个概念要进一步推敲,我以为"自由"应是更高境界。

三、语言文字：语文教学的独当之任

从两堂课看来，周婷相当重视语文课中的语言文字训练。这是一种坚守，坚守得好，而且若在坚守中还有发展，就更好。语言文字训练已成了周婷语文教学的内在尺度。

语文的独当之任就是帮助学生正确理解和运用祖国的语言文字。这是叶圣陶的名言，之所以"名"，是因为它揭示了语文教学的本质和核心任务。语文教学应当：从语言出发，穿越语言，最终抵达语言。离开语言，也就无语文教学可言，更无好的语文教学可言。可喜、可贵的是，周婷对这一独当之任的认识越来越深刻，行动也越来越自觉，选练语言的方式也越来越丰富。

首先，周婷关注语言文字训练与儿童思想的关系。语言与儿童的思想自然而紧密地联系在一起。马克思早就明确指出："语言与意识有着同样久远的历史。语言是一种实践的意识，是一种既为别人存在也为自己存在的现实的意识。"马克思还说："观念从一开始就不可能离开语言而单独存在。""语言是思想的直接的实现形式。"《美丽的丹顶鹤》的教学，周婷扣住了三个关键词——"美丽""高雅""无忧无虑"，让学生认识和发现丹顶鹤。其实，在学习词语的同时，学生也在酝酿着、想象着、憧憬着自己的美丽、高雅和无忧无虑，也在表达着自己的理解和追求。此时，儿童是真实的存在，儿童的思想是活跃着的火花，正如德国哲学家梅罗·庞蒂所言："只有通过语言的媒介，我才能把握住自己的思维和自己的实在。"

其次，周婷关注语言文字训练的方式，力求语言文字更实在。有人说，语言教学上的一切问题都应该用语言的方式解决，否则就会像索绪尔所指出的那样："思想离开了词的表达，只是一团没有定型的模糊不清的浑然之物。"如果说，八年前的那堂课，更注重语言文字训练时情境的生动和表演（千万不要贬低表演，从本质上讲，教学就是一种表演，当然这是一种社会性表演），那么八年后，周婷更注重语言文字训练的扎实，比如开头的识字、写字，比如欣赏画面时出示的三组词语，比如对"鲜红鲜红"叠词的演绎，无不体现她所追求的"平实"。也许有种误解，平实就忽略了生动，忽略了儿童语言学习的灵动，其实不然，周婷将二者结合得很好。

再次，周婷关注语文教学二年段的目标，明晰语言文字训练的阶段性任务。语文是基于语言的存在，而在不同阶段语言有不同的要求。长期以来，语文教学忽视年段目标和要求，因而，语文教学成了另一种"模糊不清的浑然之物"。周婷说，小学语文要求学生写好字、读好书、背好课文，训练学生听清话、学说话、说明白。八年后的这堂课，低年级的字词教学、诵读目标更为突出，效果更好。

从优秀走向卓越永远是个过程。我们完全有理由相信，周婷在语文教学的内在尺度的把握上，即在以儿童为核心和以语言文字为独当之任两方面的把握上，迈开了新的步伐，她会走向卓越的。

主张·风格·人生情怀

——周婷印象

我一直关注并思索这样的问题：一个优秀教师成熟的标志是什么？一个名师成功的密码在哪里？

为此，我曾关注和研究过窦桂梅、王崧舟，关注和研究过孙双金、薛法根、周益民。他们给了我很多的启示。我从他们发展的旅程中，从他们留在泥土中温暖的脚印里，寻找到名师成长的核心因素。

如今，我也关注周婷。

认识周婷还是上个世纪的九十年代，听过她的课。后来，联系很少，其间估计有十多年。后来，周婷已是特级教师，在省内外的影响越来越大。从九十年代的青年教师，到今天的特级教师，在很少联系的十多年里，她读了什么，想了什么，研究了什么，又形成了什么？这是周婷留给我解读的空白，也是她默默勤奋、潜心研究的开阔地带。空白，并不意味空洞，开阔地带才是她匍匐前行而辟下的希望之路。正是这十多年来的开阔地带的开辟与耕耘，才让我从"空白"中发现了她成长的核心力量和核心因素。

其一，周婷已逐步形成了自己的语文教学主张：魅力语文的追求与建构。

我始终坚定地认为，教学主张是名师成长的第一核心因素。所谓教学主张，一定是教育思想、教学理念的具体化，是个性化的教育思想和教学理念。教学主张也是名师思想深刻与否的重要标志，是"这一个"名师，而非"这一批"教师的重要标志。周婷清醒地认识到了这一点，为此而苦苦思索、执著追求，并且以概念来概括和表达自己的主张，这就是魅力语文。

康德讲过，知识总要形成概念。周婷的"魅力语文"是她对语文的一种独特认识和高度概括，这首先表明周婷的认识已进入一个较深的层次。概念固然重要，但对概念的解释更为重要。周婷对魅力语文的解释是：重个性、重情感、重导引、重美读、重浸染。这种解释是个结构，第一指向个性，第二指向情感，第三指向导引、美读、浸染。所谓个性，她首先关注儿童，关注儿童的个性，而这种关注聚焦在"悟得"上。可见，第一指向是魅力语文的核心和灵魂。所谓情感，她认为"语文教学必须使学生感动，当然是心灵的感动"。可见情感这一指向起着支撑的作用，情感弥散在语文教学的全过程，成为马克思所说的人发展的本质力量。所谓导引、美读、浸染，主要是说的教学方式。可见第三指向揭示了魅力语文实现的途径和方式。这样的解释是合理的。

周婷的可贵之处还在于，她对魅力语文作了适当的分解：母语魅力、文本魅力、教学魅力。我的理解是，魅力语文首先是母语魅力，而母语魅力在文本和教学之中。这一切，形成了教学个性，于是彰显了语文的魅力。

其二，周婷逐步形成了自己的语文教学风格——情感的温度与张力。

风格是艺术的最高境界。没有风格，也可以成为一个称职的教师，但绝不是一个优秀的教师，更不可能成为名师。周婷正是不断地去追求风格，在实践与理论交融中逐步形成自己的教学风格。

有人作这样的比喻：风格是众多合唱声中所彰显的独唱者的旋律。周婷是个优秀的独唱者，她独唱的旋律是：情感的温度与张力。徐志摩先生说：情感是我行动的指南，冲动是我前行的风。他又说：我一生都在寻觅情感这一线索。周婷的语文教学始终感情充沛，洋溢着青春的活力，涌动着情感的波浪，感染你，感动你，让你感受，让你感悟。

值得注意的是，周婷的这种教学风格又具体体现为三个特点。一是真诚。对文学的真诚，对语文的真诚，对学生的真诚，对教学的真诚。真诚本身就是一种高尚的情感。她以这种情感对待每一堂课、每一个学生，没有矫揉造作，没有故弄玄虚。二是情理交融。情感很重要，但情感不应是脱缰的野马，它需要理性的牵引。其实，理智感本身就是一种情感。因此，魅力语文是情理交融的语文，既有温度，又有深度。三是情意共生。情感不意味着空呼口号，不意味着浪漫，不意味着华丽，重要的是有情生出意，意义在情感中，意义推动着情感发展。周婷十分注重对文本意义的开发。

在古印度，风格被看作是语言的修饰；在古罗马，风格是说服人的手段之一。因此，风格是离不开语言的，语言风格往往代表着一个人的风格。周婷有良好的语言修养，形成了自己的语言风格。清晰、准确，富有感染力，富有启发性，这是周婷的语言风格。这种语言风格与她的教学风格、与她的教学主张相一致，相呼应。

其三，周婷的魅力语文以及教学风格源自她的人生情怀——用一颗慧心，做永远的事。

周婷执著，有执著的追求；周婷勤勉，有刻苦勤奋的精神；周婷率直，有真诚真心，率性而为；周婷喜欢研究，研究成了她的学习和工作方式。

周婷说过这样的话："做人要知足，做事要知不足，做学问要不知足。"知足，才会快乐，那是做人；知不足，才会努力，那是做事；不知足，才会永远向前、向上，那是做学问。正是这三句话，让周婷保持着一种幸福、感恩的状态。

由此，不难理解周婷的"慧心"。慧心，是智慧之心，是常思常悟之心，是秀外慧中之心，是永远上进之心，当然这也是道德心和爱心的汇聚，是德性和灵性的交融。慧心在哪里？慧心为什么？为的是做永远的事，慧心也在永远做不完的教育之事中。做不完的事能产生意义，而意义是幸福之源。

魅力语文让学生获得灵感，获得幸福，也让周婷追寻幸福。如此，魅力语文与幸福人生相拥抱，于是，周婷和她的学生都幸福起来。

姜树华："重撰"中的"深加工"

一、叙事性的历史书写：寻找人生的意义

姜树华，名字原本就富有形象和诗意。树，是一种意象，好多人都用树来作比：比如美国的一篇小说，叫《布鲁克纳长起的一棵树》；比如，一首歌的名字《好大一棵树》；比如，一篇童话《一棵倒长的树》；比如，语文好比一棵树……树已成了一种隐喻，诗意中深蕴着哲理。树华，自然是树上开满了花，景象丰富、生动、繁荣、美好。也许是名字的暗示，姜树华始终把自己当作一棵树，从根开始，从小苗开始，长成一棵大树，长成自己的样子。姜树华对自己的描述，很准确，很生动，也很鲜活，我读了很感动。

不过，我不想再去说树，因为，树已长在蓝天下了，树花已开在他自己的心灵里了，而且绿荫成片了。我很想说的是，姜树华这棵"长成自己样子"的树，彰显了什么意义。他一直在回忆，我以为他是在进行"叙事性的历史书写"，在与我们交流、分享。用文化史家雅各布·布克哈特的话来说，"交流、记忆构成了以往的视域"，而这样的书写，探讨的不是"事情原来是怎样的"这类问题，而是追问曾经发生的事情的意义所在。姜树华的确不仅是叙事、回忆、描述，而是寻找、探索、发现意义，但发现的不是一般的意义，而是人生的意义。

姜树华追问得对。他走过的从教这些年的人生之路，一直有着意义的伴随。他的叙写，让我想起了关于"人是谁"的一段话：人是意义的存在。意义不是别人赋予的，而是自己创造的。值得注意的是，人既是意义的创造者，又可能是意义的破坏者。

这段话的意思用茅盾文学奖得主刘震云的话来说就是人活着不是问题，怎么活着才是问题；怎么活着也不是问题，怎么活得像个人才是问题；怎么活得像个人也不是问题，怎么活得像自己才是问题。显然，姜树华一直在思考这一重大问题，也许开始是不自觉的。与他接触、交谈，看他的文章，我已深切感受到这一点了。可以说，姜树华是意义的创造者，正在创造一种意义的存在。"飘起，随风，扎下乡野的根"，"向阳，肆意，渴望参天的梦"，"绿荫，成片，召唤森林的虔诚"……渐渐地，长成了自己的样子，"长"出了意义。树华用自己的努力与创造，正在实现着卢梭关于"人有两次出生机会"的人生意义的判断；也正在实践着德国哲学家利奥塔首创的"重撰"的概念。利奥塔说，"重撰"既是"回归到起点"，也是一次"深加工"。树华，这次回忆，叙事性的书写正是一次"重撰"，是一次关于人生意义的"深加工"。相信今后，你还会有一次又一次的历史书写、一次又一次的"深加工"、一次又一次的意义再创造。于是，你会不断进步。

二、关于人与环境关系意义的"深加工"："自己即环境"

树华在书写"重撰"中"深加工"了什么呢？在创造意义的过程中，他应答了一些什么问题呢？又给我们一些什么重要的启示呢？

树华回答的一个重要问题是：一个人该怎样对待环境。树华开初经历的环境是：十九岁，外乡人，偏僻的农村小学；不安，越来越厉害的虚空，还有一些惶恐；傍晚，深夜，好长好长的身影，好慢好慢的脚步，好小好小的乡间小屋，好暗好暗的孤灯……这一切都是他从教之始的环境。但是，他没有怨言，没有后悔，更没有随波逐流，适应了，而且改造了自己，优化了自己，没有虚度年华，从那偏僻的乡村小学里找到了意义。

意义从哪里来？从经典中来，从读书中来。我不知道他有没有读过这样的话："我知道的成功者，没有哪个不热爱阅读的。"——这是芒格说的。不知道他有没有听说过这样的句子："我们需要的书，应该是一把能够击破我心中冰海的利斧。"——这是卡夫卡说的。但是，树华肯定知道这样的台词："最难耐的是寂寞，最难抛的是荣华，从来学问欺富贵，好文章在孤灯下。"——这是昆剧《班昭》里的唱词，是他录用的。他也肯定知道这样的话："与其说，那段寂寞的村小十年是我人生'冬天'的话，还不如说成是我人生厚积的启航准备。那段'冬天'，不仅给了我阅读的丰富储备，还形成了我的阅读习惯。"——这是他自己感悟的。其实，谁说的，知道不知道，都不重要，重要的是你内心是否真诚。无疑，树华是真诚的。

杨绛先生说过这样的话：我觉得在艰难忧患中最能依持的品质是肯吃苦，因为艰难孕育智慧。卡耐基在讨论人性弱点的时候，认为克服弱点，应该有个"大前提"——"我说的一切你都要建立在真诚上面。"正是这样的人生态度，正是这样的真诚，造就了树华关于人与环境关系的理论："与其说'人是环境'，还不如说是'自己即环境'。"这一见解颇为独到，也颇为深刻。马克思这么说过：环境可以创造人，人也可以创造环境。环境是外在的，只有当"人是环境"时，尤其是当"自己即环境"时，环境才为我所利用。树华在创造自己的小环境，有什么样的人就有什么样的环境。后来，他也创造一个学校的环境，以他自己的理论，创造出意义来。这是一种"重撰"，是一种"深加工"。

三、关于愿景与梦想的"深加工"：用时间来换取空间

树华有自己的发展愿景，有自己的梦想，那就是做一个好教师，做一个名师。正如他一贯的"不回避"的态度，愿景、梦想那么坦诚、自然，表达出内心的敞亮与澄明。人怎能没有梦想呢？梦想是一种人的最伟大之处，丢掉梦想，不去梦想，不敢梦想，最伟大之处就暗淡无光。但是，现实在此岸，理想在彼岸，从此岸到彼岸，其间有多少困惑，多少挫折，多

少艰难，有的人就在其间迷惑了，以至迷乱了。树华却不是，他有自己的定力。有这么几句话，闪烁着树华理性思考的光彩。第一句："认识北斗星，走出沙漠。"几乎每个人心中都有一块"沙漠"，或大或小，但是真正地存在着。"沙漠"指人的弱点，心灵的苍凉、荒芜。走出"沙漠"，战胜人性的弱点，才会发现绿地，发现汩汩流淌的水流。走出"沙漠"靠什么？靠北斗星。北斗星，心中的指南针，即人生的理想，人生的追求。树华心中是有指南针的。第二句：向着"亮着"的方向。他说，"亮着"的方向就是课改的方向、儿童的方向、教育原本前行的方向。有了方向感，才会有目标感、动力感、前进感，也才会有信心、有勇气、有力量、有智慧。"亮着"的方向是理想的召唤、愿景的期盼、青春的光焰，只要心里"亮着"，理想、愿景、青春才会"亮着"。第三句："不要以为理所当然就是对的。"这句话特有哲思。理所当然，或是经验使然，或是习惯使然，或是想象、独测使然。理所当然很可能是过去时，而非现在时，更非未来时。这是树华对固有理念的反思与颠覆，他力求突破已有的经验框架，走向反思，走向理性，走向研究，走向"重撰"和"深加工"，寻找新的生长点，产生超越。

最有意思的是第四句："课堂进步需要用时间来换取空间。"我们需要空间，也需要时间，甚至更需要时间，没有时间，所有空间都没有意义。用时间换取空间，是在时间中生出更多更开阔更深刻的意义来，让意义充溢空间，让空间成为意义的载体，用意义来开拓空间。人的发展、名师的成长就是时间与空间的编织，就是在时间与空间的互编中彰显思想的张力和研究的价值。人生如此，名师成长如此，课堂教学亦如此。树华的体悟是，"每一次磨课都应是一场暴露，暴露是为了更本质的进步"。心，心里，既是空间，更是时间，更是意义之所在。

四、关于教学主张的"深加工"："言意共生"的语文教育追求

名师应当有自己的教学主张，这已成大家的共识。萧伯纳说：一个人要是没有什么主张，他就不会有风格，也不可能有。一个人的风格有多大

力量，就看他对自己的主张感觉得有多么强烈，他的信念有多么坚定。歌德在《歌德谈话录》中也这么说："一个作家的风格是他内心生活的准确标志。"树华一直在追求自己的教学风格，为此，一直在锻造、锤炼、提升自己的教学主张。这是一个专业化的过程，是教育思想淬化和具体化的过程。坚持这一过程，让自己的心里更"亮着"，让那"北斗星"永远照耀自己的语文教育。

追求的过程十分艰难，树华认真经历了从"简单"和"本色"，到"素"与"实"，再到"得意"与"得言"，这是一个追求本真语文的过程。应该说，简单语文、本色语文、语文的"素"与"实"，都是语文的本真，但是，树华对自己的要求是：不要为跟上别人的风向，而丢下了自己。他思考的是自己：内心的信念在哪？信念有多少坚定？对自己的主张感觉强烈吗？内心生活的准确标志，你究竟在哪里？其实，事实与经历告诉他，只思考自己还不够，还应当思考语文的本质。陈望道先生说：我们语文的研究，应该屁股坐在中国的今天，伸出一只手向古代要东西，伸出另一只手向外国要东西。这也许叫"中西兼得""中西共生"吧，植根于中华优秀传统文化的土壤，树华伸出了两只手，一只手伸向语言，一只手伸向意义、价值、情感，两只手都在人身上，合二为一，两者共生共长共享，将文中载道具化为"言意共生"，更具体，更可触摸，更可操作。1986年瑞典文学院设文学奖，目的不在文字而在语言，其任务在促进"纯洁、活力和庄严的瑞典语言"的发展。这些论述，从不同的角度，用不同的方式，表达了一个共同的意思：言意兼得、言意共生。这一主张让树华找到自己语文教育的魂，由此不难看出，"言意共生"也是世界各国关注和追求的。

我们常说，作者是寻找语言的流浪者。流浪者是自由的，但较为随意。语文教育好比作者，因为它要"重撰"。树华既是寻找语言的流浪者，又是寻找意义的流浪者，他心中有指南针，他理念系统中有主张，他既是自由的，又是规范的。这次的"深加工"，让树华的语文教育走上了一个新高度。

五、办学主张的"深加工"：明体达用思想下的文化建设

树华还是个校长，当了好多年副校长，最近几年任校长。这里遇到一个问题：当名师与当校长关系怎么处理？孰轻孰重？有了冲突，向哪边倾斜？管理学家德鲁克说：管理者和非管理者的区别是，当管理者之前是为自己发展，之后是为他人发展。有一定道理，道出了管理就是服务的理念。但在树华看来，二者却应该是互相支撑互相促进的，不过，应当让自己的专业发展腾出足够的时空，首先为学校、为教师的发展。他说："作为校长，我心知肚明：要做的不应只是专业擅长的语文学科，而是要办好一所学校。要借助学校顶层设计使所有老师凝神聚力，心无旁骛，步入专业发展的快车道。"思路是清晰的，重点是准确的。

一是明晰办学的核心主张。将校名"安定小学"与教育家胡安定先生自然联系在一起，"静下心来，以千年的安定教育思想为源头，对准新世纪的育人方向"，提出"明达教育"，并对胡安定先生的"明体达用"作出时代的解释：所谓"体"，即"立德明理，价值引领"；所谓"用"，即"生活体验，社会实践"。二是明晰学生发展的核心素养。从"明""博""乐""高""润"五个方面构建校本化的学生发展核心素养，具有浓郁的民族风格与地方特色，又具有普遍意义。三是明晰学校课程体系。"穷经以博古，治事以通今"——大阅读课程；"游历教学""娱乐教学"——实践体验活动课程；"切磋互商，自立新解"——课堂新学志；"润泽斯民"——环境课程。四是建设教师团队。"依靠""守望""顺应""创新"成了安定小学教师的精神生长地。

当安定小学校长还只是开始，但是姜树华已有了良好的开局，并有了新的发展，令人欣慰。这一学校文化的"深加工"，让学校走在文化之路上，用文化的力量，推动学校逐步迈向自由的境界。树华用自己亲身的经历与体悟，告诉大家，把个人发展的"深加工"与学校发展的"深加工"结合起来，自己才可能走向深处，学校才会走向高处，教育才能直抵核心和理想的彼岸。

画家、作家、诗人席慕蓉在《回望》中说："我多么希望，能够像好友蒋勋写给我的那句话一样：'书写者回头省视自己一路走来，可能忽然发现，原来走了那么久，现在才正要开始。'"这似乎也是写给姜树华的。姜树华会有更好的书写和开始的，因为他会在"重撰"中不断"深加工"的。

重要的一步

姜树华，这位特级教师，终于跨出了重要的一步：对自己语文教育的理解进行淬火，凝练成一个核心概念——言意共生，形成自己的教学主张——言意共生教语文。

这是从感性经验走向理性思考、概括的一步。姜树华有丰富的教学经验，他没有丢弃，但也没有止于经验。对经验的超越，走向了理性思考的深度。这一步意味着提升了学术研究的含量，他已从实践者逐步走向实践家。

这是平面描述走向立体建构的一步。平面的描述，往往只有一个维度，单一，不断重复，没有实质性的进展；立体建构，已开发了其他维度，把握了其他的向度，因而有了立体感、厚重感，这也是一种超越。这一步，让姜树华成为一个语文课程的建构者。

这是从引用名家名言走向综合研究的一步。我们很少关注同一话题的文献，即使关心，也只是摘一些名家名言，而很少进行综合、梳理，从中生发自己的见解，因而，有时候，我们很难准确地知道：现在，我在哪里？姜树华对言、意、言意等作了很好的爬梳，这是很大的进步。这一步，让姜树华开始成为文献研究者。

言意共生，是对语言与意识、与观念、与思想的关系的准确概括。马克思在论述"语言是思想的直接的实现形式"以后，还说："语言与意识有着同样久远的历史。……语言和意识一样，正是由于需要，由于有了和他人交往的迫切性需要才产生的。""观念从一开始就不可能离开语言而单独存在。""同样久远的历史"，"不可能……单独存在"，其实是言意共生的一种含义。言意的确是共存的，从来就没有脱离思想的语言，也没有脱离语言的思想。言意共生教语文，建立在语言与思想深刻联系的基础上，是对语文教学特性的一次重返和强调。

不仅止于此，言意共生还是对言意兼得的提升和超越。兼得，说的是二者不可偏废，都要关注、都要追求，这是一种并存、平行的关系，更多的是接受、得到。言意共生则不同。它不仅强调了言意的互存，更强调了共生，从发生学上阐明了言意是哪里来的；不仅告诉我们，对言与意要认真接受，更为重要的是要创造，要发现，要发展。

姜树华还大胆地指出"文以载道"的欠缺。他说："'道'不能代表全部的'意'，'意'却包含了'道'。"这一观点能否站得住脚，关键是对"道"的理解。在我的阅读视野里，学界对"道"的理解有很大的差异，如果将"道"解释为路径，那"道"当然不能代表全部的"意"。如果将"道"解释为规律，解释为生命的创造力，解释为哲学上可生一、可生二的那个"一"呢？很难说"道"不能代表全部的"意"了。但是，我想说的是，姜树华是经过一番广泛的阅读和深入思考的，不是随意提出来的。他有勇气，也很有实力。正是有了这样的勇气和实力，姜树华才能超越。我们也需要这样的勇气和实力，学术也才能不断繁荣和发展。为此，应对姜树华表示敬意。

共生的理论开拓了姜树华的视界，而且他作了很好的迁移和嫁接。言意共生，从另一个角度来看，是言与意的对话，用巴赫金的话来说，这是语言的狂欢。言意共生，产生了新的语言、新的意境，产生了新的语文生活。而这一切都在对话之中。言意共生提示了语文教学的本质特征和核心任务。

姜树华在追求学术性的同时，没有丢弃自己的实践。相反，学术研究改善了他的实践，提升了他的实践，实践丰富了他的见解，校正了他的一些想法。可以说，在他那儿，实践行动与理论探索也是共生的。实践与理论的共生，让他对言意共生的语文教学有了大体的框架建构，包括价值追求、实施策略、操作路径，以及理想状态。这一框架的建构与展开很不容易，而且很多地方写得很精彩。此外，他深入到不同文体的言意共生教学，作了具体的探索，初步概括出不同文体教学的小同特点，这就将言意共生教语文具体化了，可操作也可推广了。研究与实践到这个份上，难能可贵。

这几年，姜树华的进步很大。这固然与他的天赋、勤奋分不开，也与如皋、南通的教育环境、文化环境分不开，与南通名师导师团朱嘉耀团长、唐铁生、施建平、许友兰、袁炳飞等老师的指导分不开。希望姜树华永远不要忘了这些，不要忘了他们。

教学研究与实践上的一步，意义很大，有时候一步意味着一个阶段，甚至意味着一个新时代的开始。教改实践上，学术研究上，人生之路上，还有很多的"一步"要走。姜树华，你的下一步在哪里？怎么走？希望姜树华不断地去走好每一步，永远走向前去，前面的风景会更美好。

戚韵东：快乐的儿童教育

　　马克斯·韦伯在他的著名演讲《政治作为一种志业》中这么说："有资格将手放在历史舵轮上的人必须具备三种素质：一是对事业炽烈的热情，二是对实现目标的神圣感和现实责任感，三是冷静理智的判断力和洞察力。只有将这种情、意、知协调地结合在一起的人才有资格做政治家。"他说的是政治家，而教育家呢？我没有深入地研究。不过，我觉得，有资格将手放在教育地图上，推动教育世界发展的人，也应大体如此吧。而"进行时"中的教育家呢？我想不管怎么说，他（她）也一定是情、意、知协调地结合在一起的。这样的人一定是健康的、快乐的、大气的、智慧的。南京市琅琊路小学（以下简称琅小）的校长、特级教师戚韵东呢？她正是有这样的追求，有这样的素养，有这样的努力——她在教育家的进行时中。

　　英国作家劳伦斯曾经有这样的判断，永远不要相信艺术家，而要相信他笔下的故事……我理解，他所说的"故事"是事实，是实践，是案例。于是，我了解了戚韵东的"故事"，然后，我才写了以下的文字。

一、教育主张的坚守与超越：快乐做主人

　　提到琅小，我们自然会把目光转向上个世纪的八十年代末。那时，琅小以小主人教育来探索并推进素质教育，赢得了社会的高度赞誉和信任，

引起教育部的关注，进入国家级愉快教育的研究和实验，成为教育部向全国推广的先进典型。这是琅小历史上辉煌的一页。对1994年从邗江实验小学调入琅小的戚韵东来说，这是千载难逢的学习和发展机会。正是这段经历，让戚韵东逐渐明晰了儿童教育的一些基本问题，她的血脉里又一次被注入了教育"愉快"的因子，她的教育里植入了"小主人"的理念。这是琅小馈赠给的她最好的礼物，是琅小给她的最大的文化影响。

任何事物总要向前发展，时代总是呼唤着一批批的精英来推动社会的进步。愉快教育也是这样。2007年戚韵东从前任校长的手里接过了主管学校的重担。对年轻的戚校长来说，这重担无疑是一次巨大的考验，当然也是一次极好的机遇。处于高峰的琅小怎么发展？愉快教育、小主人教育的研究与实验如何深入？理论和一般规律告诉我们：继承、深入、完善、发展。这样的思路几乎所有的"接班人"都会形成，但真正实现的并不多。然而，戚韵东是成功的一个。

戚韵东以她一贯的温和、从容表达她的坚定与深刻。她依靠学校的老校长、老主任和所有教师，她依靠南师大的教授、学者，她依靠教科研的专家，对学校发展的核心理念和关键环节进行了深入的研讨。

戚韵东和她的伙伴十分珍惜小主人教育，但他们并不回避小主人教育的实践困惑和时代要求。戚韵东说：从教育立场上看，我们更多的是在成人视角上规划小主人发展的规格，而忽略了作为发展主体的儿童自身的规律性；从培养目标上看已形成的"小主人教育目标系列"太过理性，甚至于显得"冷峻"；从学理依据上看，小主人教育更倾向于从心理学意义上来探讨学生个体的积极情感对学习的促进，而从哲学角度关注和研究学生发展则显得不够；从教育实践上看，教育尚未突破当下儿童生存和发展的困境，诸如"童年的忙碌""童年的恐慌"。这样的分析既客观又深刻，没有实事求是的态度，没有迎接挑战的勇气，没有理性思考的实力，不可能有如此分析。

与此同时，戚韵东和她的团队对小主人教育与愉快教育的内在关联与逻辑作了剖析。她认为，愉快教育思想的逐入与本土化建构，为小主人教育提供了思想指导和情感动力的支撑；同时，做主人之后体验到最高层次的愉快，在根本上关照着愉快教育的情趣。最后的结论是：在琅小，小主人教育的"魂"与"体"不能丢，愉快教育的"情感动因"和人的"本质力量"也不能丢；小主人教育与愉快教育应当共生共长，并且要进行融合与提升，在二者之间寻找到关键性的联结点，在更高层次让二者融为一体。在分析、思考以后，戚韵东和她的团队渐渐地形成了"快乐做主人"这一主题，并形成琅小教育的共同愿景："放飞小主人教育理想，浸润小主人快乐童年。"毋庸置疑，这既是继承，又是发展，是基于继承的深入，是基于整合的突破。正是在这样研究的基础上，"快乐做主人"成了琅小的核心价值观，支撑并统领着琅小的教育体系，"快乐做小主人"成了琅小的核心教育理念和学校发展定位，凝练为琅小的教育目标；"快乐做主人"也成了琅小的教育策略和方式，闪烁着琅小人教育的艺术与智慧。总之，这是琅小的儿童教育现，是琅小的教育文化，升华为琅小的教育哲学。为学校建构起教育哲学，所有校长都要"为"，但又不是所有校长都能"为"，而戚韵东和她的团队"为"了。这，同样应当在琅小发展的历史上写下重重的一笔。

　　如果仔细分析一下，戚韵东和她的团队所建构的"快乐做主人"的教育哲学，还具有以下显著特点。第一，具有开阔而又深刻的理论视野。戚韵东他们认为"快乐做主人"是小学教育的基本命题。戚韵东说："小学教育的基本命题是对小学教育性质、任务和使命的基本判断"，"基本命题论证的过程，其实就是确证小学教育一系列基本问题与基本价值的过程"。而"快乐做主人"揭示了小学教育，乃至整个基础教育的本质性、根源性和普适性的特征。第二，具有浓郁而鲜明的中华民族文化特色。"快乐做主人"中的"快乐""主人"都是典型的中国文化元素。孔子早就说过："知之者不如好之者，好之者不如乐之者。"（《论语·雍也第六》）在"知""好"与"乐"之间，先哲选择了"乐"，可见快乐之于学习之于人生的价值意义。同样"主人"凸显了中华民族对人的意义的认识。生在孔子之前的晋国子产早就这么认定："天道远，人道迩。"强调重人道，而重人道就是注重人作为人，作为主人的深刻意蕴。可见"主人"的思想绝不仅仅属于西方。第三，具有个性鲜明的琅小校本特点。戚韵东认为，"快乐做主人"是素质教育的校本建构，不仅在理念上，而且在话语方式上也应转换。从"让学生成为主人"到"快乐做主人"，强调学生是活动的发出者，强调了教育的儿童立场。这一话语来自琅小，来自琅小的文化土壤，来自琅小的教育哲学，彰显了琅小校本化的话语风格。

我不能说"快乐的儿童教育"是戚韵东的首创，但是，我完全可以说，"快乐的儿童教育"是戚韵东他们在扎扎实实的研究与探索中的概括和提炼，它不仅具有琅小的校本特征，而且具有儿童教育的普遍意义和价值。尤其是，他们所提出的"快乐做主人"是小学教育的基本命题，可以丰富教育学理论，可以写进教育学。说到这儿，我们应当作出这样的评价：戚韵东和她的团队具有实践理论智慧，戚韵东完全可以成为教育实践家。当然，这既是一种赞誉，更是一种真情的期盼。

二、教学主张的提炼与升华：快乐学语文

戚韵东，语文教师出身，是一个优秀的语文教师。她珍惜这一身份，因而它并未被"校长"身份掩盖，更没有被校"长"身份替代。要知道，教师身份的被掩盖/被替代是容易的，往往就在不知不觉中；被掩盖、被替代又是如此的普遍，因为校长要做的事太多了，太忙了，有时，校长无法把握自己。戚韵东之所以保持着语文教师身份，而且语文教学方面越来越好，不仅是因为她有一份警惕性，更为重要的是，她内心存有浓厚的坚定的语文教师情结，这份情结源自她对语文教学的喜爱和热爱，也源自她对儿童真切的喜欢和爱——因为她觉得，儿童在课堂里更鲜活、更具体。正是语文教师情结，让她获得抵抗外来各种诱惑的力量。同时，她又认为，校长既要有宏大叙事，也要有微观叙事——何况，各科教学并不是纯粹的微观叙事。君不见，儿童教育家们——无论是陈鹤琴，还是斯霞、李吉林，不都有自己的教育教学专业？君不知，一个优秀的教师只有在课堂里站稳，才能在校园里站稳，才可能做一个优秀的校长？从这里，我们是

否又读得到戚韵东成功的密码呢？

二十年前，戚韵东刚刚踏上讲坛，就对自己发出了命令：做最好的教师。她说："最好是相对的，这是永远没有止境的追求。"从这个意义上说，最好其实就是更好。但是，理直气壮地提出做最好的教师，则表明一种更高的人生和事业的标杆。她还说："这是我的一份责任。"事实说明，一个人有没有追求是不同的。戚韵东带着责任去追求，结果她被评为名教师、中学高级教师、特级教师。

中学高级教师是一种职称，特级教师是一种荣誉称号，应该是"更好"的标志。不过，严格地说，这都是一种符号。因而，戚韵东看重的是"好""更好"的内涵及其深刻的价值，追求的是"更好"的语文教学、"更好"的语文教师的价值。何为价值？鲁洁教授把价值定义为"理想中的事实"。而且，价值不仅关联着理想，还关联着意义、创造。理想、意义、创造引导着戚韵东去追求语文教学的价值，追求体现价值的语文教学的核心理念——我把它叫作"教学主张"。教学主张是教育思想、教育理念的具体化、个性化，具有独特性和学科特质。对个人而言，教学主张是教学的灵魂，是教学改革和深入的重点，是形成教学风格的核心，是教学成熟和成功的重要标志。据此，戚韵东把"更好"定位在自己对教学主张的寻找和形成上。她找到了，而且确立了，那就是：快乐学语文。

显然，"快乐学语文"来自"快乐做主人"，是"快乐做主人"儿童教育观在语文学科教学中的延伸和渗透，但绝不是简单的、机械的"搬运"和借用。假若没有对"快乐做主人"深切的理解和准确的把握，假如没有对语文学科长期的研究实践与思考，就不会有"快乐学语文"主张的形成。"快乐学语文"不是口号，不是用"快乐"给"语文"贴标签，也不是让"语文"往"快乐"上硬靠，而是对语文课程本质，教学精髓、核心进行追问与探寻以后的结晶。

"快乐学语文"，每一个词都是关键，"语文"是其本体，"学"是核心，"快乐"则是学习的情态和动力。戚韵东这么反复说："我喜欢语文，更喜欢和孩子们一道快乐地学语文，我要把快乐的语文送给快乐的他们。"

词语的变化实质是理念的变化。从"快乐学语文"的表述来看，省却了"谁"。这"谁"当然是戚韵东后来阐释时所说的"孩子们"，是儿童。她在《快乐学语文——我的语文教学叙事》（《人民教育》2009年第13、14期）中这么认定："快乐学语文'追求的是学习的快乐，是'语文'本真的快乐，更是作为儿童生命经历的'儿童式'的快乐。""儿童式"，是属于儿童的，是儿童特有的，往本质上说，"儿童式"的意蕴是：儿童立场。只有确立真正的儿童立场，只有真正从儿童立场出发，才会有真正的小学语文，才会有真正的快乐，真正的快乐学语文。为此，戚韵东认为语文要贴近儿童生活的地面。而儿童立场又来自她童年的经历，她认为童年快乐了，儿童的未来才快乐，语文教学不能给儿童留下"童年的伤口"。她喜欢俄罗斯天才诗人巴尔蒙特的诗："我来到这个世界为的是看太阳，／和蔚蓝色的原野。／我来到这个世界为的是看太阳，／和连绵的群山。"不难理解，在戚韵东的心中，那太阳，那原野，那群山，都喻指儿童。

"学语文"，不是"教语文"，这也是一种立场。语文教学的立场因儿童立场而转变，站在儿童立场上，语文教学一定是"和孩子一道学语文"，而不是"教语文"。此外，语文教学的这一立场也是教学本身的特性使然。教学的核心是"学习"，是学生主动地学习、学会学习、创造性学习、享受学习。联合国教科文组织的《学会生存——教育世界的今天与明天》一书里早就有这样的判断和忠告："教学过程正逐步被学习过程所取代。"当教师的使命与艺术落实在"和孩子一道学语文"的时候，才会与儿童走到一起，教师和学生才会在语文教学过程中自然地融为一体。

至于"快乐"，戚韵东有极好的理解：（1）语文原本就应是快乐的，"学语文"的过程就是寻找快乐、发现快乐的过程。（2）快乐的语文是本真的语文，所以，要"把快乐的语文送给快乐的他们"，正如爱因斯坦所言，要让孩子把学习当作幸福的礼物来领受。（3）所谓语文的快乐，应当是"喜欢""丰富""深刻"，而不是形式上的快乐，应当充盈着意义。（4）语文的快乐应当有快乐的方式，如"游戏""审美"创造"等，即快乐的方式带来学习的快乐。（5）语文快乐的源泉是儿童快乐的生活。 在戚韵东看来，"快乐"也应是学习语文的目标。

这就是戚韵东语文教学的主张，这一主张是她在"自主语文"基础上的提炼和升华，是对"魅力语文"的超越和提升。戚韵东用她的语文教学证明，"教育家进行时"也要进行在学科教学的研究与改革中。

三、快乐之源的寻找与创造：道德与智慧领导

戚韵东在"快乐做主人"中信步，在"快乐学语文"中行走，她是快乐的。这是一种智慧。快乐来自她人格的完善，来自她心灵的丰富，来自她的道德领导。

大家都说戚韵东很能干。但又说她与一些能干的人不同，不同之处在于她有自己特有的处理问题的方式。老师们的描述是：她常常以微笑的方式应对困难和挑战，表达内心的从容；她也往往用温和的方式阐述自己的想法和主张，表达内心的坚定。但是，不管什么时候，用什么方式，她的眼睛总是很亮的，透着她的真诚、善良，透着她的勇气、大气。这样的眼睛无疑是美丽的，这样的方式无疑是优雅的，也是快乐的。用同事们的话来说，她"以优美的姿态与快乐同行"。其实，优美、快乐方式的背后是心态、思想和智慧。正是这样的心态、思想、智慧和方式，让她和教师们一起，把琅小再次推向高处，她自己也在"教育家进行时"中走得更高走得更好。

我们不妨用"温婉"来概括戚韵东的方式，而"温婉"恰恰体现了她的道德。美国学者、《道德领导：抵及学校改善的核心》的作者萨乔万尼有这样的理论：领导不仅是组织机构中的一种规范化、科学化的活动，而且也是领导者施展影响力的一种艺术活动。的确，一位优秀的领导者，往往也是一位对领导活动进行价值思考的哲学家。正是对领导活动本质的理解，才使领导者能够通过品格、修养和树立群体成员的共同理想等来使组织获得创造性的精神力量。显然，领导技术是重要的，但不少人由于对领导技术的过度推崇，无形中使人们忘记了领导价值和领导道德这一基础性问题。可戚韵东没有忘。她说：教师和学生对我的肯定与赞扬，说到底

是"对自己道德的肯定"。当然，在肯定道德、价值的同时，并不轻慢更不能否认领导的方式、艺术，以至领导的技术。戚韵东正是在道德、价值的引领下，艺术地运用了领导方式。这种温婉的方式与风格是道德的、智慧的，让她获得了快乐。

戚韵东领导的道德，表现在各个方面，尤其体现在她所确立并倡导的学生管理观和教师管理观上。她的学生管理观是："我们都在进步，我们都能成功，我们都很优秀。"她的教师管理观是："我们都很重要，我们都能成长，我们都能给学校带来变化。"在她的理念里，学生、教师都是复数，而不是单数，因而一定是"都"，而复数又都是由一个个具体的人组成的，因而，在她的理念里，教师和学生又都是"这一个""那一个"。不仅如此，关键是对他们的基本评价：都很重要、都在进步、都在成长、都在成功、都很优秀、都在发挥作用……这些不仅是鼓励和信任，而且是基于学生和教师潜能及发展态势的基本判断和肯定。其实，对人的认识和发现是最大的态势的基本判断和肯定。其实，对人的认识和发现是最大的智慧。卢梭说：在这世上，关于人的学问是最重要的而又是最不完备的。戚韵东一直在追寻这样的学问，一直用自己的心灵去体悟，用自己的道德实践去创造。这样的过程当然让她获得了快乐。

道德并不空洞。戚韵东在谈及她和学生的关系时还这么说：学生、教师对我的尊重也是对自己知识的折服。知识一旦与道德携起手来，就会转化为智慧。女性校长往往给人这样的印象：天性善良，天生细腻，原本温婉，而且重感性而轻理性。戚韵东有意识地克服这样的刻板印象，努力做一个有知识、有思想的女校长。她有自己的阅读时光，阅读让她站立在思想的高地上，因而，她才会对奥黛丽·赫本的诗句由衷地赞颂："魅力的双唇，在于亲切友善的语言。/可爱的眼睛，善于探寻别人的优点。/……优美的姿态，来源于与知识同行而非独行。/"她有深刻的自我追问与反思：我今天所积累的教育智慧是不是比昨天更丰富？我今天所进行的教育反思是不是比昨天更深刻？我今天面对学生教师的建议或意见是不是比昨天更虚心？……看来，道德与自我修养分不开。

这就是戚韵东的"由内而外"的修炼。这样的修炼，让她增长知识、生长智慧、生成道德、创造快乐。这样的快乐，这样的温婉，这样的道德，让这位年轻的女校长表现为大气——因为她有精神的高度，因为她有宏观的视野，因为她有开阔的胸襟，因为她心中有大爱。这种大爱，带来尊严，带来快乐。正因为此，"快乐做主人""快乐学语文"的形成都是"理所当然"的，快乐的儿童教育将会在更大的时空里唱响它的主旋律。

　　写到这儿，我还想补写一句：戚韵东，快乐地行走在教育家办学之路上吧，老师们，专家们，还有孩子们都会快乐地陪伴您！

李勤：永远朝着那"最初的方向"

李勤给我的鲜明印象是：平静，从容，任何时候脸上总是有微微的笑，不夸张，很安静。我完全可以想见，这样的笑容、这样的表情，在课堂是最具亲和力、学生最喜欢的。

其实，李勤的内心不平静，美国诗人惠特曼的诗句总是在她的心里升腾："一个孩子，向最初的方向走去。那最初的，变成了孩子生命的一部分。"她喜欢这样的诗句，一直追寻这"最初的方向"。也许，我们应该用"最初的"来涵盖李勤对教育、对儿童教育、对小学语文教学的理解，甚至可以用"最初的"来概括或描述她的教育主张和由此生长起来的教学风格。不仅如此，也许"最初的"——"最初的"儿童教育、"最初的"语文教学，是她永远的追寻。因为，在李勤的核心理念中，"那最初的"也是自己生命的一部分。

是的，"那最初的"，往往是最纯真的，最美好的，最神圣的。不过，在李勤看来，"那最初的"——准确地说，"向最初的方向走去"，更多的是一种使命与责任。"学校啊，当我把我的孩子交给你，你保证给他怎样的教育？今天清晨，我交给你一个欢欣诚实又聪颖的小孩，多年以后，你将还给我一个怎样的青年？"我们并不完全赞成张晓风把孩子成长的责任和希望全部交给学校，但不得不承认学校在孩子成长中的核心力量，该起的核心作用，和由此带来的担当。

李勤自然把自己也当作被提问中的"你"，而提问的不是某一个具体的家长，而是整个社会，整个民族，和整个的未来。有了这份"最初的"的方向感、使命感、责任感，有了这份"最初的"理解力、执行力、创造力，就必定使自己在"教育家进行时"中走得更快更好。而所有的这一切，李勤都把它们叫作"生命"，叫作"生命的生长"。所以，"最初的"与"生命成长"紧紧相连，"最初的"是为了以后更好地成长。生命成长从"最初的"开始，"最初的"本身就应该是健康的、良好的成长——无论是学生，还是自己。

一、自己，"向最初的方向走去"，做最优秀的学生，也一定要做最优秀的教师

李勤在初中毕业的时候，并没有能力，也没有想到对"最初的"进行判断与选择，而是出于家庭经济的窘迫，满怀无奈与不甘走进了南通师范学校。但是，"近20年的工作经历真真切切地告诉我：没有哪一种职业，会比教育更需要去眷顾心灵、思考生命、感悟意义；没有哪一种职业，能比教育更多地带给我们心灵打开、视野拓展、思想萌动、精神成长的喜悦"（李勤，《成长，生命最美的姿态》）。可见，那"最初的"的选择与确定，往往不是在那"最初的"时刻，而可能是在后来回顾那"最初的"的时刻。对"最初的"的认识，需要时间，需要实践的告诉。这就是生命成长带给李勤的成熟，带给她的理解力和感悟力。

就这样，去教小学生成了李勤"最初的方向"，这"最初的方向"也就成了李勤永远的选择："教师"成了她最喜欢、最感光荣和自豪的身份，"教育"成了她生命中最辉煌、最神圣的一部分。

问题还不在于对那"最初的"的认识，更为重要的是对那"最初的"的坚守和努力。如果坚守，如果努力，那么，那"最初的"就会成为那"永远的""永恒的"，真正成为生命的一部分。李勤正是这么去努力的。

首先，李勤为自己定了个准则。这准则是做学生时是优秀学生，做教师时也要做个优秀教师。实事求是地说，这一准则难度并不大，但又实事

求是地说，真正做到绝非易事。值得注意的是，李勤认为这一准则是她的"习惯使然"，"是在这份不经意间形成的工作习惯中，我的价值生命与意义生命被一点点唤醒"。当准则成为习惯的时候，已经融入生命之中去了。李勤在文章中也谈到人生标杆的问题。在她看来，人生的标杆不止一个，随着发展与提高，标杆应当随之提升。而跨越标杆所获得的荣誉称号，意义不在荣誉称号的本身，而在"称号的背后"，"是那一份份历练带给的毅力考量"。李勤的这一认识，正是对标杆的深度认识，是对准则的最生动的注释。看来，准则与标杆也来自那"最初的方向"和后来的承诺。

其次，李勤为自己找到位置。每个人在事业中、工作中都有自己的位置。明晰自己的位置，才会明晰自己的身份及今后发展的方向，才会明晰自己的职责及所能承担的范围。李勤的可贵之处在于她始终清醒，她所寻找和达到的位置就是"成为自己"。不要以为，自己就一定是自己，成为自己，意在主体意识的确立和个性化品质的形成。卢梭说："大自然塑造了我，然后把模子打碎了。"周国平的解释是：多数人忍受不了这个失去了模子的自己，于是又用公共的模子重新塑造一遍，结果彼此变得如此相似。所以，无论是大队辅导员，还是教科室主任，还是副校长，无论是普通教师，还是特级教师，还是首批人民教育家培养对象，李勤都清楚地知道，"我就是我""我还是我"。位置究竟在哪里？"如果要生长，必须埋到土地里去。……你是麦子，你的位置是在麦田里……"这是法国大画家梵·高给他弟弟提奥信里的话。只有深深地埋在土里，生命才会成长——李勤深知自己的位置是与大地联系在一起的，而这块大地是教育的广阔田野，无论走到哪里，李勤知道自己永远扎根在教育的土壤之中。

再次，李勤不断为自己提出"加速度"。黎巴嫩诗人纪伯伦曾说，人是一支队伍，但人总要离开队伍。不过，有的人因为嫌队伍走得过快，自己跟不上而离开队伍，有的人则因为嫌队伍走得慢，自己要走得快一点而离开了队伍。在集体里行走，自有集体的节律，集体在给你温暖和力量的同时，也会给你带来集体的制约。在集体里行走，能不能有"自己的速度"？自己能不能加速度，走在队伍前做个领跑者？当然可以，也应该。

李勤认为，既要珍视"集体的速度"，又应有"自己的速度"；凭集体的力量，让自己走得快一些，领跑一段时间，再回到队伍里去，正是为了让集体也加速度走得快一点。一个人有没有正常的速度、有没有匀速度固然重要，但有没有加速度、能不能加速度，更决定一个人的发展的速率和水平。当有人开玩笑地对李勤说：好啦，这下你能歇歇啦，许多人做了一辈子都达不到的你都达到了，你还想干吗？李勤对自己说："是啊，我想干吗？可心底的那个声音却越来越清晰：我不想干吗，只是内在的生命已经被唤醒，它已经停不下来了。"其实，心底里的那个声音来自"那最初的方向"，"最初的"往往是最顽强的，最可持续的。就是在加速度中，"最初的"才成为最遥远然而又是最现实的。

最后，李勤寻找到并垫起自己的高度。加速度让人走得快，高度让人看得远、有境界。高度并不意味职务和职称的高低，真正的高度是精神的而非物质的，真正的高度在于超越自己。高度从哪里来？李勤的回答是：高度来自思想，来自阅读。关于视界，关于诗意，关于意义，关于情感，关于职场与非职场，关于学生与儿童，关于根与种子……假若没有阅读，没有思考，李勤何来这么多的思想和想象？李勤说"读书是最好的心灵瑜伽"，书，最平淡又最真诚，它"不喧哗，不招摇，却以自身的丰富影响着你的丰富，以自身的安详引领着你的安详，以自身的厚重充盈着你的厚重"。是的，读书在丰富、安详、厚重着自己，而且，这样的丰富、安详、厚重，用法国莞洛亚的话来说，就是"书卷可以把我们带到我本身以外去"，用赫胥黎的话来说，就是"每个知道读书方法的人，都有一种力量可以把他自己放大"。李勤在读书和思想中寻找到了高度，又站在新的高度上去回望那"最初的"，结果是，再一次发现了那个"最初的"是通向未来的，那个"最初的"也是一种高度。这是精神的、思想的"放大"。当精神、思想放大时，人才会觉得自己的渺小和肤浅。当用阅读垫起了思想高度的时候，人才会用思想去放大"最初的"的意义。于是"最初的"就成了一块精神高地，在精神高地上不仅是在回望，更多的是遥望教育世界的明天、瞭望小孩变成青年的那美妙的时刻。也许到那个时刻，李勤才会最终回答说：我成了最优秀的教师。

二、学生，"向最初的方向走去"，成为真正意义上的儿童，而自己则成为儿童心灵的使者

惠特曼的诗原来就是写儿童的、为儿童而写的。"那最初的，变成了孩子生命的一部分。"对儿童来说，"那最初的"究竟是什么？"那最初的"究竟是怎么"变成了孩子生命的一部分"的？李勤在关注自己成长的同时，更关注儿童的成长。

李勤最爱的是她的学生，在她的许多文章里，你都可以读到让你怦然心动的关于她和学生的故事。比如，那个学生在毕业前的教师节语文课上悄悄传纸条的故事。当学生下课时站起来异口同声地深情地喊出"李老师辛苦了，祝您节日快乐！"的时候，李勤的心里在想什么呢？也许，这就是李勤给孩子们"那最初的"的生动具体的表达，而且这"最初的"已开始融入孩子的生命。不过，李勤知道寻找"那最初的"绝非易事，而是一个漫长的过程。

李勤首先思考学生的本质。"学生"这一概念没错，学生是学习者，但李勤认为这只是从教学的角度来理解，而在教育哲学里，学生的本质应是儿童。她说，"应还学生以儿童"。学生自有他学习、接受教育的任务，学生就应在课堂里、校园里健康成长。但是，现实的教育常常磨灭了学生作为儿童的天性，伤害了学生作为儿童最可贵的童心。当下的教育正是把"学生"与"儿童"对立起来，以"学生"遮蔽"儿童"天性，只见"学生"而不见"儿童"，只有所谓读书式的学习而无儿童的游戏与丰富的活动。这样的教育中，儿童已经逐步"老去"，童年已经逐步消逝。由此，李勤提出"还学生以儿童"具有勇气，又具有深刻的敏锐。

那么，儿童又是谁呢？李勤再深入地追问自己。她在文章里举出一些"童言"，其目的是让自己了解儿童的心理，让自己的思维贴近儿童的方式，以使自己站在儿童立场上，因而走进儿童的心灵。比如，儿童这么写自己的经历："上街时，毛毛把爸爸丢了。"儿童又这么去比喻："牵牛花

像个小弟弟爬在树上。"李勤认为，童言不仅无忌，而且童言可爱、童言深刻。了解儿童、认识儿童、发现儿童不妨从了解他们的话语开始，"还学生以儿童"应首先"还学生以儿童的话语"。从话语开始，李勤又将深层的意义定位于"还学生以儿童"是"还学生以人"。她说："我们的学生，既不是需要填充的器物，也不是任成人塑造和打磨的模具。他们是活生生的、有思想、有情感、有需求的'人'，而这个'人'有一个响亮的名字叫'儿童'；他们是独立于世的，并不是成人的附庸、任人打造生产的产品；他们虽不成熟，但并非一无所知，而是对世界充满了好奇、幻想；他们虽禀赋各异却不乏生命灵性、不乏独到见解。"李勤的话语里透出了鲜活的、发自内心的儿童观。的确，儿童首先是人。

李勤对"还学生以儿童"的认识还不止于"还学生以人"。她说，还学生以"儿童"，就是还学生"活泼泼的生命"，就是还学生"清凌凌的童心"，就是还学生"自由自在的创造"，让他们的诗性生命得以生动地表达。显然，李勤的儿童观基于对儿童生命、对儿童童心的认识。俄国诗人沃罗申在一首无题诗里写道："让我们像孩子那样逛逛世界 /……在平庸的灰暗的人群中间 / 孩子是未被承认的天才。"童心就是力量，童心就是创造，爱护童心就是呵护天才，呵护童心就是捍卫创造，就是捍卫未来。这是李勤对儿童"那最初的"的又一认识和发现。

认识、发现儿童是为了认识、发现教育，而且认识、发现儿童是为了认识、发现教育的基石和核心。因为，童年不仅是人的根基，而且也是人的核心，如同树木一样，那最初的年月被记录在年轮的最核心处，尽管它已被日后的岁月包围，但那最初的年月仍然发挥着核心作用。假若，教育不能直抵这一人的核心，就不是有效的教育，也不是真正的教育；假若，教育不站在这一人的基石上，就会摇摆，就会肤浅。教育的核心就是人的核心，教育的基石就是人的基石，而儿童、童年、童心又是人的核心和基石——李勤的教育观基于儿童观，儿童观又基于她的童心观，因而，她的教育才始终把握着教育"那最初的"又最本质的东西。

顺着"那最初的"和最本质的方向，李勤明晰并确立了自己的身份：

做孩子心灵的使者。她认为心灵使者在教育实践中具体表现为既要蹲下身子又能站起身来。她说，蹲下身来，才能倾听儿童心灵的声音，站起身来，是为放眼未来，引领儿童心灵向着崇高的远方。考究教师的身体的蹲与站还不够，她还认为要关注教师的眼神和儿童的眼神，要从儿童的眼神中发现自己教育的影子，使自己的眼神明亮起来、温柔起来、信任起来。如果说，教师的身体和眼神更多的还是教育的技艺的话，那么，教师以生命的方式对待儿童生命，则是教育的境界和智慧。孩子心灵使者这一身份，使李勤对教师的角色有了新的定位，有了新的视角，也有了新的方法。

就这样，从"还学生以儿童"这一命题出发，李勤步步逼近教育的真义与原义，走进了教育的核心和深处，引领儿童也引领自己不断从已知进入未知，从此岸渡向彼岸，向着"那最初的"、最美好的教育远方信步走去。

三、语文教学，"向最初的方向走去"，播下种子，建构"最初的语文"

李勤把对儿童的挚爱聚焦在语文教学上，在语文教学中认识、发现儿童，引领、发展儿童；又用儿童观支撑、引领语文教学。在她看来，"语文味"与"儿童味"是不矛盾的，语文教学与儿童研究不是两回事，而是一回事，关注、追求"语文味"十分重要，但关注、追求"儿童味"更为重要；最好的语文教学是把"语文味"与"儿童味"统一在一起，"语文味"应是儿童的"语文味"，"儿童味"通过"语文味"来体现。而当下，关注"语文味"不够，关注"儿童味"更不够。我理解，抑或说，这是李勤最根本的语文教学观，是她的语文教学主张。

在这一主张的引领下，李勤十分认真、努力地进行了语文教学改革实践，在实践中探索，在探索中发现，在发现中总结，不断反思，不断提炼，追求自己的教学风格，尝试着建构语文教学体系。

值得注意的是，将"儿童味"与"语文味"相统一，李勤仍然聚集在寻觅并坚守"那最初的方向"上。"那最初的方向"在哪里?"那最初的"是什么?同样的自我提问与追问,反复出现在她的语文教学改革中。她的寻觅与探索,她的发现与坚守是有成效的。

李勤认为,小学语文教学一定要给学生种下一颗颗种子。李勤说,教育是有层次的,起码有三层——"授受知识,启迪智慧,润泽生命",任何教育工作"都面临着其价值意义和方式等方面的重新审视与不断建构"。审视的结果是,长期以来,我们把种子定位在"知识"上,这样,语文教学中智慧是消遁的,生命是被遮盖的。知识的种子,其价值和意义不可否认,但只是传授知识远远不够,应当"转识成慧",还应当让知识获得生命。语文教学给学生播下的种子,说到底是生命的种子、人格的种子。

但是,语文毕竟是语文,不是品德课,不是班会课,语文给学生心灵种下的生命的、人格的种子应附着在语言文字上,应该在帮助学生正确理解和运用祖国语言文字的过程中培养他们的人文素养,激活他们的生命,塑造他们的人格。在这样的认识基础上,李勤借用肖川的话来进一步理解语言文字是什么:"语言像空气一样弥漫在我们生活的周围。它塑造着我们的气质、性格、感知方式,甚至是思维方式。"所以,她认为往深处讲,语言文字该是生命的冲动、生命灵性的感悟,"它不仅是文化赖以构成的基本要素,一种用以交往、认识和固定意义的工具,即'物性',更应具有'人性'"。她又引用海德格尔的话来对语言的本质作阐述:"人和语言的关系不是人用语言去做什么,而根本就是人存在于语言中,语言是人的主人,是人的存在家园,是真理的场所。"显然,李勤对语言、对语文的理解是深刻的,她已从感性走向了理性。

在语言文字的伴随下,人文素养、人格养成在学生心灵里种下了种子。李勤认为,这种伴随不应处在虚空的状态,而应实实在在,必须激活两大基本点。一是认知停靠点,使学生愿学、爱学、乐学;二是思维展开点,使学生会学、善学、创造性地学。认知的停靠点,让我们想见,学生与教师一同乘着一艘知识的快艇,从此岸向彼岸驶去。途中会在一个个码头停靠、休整、加油、检修,在停靠点上获得的知识、语言文字、人格素养才是稳妥的、落实的。思维的展开点，让我们想见，思维的过程一层一层展开，一层一层推进，在思维的碰撞中闪烁会学的灵性火花。绕过一个又一个暗礁、险浪，思维的快艇同样快速驶向一个新的岸头。

语文教学在学生心灵深处播下种子，李勤还有新的追问。追问的结果是，种子需要不断被呵护培育，需要不断发芽壮大，所以，语文教学是一种积累，要让学生"反刍"。总之小学语文教学是为学生的一生奠基的。正因为此，语文教学需要小中见大，需要丰富，也需要适度的深刻，绝不能降格。李勤说，小学语文教学不能降格为只是字词句篇、语修逻文的技术活、工具框，降格为知识的传授。因此，这样的语文，播下的种子一定会扎下根，长成树。在李勤看来，小学语文教学应当是由种子发芽长大的好大一棵树，其根深深扎在母语的土壤里。

说到这儿，我以为，李勤的语文教学，是在"语文味"与"儿童味"相统一的引领下，追求并形成了"最初的语文"。所谓"最初的语文"，就是瞭望人生"最初的方向"，把握语文的本质与精髓，把最有价值的"语文"，通过语文的方式，在学生开始起步学语文时，就在他们的心灵里播下种子，使之逐步成为学生生命的一部分。"最初的语文"是富有生长力的童年语文。

19世纪美国生态文学作家巴勒斯有一本代表作《醒来的森林》。惠特曼曾这么评价巴勒斯的作品："巴勒斯掌握了一门真正的艺术——那种不去刻意追求、顺其自然的成功艺术。"李勤通过她的教育艺术，循着学生成长的规律和语文的特质，使语文教学的种子长成了一棵棵树。看哪，那一棵棵树醒来了，沐浴着灿烂的阳光，在春天黎明的时分醒来了。这些醒来的小树永远朝着那"最初的方向"。

我赞赏那"最初的方向"，赞赏那朝着"最初方向"前行的教育，赞赏那"最初的语文"。

潘文彬：平衡中的突破，扎实中的灵动

名师应当有自己的教学风格。

潘文彬，这位年轻的语文特级教师，不断地追求，不断地锻造，教学风格已初步形成。潘文彬的教学风格，我们可以不去界定，却可以这样去描述：在平衡中突破，在扎实中灵动。

其实，这是一种勇气和智慧，这是一种教育思想和教学主张，具有鲜明的个性特征。是的，潘文彬用个性化的教育思想垫起了教学风格的高度，又用智慧锻造了教学风格的文化品性。

透过这种教学风格，我们看到的是潘文彬这个人——他的人格的真诚，他的性格的敦厚，以及他的做人行事的风格。

一、他很年轻

他认为，年轻人要勇敢地去逐浪，但不能去追风。因此，只有坚守了语文的自我，才不会迷失语文的自我。

如今追风逐浪是年轻人的时尚。潘文彬以他自己的行动对"追风逐浪"作了特别的解读：要逐浪，但不能追风——逐浪是一种勇敢，一种拼搏，一种追求；而追风则是一种浮躁，一种漂浮，一种盲目与轻信。于是，他既满腔热忱地投入到语文教学改革中去，又学会了静观变革中的问题及变革的走向。在纷繁复杂、乱花迷人的种种的改革现象中，他不慌张，不从众，善于分析，加以辨别，通过梳理，形成自己的见解，进而形成自己的主张。这种不慌张，不盲从，不仅是他的性格使然，更是他的一种洞察力的表现，是他对事物本质准确判断与把握的能力的体现。从中，我们不难看出潘文彬的成熟与沉稳、理智与对理性批判的诉求。

我们可以读读潘文彬的这段话："我们欣喜地看到这场新课程改革为语文教育洞开了一片美丽的天地：教师的教学理念转变了，课堂的气氛活跃了，语文课已不再是单调乏味的字、词、句、段的训练，而是给予了学生以丰富多彩的人文关怀；学生也不再是被动接受知识的容器，而是成为了学习的主人，他们的独特感受得到了珍视……这些可喜的变化，弥足珍贵。然而，在悉心洞察和静心思忖之后，我似乎又感觉到：我们的语文教育由于太过于强调新颖，追求前卫，又从一个极端走向了另一个极端。……课堂上已经出现了一些令人尴尬的失衡现象。愚以为，我们的语文如果在这场改革中不能找准自己的位置，就这么恍恍惚惚、虚无缥缈地进行下去，那么，就将会迷失自我。"

这种"以为"并不"愚"，相反，有很清醒和深刻的见地：并不反对课程改革，并不否认语文教学改革，并不把改革过程中的问题都归因于课程改革，而是在肯定进展和成绩的同时，指出值得关注和警惕的问题，进而让"恍恍惚惚"变得清晰明亮起来，让"虚无缥缈"真实踏实起来。其间，重要的是"找准自己的位置"。

找准自己的位置，就是找准改革的方向，在"逐浪"中不去追风，却要追逐改革的思想和理想，追逐自己在改革中所应把握的尺度和分寸。潘文彬认为，"必须守住一颗平常心"，必须"冷静地审视和反思""客观地传承和发展"。从这点出发，他运用了传统民族文化中的"中庸"思想。一些人常误以为"中庸"就是不偏不倚、不温不火，因而，"中庸"成了保守、落后、乖巧的代名词。其实，古人云："极高明而道中庸。"中庸是纷乱中的清晰，迷惑中的澄明，摇摆中的选择，选择后的坚守，极有分寸感、位置感和平衡感。因此，中庸是一种辩证法，是一种高明，是一种大智慧。

潘文彬选择了中庸，选择了改革中的平衡。但他不是止步于平衡，而是于平衡中突破。

从语文的特质出发，他处理好"人文性与工具性"的关系。他这么认定："语文是唯一以言语形式为教学内容的特殊学科，它主要不是学习文本的内容，而是学习文本本身所具有的言语形式。""语文的工具性和人文性是相辅相成、水乳交融的。工具性是人文性的载体。……人文性是工具性的升华。""语文的工具性昭示着语文不是一般的工具，而是融合了人文性的工具；语文的人文性也不是一般的人文性，它是负载在语文的工具性之上的。""语文教学要咬定'语言'不放松。"显然，这种中庸与平衡"道"出了潘文彬的文化底蕴，"道"出了他对民族文化精髓的把握。语文教学从语言文字入手，"寻求一种最佳的策略，引领学生向语言的更深处漫溯"。这既是语文教学本质、核心的回归，又是平衡中的突破。而这种突破是不声张的，就在"悄悄"中向更深处漫溯。正如王蒙先生所说，这样的突破与创新，既带有挑战性，又不让你感到不安。

在对待文本解读的深度上，潘文彬提出"适度"的观点。他认为，文本解读当然应该有深度，没有深度的解读就不可能有一定深度的教学，没有一定深度的教学也就不可能培养出有一定深度的学生。问题是"深"的"度"在哪里。首先，他认为，语文教学的深度应当是基于儿童发展的深度。"每位儿童的心灵都是一个独特的世界"，"教师要从生命的高度来看待学生，尊重每一个生命的存在价值"。因而，从儿童的实际与发展出发，既是实事求是的又是有深度的——这种深度就体现在促进儿童的发展上。其次，他认为，语文教学应从学生学习的问题开始。在语文教学中，要结合文本内容"创设一个开放而富有张力的问题情境。课堂上，一个有思维强度、足以引发学生探究的问题，特别容易激发学生的求知欲望，促使学生自主地、能动地去阅读文本，实现对文本的'二度创作'"。因而，所谓深度，是从学生问题出发后的思维与再创造。再次，他认为，深度是对文本"意义空白"的填补。他说："语文教材中有着许多的'意义空白'，这些'意义空白'需要在教师的引领下，由学生自己去填补……让学生能够采用新的思维方式，从不同的视角、不同层次去解读文本，创造性地去填补。"因而，深度在于对"意义空白"的发现、认识与开发。如此，可以认定，潘文彬所述的"深度"是"适度"的——适合儿童的、适合儿童思维的、适合儿童创造性学习的。

在对待语文教学的"简单"与"不简单"的争论上，潘文彬认为应当在两者之间行走。语文的外延几乎与生活等同，如此阔大，如此丰富，如此多彩，绝不是一个"简单"所能概括得了的。问题的关键在于如何看待和把握这个丰富的世界，以什么样的视角和方式来引领儿童进入。潘文彬的认识与策略是：追寻语文之本体，一要咬定青山，让学生在语文实践中理解祖国语文；二要胸藏万汇，让学生在语文实践中丰富语感图式；三要学以致用，让学生在语文实践中提高表达能力。他重视的是"语文实践"，而"语文实践"不是"简单"与"不简单"的单一偏向，而是两者的糅合。此外，他认为，即使是简单，也绝不是单调乏味，不是机械刻板。简单的背后实际上蕴含着的是最深刻的东西。它是对课标深入学习之后的准确把握，是对文本深刻解读之后的深入浅出。所以，在潘文彬看来，"简单"与"不简单"不是一个简单判断的问题，实际上是一个不简单的问题。这样，他行走在"简单"与"不简单"之间，应该说是在平衡中的一种突破。

从以上的追溯与解读看来，潘文彬在语文教学改革中坚守了自我，找到了自己的位置，保持了激情与理性的统一，积极与稳妥的统一，追求平衡，追求平衡中的突破，因而，坚守了语文的自我——语文就是语文。

二、他的教学很实在

他认为，实在是语文教学的当然境界。因此，只有守住了语言文字，才会科学地强化基础，也才会有真正的创新。

听过潘文彬的语文课或发言的人，都认为他很实在：语文课很实在，讲话很实在，人很实在。实在，是潘文彬风格的内核。他对"实在"有自己的解释，有自己的追求。潘文彬的"实在"，实实在在是他的创新基石，或曰实实在在就是他的创新。

也许我们对"实在"只停留在日常用语的理解上，而没有深入，因此，常把它与"保守"等同起来。潘文彬让"实在"从日常用语走向研究用语。他是这么解释的："实在，就是实事求是，合乎规律；实在，就是扎扎实实，地地道道；实在，意味着的是本质的回归；实在，强调着的是与时俱进；实在，追寻着的是新与活的融合。"说得好。这里对"实在"作了层次分类：实事求是，强调的是"实在"的思想原则和方向；本质回归，强调"实在"是从本质上生长出来的，不只是一种表象；扎扎实实，强调的是品质、作风与方式；与时俱进，强调的是"实在"的时代内涵，以及动态过程；而新与活的融合，则强调实中有活，实而不僵，实而不死。在潘文彬看来，活与新是不矛盾的，相反是互相包容和促进的。潘文彬的"实在观"为我们打开了视野，开掘了深度。

教学要实在针对了当下课堂教学倾向的时弊：追求花哨，搞形式主义，课堂教学成了教师的表演和炫技。如何克服？潘文彬从课堂教学要素的维度作了分析，并提出了明确的要求：教学目标要实——体现"下要保底，上不封顶"和"既要顾及全体，又要关注个别"的原则，同时认为目标是一个动态生成的开放系统；教学内容要实——关注的是语言本身的物质存在，要从一个个标点、一个个词语、一个个句子开始构建或更新学生的语言世界；教学过程要实——设计和开展不同对象、各种形式的对话活动，让学生实实在在经历对话的过程；教学手段要实——教学手段的选择与应用要以实用性、有效性为原则，手段一定要为目的服务、为内容服务；教学组织形式要实——突破传统语文教学组织的单一，从利于学生的学习和发展出发，追求组织形式的灵活多样，实现课堂教学中物理时空的不断拓展和心理时空的无限贴近；教学评价要实——力求评价的多元和灵活，关注评价的激励与服务，摆脱评价的空泛、虚无。

以上的解读，可以看出潘文彬的"实在"具有丰富的内涵，追求的是教学的针对性、有效性，表现为教学的品质。因而，这种"实在"是一种品位，与惯常经验与概念中的"抓得实"、只求结果而不求过程、只求效率而不求价值、只求认知而不求情感发展、只求实用而不求艺术性是完全不同的。这是对传统"实在"认识和风格的超越。

潘文彬的"实在"集中体现在打好语言文字理解、积累和运用的基础。在这一过程中，他力求用创新的理念引领打好扎实基础的过程，因此，打基础的过程也是培养学生创新精神的过程，也是激活教师创新教学活动的过程。如此，打基础与创新统一在一起，都是"实在"的。

我们可以作一些点击。

点击1：探寻语文教学的最佳路径。语文教学可以有多种不同的路径，尽管不同的路径都能最终通向目的地，但好的教学必须寻找最佳路径。潘文彬认为，最佳教学路径应当是基于学生的、为了学生的、学生自己的。第一，是自由的；第二，是思想的；第三，是成长的。这是一种可贵的思想：教学路径的核心是学生行走的最佳途径、最佳方式，教学路径说到底应是教师指导下的学生的学习路径。若达此目的，他认为关键在于研究——研究课程，研究文本，研究学生，当然也要研究自己。我们可以想见到，潘文彬在修远的漫漫之路上，上下求索的身影；可以想见到，潘文彬带领他的学生，在语文之山上步步攀登的姿态。最佳路径，就是最有利于学生学习和发展的教学路线、教学途径，最佳路径即学生的发展之道。

点击2：感悟。感悟是具有中国文化传统色彩的思维方式。感与悟，均源自"心"，都与"心"相连。因此，以心为本的思想是它的精神文化本原和特质。感悟介于理性和感性之间，是感性与理性的中介。潘文彬充分意识到感悟思维的特点与优势，并在语文教学中加以运用和发挥。他有个形象化的描述："感悟：言在左，意在右，智慧在中间。"这一描述的含义很清楚，即，语言文字既是感悟的对象，又是感悟的载体；通过语言文字感悟出文意、情意、深意，在心底里萌发，又浸溢在心灵深处；这一过程是智慧生长的过程。可见，"实在"还包含着实实在在地引导学生从语言文字的感悟中长出智慧来。这样的"实在"有智慧的火花，有突发而至的灵感，有意义之水的流淌。我的理解与想象是：语文课堂好比是一块实实在在的土壤，农夫怀着深深的情感，每一次耕耘都是实实在在的，耕耘的过程充满诗意，实实在在的土壤里长出的绿苗是灵动的、可爱的。

点击3："有意思"比"有意义"更重要。作文首先要让学生感到有意思，有意思他们才会有兴趣，才会有兴致，才会有志趣。长期以来，我们给小学生的作文很多的承载物，这些承载物压迫着学生，压挤着学生仅仅保存下来的一点点兴趣，因而作文教学往往以失败而告终。潘文彬有勇气命这个题："有意思"比"有意义"更重要。我们不是反对小学生作文有意义，而是不要把"有意义"的要求提得过早、过多、过高、过急。对此，潘文彬还有自己独特的理解："追求'有意思'可以使我们的作文少一些故作高深，多一点本然天成；少一些一本正经，多一些轻松自然；少一些老气横秋，多一些天真烂漫。其实，这才是作文的最大意义之所在啊！"他的意思很深刻：顺应儿童天性的作文是最有意义的。当然，这是非常有意思的话题。

总之，潘文彬的教学风格不是单一的，而是立体的：平衡中的突破，扎实中的灵动。这样的教学风格闪现着丰富的色彩。突然想起有人对哲学家尼采的评论：文学家的文采，哲学家的风采，思想家的神采，不世而出的天才——这就是尼采！我决非要把一个年轻教师与尼采相提并论，只是想说：让我们的智慧多彩！让我们的教学风格多彩！

三、他很有见解

他认为，名师可能做不了思想家，但应当是思想者；思想在阅读中生成，在实践中生长，在研究中升华。因此，他的生活方式是实在的，但生活状态是诗意的。

在与潘文彬的接触中，常常会感受到他的生活方式和生活状态。他是个实实在在的人，但他不满足于教学的现状与生活的现状，他有追求。而这种追求来自他的见解和思想，来自他的生活态度和理想。

首先，他有一种被追逐感。智者说：只有在你被追逐的时候，你才快跑。是谁在追逐潘文彬？可能是某几个走得快的教师，可能是这一轮课程改革，可能是这个时代，也可能是他自己。我以为，归根到底是他自己，因为超越自己比超越别人困难；敢于超越自己的人才会超越别人。黎巴嫩诗人纪伯伦说：生命是一支队伍。迟慢的人发现队伍走得太快了，他就走出队伍；快步的人发现队伍走得太慢了，他也走出了队伍。显然，潘文彬的生命是属于奔跑的，他怕落后，他要快步走。如今，他终于走出了队伍，开始在前面引路。

其次，他有一种陌生感。他在俄国形式主义理论家什克洛夫斯基的《作为手法的艺术》这篇文章中，读到"陌生化"的理论。"所谓的'陌生化'就是指把与人太切近的事物或现象推陈出新，以造成似曾相识的生疏感。"潘文彬如是说。不过，我以为他不仅是在讨论语文教学，更是讨论他的人生之道。人生中常有陌生感，才会有新鲜感，才会有创造欲。记不起是哪位学者说的：对于自我实现者，每一次日落都像第一次看见那样奇妙，每一朵花都温馨馥郁，令人喜爱不已，甚至在他见过许多花以后也是这样。这个人可能已经是第十次摆渡过河，在他第十一次渡河的时候，仍然有一种强烈的感受，一种对美的反应以及兴奋油然而生，就像他第一次渡河一样。真的，潘文彬，已不知第几次摆渡过河了，可他就有一种"对美的反应以及兴奋油然而生"。他总是像第一次渡河一样，充满激情，充满活力。

再次，他从阅读中生长自己的思想。在潘文彬的专著中，没有专门谈自己的阅读，但处处可见他阅读的体会，不读书是不可能有这样的体会，不可能有自己的见解，不可能生长出自己的思想来的。譬如，他读文艺理论，使他有了深度；譬如，他读教育理论，使他对教育教学有了一种透析力；譬如，他读中国的文典，使他有了一种底蕴；譬如，他读哲学，使他对所谓"合理想象"有自己的观点。高尔斯华绥说："书籍绝妙地帮助人走出'自我'的圈子。"走出"自我"，就会走向他人，走向他方，走向更广阔的世界。泰戈尔说："不要试图去填满生命的空白。"他的意思是要留出空白，让人去读书，去听音乐。潘文彬用阅读去充实自己的生命，走出了"自我"，站在精神高地上回望走过的路，瞭望语文教学改革的未来。

第四，他用写作改变自己的生命状态。潘文彬的写作之旅非常有意思，一开始是"硬"写出文章。这种"硬"写，是对自己惰性的逼迫和克服，是对目标的严格确定与执行。这需要意志。后来，他体会到"原来写作是需要经过一番漫长而艰苦的修炼的"。再后来，"从此，我就把写作当作自己教学行走的一种方式"。确如叶圣陶先生所言："写下来是个很有效的办法，叫你非想清楚不可。"潘文彬在写作中修炼自己的感悟，提炼自己的思想，在写作中成熟，在写作中使自己强壮起来。"真的，写作改变了我生命的状态。"这句肺腑之言，道出的是他的艰辛，道出的是他的成功的一个秘诀。

我想说的话还有很多很多，不过以后还有说话的机会。最后，我只想说：潘文彬，继续你的探索，在平衡中求突破，在扎实中求灵动，让自己的教学风格更鲜明起来，让智慧之光闪烁，让思想的血液流动。

李建成：语文成长观

李建成，洪泽县实验小学校长（注：现在是洪泽县高中的校长了），语文特级教师，江苏省人民教育家培养工程培养对象。他集中梳理了自己的语文教学，明确提出自己的语文教学主张：让学生和语文一起成长。这一主张很鲜明，很独特，很有意思，透析了他的语文教学追求，表达了他对语文教学意义与价值的深度思考。当然，这也引起了我的思考："让学生和语文一起成长"是一个内涵丰富的命题，也是一个很有见地的教学主张。

其一，语文成长观是从李建成的"成长"经历和感悟中"长"出来的。李建成是一个不断"成长"着的人。这似乎是个伪命题，哪个人不在成长？其实不然，不是所有人都在成长——我说的是思想、精神的正向成长，是生命的丰盈和强大。李建成恰恰是一个追求精神成长的人。他的成长表现为爱思考，是在思考中成长。而他思考的方式主要是阅读、写作，以及与别人交谈、讨论。因此，阅读、写作、交谈、讨论成了他成长的方式，也成了他成长的动力。阅读，使他视野开阔；写作，使他思想缜密；交谈，使他获得新的思考点和生长点；讨论，则使他逐步深刻。

他对成长的认识与思考是深刻的。他认为，成长是一种生长，是生命内部力量的自然表现；成长是一种姿态，是向上、向外、向远处的拓展和瞭望；成长是一种过程，是内心唤醒、积聚、升华的过程。他认为，这一切既需要内在的力量，即生命的力量，又需要外部的力量，即教育的力量，准确地说，两种力量汇聚成文化的力量。不难理解，他的语文观是成长观，来源于他自己的成长经历与体验；他的语文成长观是植根于他自己成长的情境之中的。李建成语文教学主张的形成和表达告诉我们，语文教学主张不是外在于生命的，是在自己生命中成长起来的，因而，语文教学的阅读、写作、交谈、讨论是多么重要。

其二，语文成长观是在他办学核心理念的践行中自然生成的。走进洪泽县实验小学你会看到"成长"二字。成长成了学校办学、教育的主旋律。成长，让学校蓬勃向上，充满无限的生机，因此，"成长"二字不是镌刻在石头上，不是镶嵌在墙壁上，而是充溢在师生的生活中，当然也充溢在课程中。成长成为课程建设的主旋律，成为课程建设的重要标志。不难理解，语文也应当是成长的。

李建成的语文成长观告诉我们，任何一种教学主张的生成，需要一块文化土壤。学校应当是教学主张的诞生地、栖息地。问题在于学校有没有成为文化土壤，校长有没有自己的核心教育理念。李建成就是用学校的核心理念来观照和引领课程改革，让学校核心理念与学科改革产生一种契合。问题还在于教师自己有没有一种敏锐，有没有一种责任感。所谓敏锐，是指教师使自己的教学主张与学校的核心理念相对接、相呼应；所谓责任感，是说教师应当从自己的学科教学出发，使学校的核心理念在教学中具体化，从而支撑和丰富学校的核心理念。在洪泽县实验小学，这点是相当突出的。

其三，语文成长观基于对语文特质的深刻认知。语文究竟是一门什么样的课程，长期以来，大家都围绕着"工具性与人文性"讨论，这固然是一个重要的命题与视角，但仅从这一个视角来讨论似乎是不够的，必须寻找另外的视角。李建成找到了，那就是生命的视角，他认定语文是有生命的，"语文是成长的"。他说，"语文，无论作为人文社会科学的一门学科，还是人们相互交流思想的工具，无论是一门文化艺术，还是用来积累和开拓精神财富的载体，她都是不断发展的"，是具有强大生命力的。

是的，语文是有生命的。仅从语言文字来看，马克思就有深刻的论述："观念从一开始就不可能离开语言而单独存在。""语言是思想的直接实现形式。"马克思正是"在澎湃的思想上盘旋"，"找到了语言"，于是，"灵魂这家伙，从人的身体里不断涌出"。马克思让我们看到了语言文字鲜活的生命，看到了勃勃生机。哲学家海德格尔的论述也是为大家所熟知的："语言是存在的家。"他又说："我们把呼唤看做一种言说……呼声从远方来，到远方去。"就是在呼声的"来去"之间，我们听到了语言文字的生命发出的呼唤。李泽厚提出"情本体"，要让哲学"走出语言"，不过他接着解释："人的一切活动不能'走出语言'的，所以，所谓'走出语言'，不是让人不用语言……而是让人不可为语言的牢笼所框住。"其实，活生生的语言不可能是"牢笼"，而真的如海德格尔所说的是"家"。李建成"让学生带着'写什么'和'怎么写'读文章，在作者和文本情感体验的对话中同成长"，又"让学生带着'悟什么'和'怎么悟'做作文，在见闻和个体感悟表达的创造中同成长"，就是把准了语文的特质——语言文字的运用，让语文教学、语文学习成为一个生命成长的过程。

　　其四，语文成长观说到底是儿童成长观、儿童创造观。语文是有生命的，儿童更是有生命的，语文教学应当是两种生命的相遇，是两种生命相遇中的对话、分享与共长。所以，李建成的语文教学主张是"让学生和语文一起成长"。

　　李建成有自己的儿童观。他认为儿童是活生生的语言拥有者，是活生生的语言享用者，也是活生生的语言创造者。而儿童语言的拥有、享用和创造，既来自他们心灵中的智慧，也来自丰富的生活，抑或说儿童语言是丰富生活中儿童灵性的显现。拿作文教学来说，李建成主张"作文教学应追求学生'做作文'：引导他们自己去'种稻''机米''做饭'，感受生活，在生活实践中感悟生活见闻和个体认识。……学生在这个过程中创造了生活，丰富了语文内容；完成了写作任务，提升了语言表达能力，促进语言智慧和情感生命的成长"。

　　李建成的思考和实践并没有止于此，他进一步的探索是，如何让儿童拥有、享用、创造语言文字，即如何让学生和语文一起成长。他找到了一个关键，那就是解放儿童，让儿童健康、快乐成长。他没有让"成长"离开自己，离开自己的语文教学，他的"语文教学之手"紧紧地把儿童成长与语文成长拉起来。他认为，儿童成长的过程是一个解放的过程，解放既是儿童成长的保证，又是儿童成长的重要标尺。解放的起点在于尊重儿童，尊重的起点在于尊重和引领学生的学习方式。学生拥有适合的语文学习方式，才会有适合自己的语文学习，在适合的语文学习中才有可能怀着喜悦与成功的期盼去创造自己的语文，真正到达"让学生和语文一起成长"的理想境界。

说到这儿，我还想重复开头的话："让学生和语文一起成长"真是一个有意思的、有意义的，深刻的、独特的话题。李建成又"成长"了。

李琳：让儿童的语文学习美丽起来

为"研究性课堂教学"课题常去力学小学，当然和分管教育科研的副校长李琳有很多接触，包括交谈和讨论，还听过她的语文课，后来听说，她被评为"南京市最美丽的女教师"，因此开始关注她的美丽。

世上对美丽有很多很多的解释，还有十分精彩的演绎。其实，美丽是因人而异的——不同的人有不同的表达和关注的侧面，不同的人也有不同的审美标准和视角。不过，对美丽总还是有基本规定性的，那就是：内在的美超越外表的美；思想比脸蛋更重要。其实，李琳是将以上两个方面结合在一起的，因而，美丽在她那儿是完整的，是深刻的。

这种美的统一和结合，体现在语文教学上，就有了对美丽的语文和语文的美丽的追求，尤其是体现在她的语文教学的核心理念和鲜明特色上。

核心理念就是教学的魂灵，否则，"美丽"只是空壳——外表的漂亮，充其量只能算是小美丽。李琳以她的语文教学研究、实践，彰显了这样的理念：语文应是一个体系，语文教学应致力于这一体系的研究与构建，而体系的核心应是儿童的语文学习。

所谓语文教学体系，在李琳看来，应当是由两部分构建：语文课堂教学与语文课外阅读。也许有些人对此不屑一顾：谁不知道？是的，这是尽人皆知的，但李琳的不同之处在于，她有一种"大语文"的自觉：她认真建构了，她还真正优化了。自觉，表现为她认识的深刻和不懈的坚守；建构，表现为她建构的方法和结果；优化，表现为她从课时优化开始，从时间上予以保证，又从体系的完善上着力。在这一体系中，"一位作家·一套丛书·一本经典"的儿童文学阅读，具有独特的视角、创新的价值、可操作的方法系统和校本化的特点。准确地说，这一体系就是力学小学语文教学的校本体系。

把课内与课外打通，使二者结合，实质是拆除语文与生活的藩篱，是融合语文与生活，这当然就是"开放的语文"。开放的语文肯定是丰富的、多元的，线条亦是清晰的；学习这样的语文，也肯定是快乐的，有幸福的体验和分享的经验。

值得注意的是，这一校本化的语文教学体系的核心是儿童的语文学习。显然，李琳为儿童的语文学习而建构的语文教学体系，为儿童的语文学习教语文；儿童的语文学习，是让儿童学会语文，主动地学语文；儿童语文学习既是李琳语文教学的出发点，又是她语文教学的宗旨，还是她教学的主要评价标尺。而儿童的语文学习的理论假设，李琳以为是：每一个孩子都可以成为语文学习的能手和高手。正因为此，儿童的语文学习是对儿童天性的呵护和对学习语文潜能的开发。

在核心理念的引领和推动下，李琳的语文教学形成了一些鲜明特色。我以为，李琳语文教学的特色，一是她把握了语文的"独当之任"——对祖国语言文字的理解和运用，不仅重构内容，而且更重视形式，即是怎么组织的，怎么表达的。为此，李琳特别重视语言的品味和运用训练。这是语文教学共同的普遍的要求，但谁理解得深，谁把握得准，谁运用得好，就成了他的特色。李琳就是这样的"谁"。李琳是真正在教语文。二是李琳的教学风格。她的风格其实是洗练。表现为教学中不拖泥带水，干净、干脆，因而干练，而干练中也充满激情。这就是李琳的个性在语文教学中的表现。这一风格并不仅仅意味着清晰，更不意味着内容的干瘪，恰恰是蕴藏着丰富和意蕴的深远，值得回味。这样，教学中就留下了师生，尤其是学生创造的空间。三是李琳的语言特色。李琳十分讲究语言文字的美，追求诗意。其实，表面上看是美和诗意，而实质是思想的深刻。马克思说得好："语言是思想的直接现实。"因为，有了思想，语言才有了深度，才会有思想的美和诗意。这样的语言无形中影响了学生。李琳所教的学生语言文字水平都较高，语文素养都较好。

李林之所以形成了自己语文教学的特色有各种因素。第一，是她的"语文精神"。这种精神是她对语文的挚爱，在语文路上的美丽行走，以及在语文高山攀登的勇敢。第二，是她的文学素养。老师们说，李琳的书房里有几柜子书，这些书踮起了她的脚跟，给了她一双隐形的翅膀。文学素养的提升，使李琳在举手投足间有了气质，她在教学行为上闪现着人文的色彩。第三，是她的儿童立场。她与儿童心心相连，走进儿童的心灵世界，了解儿童，理解儿童，启发儿童，引领儿童。儿童立场决定着李琳的情感、态度和价值观。第四，是她的研究品质。李琳爱研究，会研究，深入研究，研究成了她的习惯，而且培植了实事求是以及求美求善的品质，让她有了深度和高度。第五，是她的青年教师情怀。尽管李琳还很年轻，但她常常给比她小的教师许多真诚的帮助、指导和服务，难怪不少青年教师发自内心地称她为"师父"。这种情怀，是开放的，广阔的，是可贵的。也正因为此，李琳才赢得了大家的尊敬。

还是回到美的话题上来。李琳是美丽的，李琳的语文教学是美丽的，李琳因语文教学的美丽而显得更加美丽。李琳语文教学的美丽，让我们对美丽的语文和语文的美丽，有了更深入的领悟。因此，我们应当追求语文教学真正的美的价值和意蕴。

辑四 语文的诗学

审美、美学精神应当是语文诗学的最高境界。

王爱华："三味课堂"的价值意蕴与建构

认识王爱华老师已十五六年了。那时，她还是个年轻的语文教师。一次，我在她所在的学校作讲座，王老师坐在下面听着，认真、专注，好像一直在思考，那神情至今我都记得。

王爱华老师现在是南通市小学语文教研员，指导着整个南通市的小学语文教学的研究工作，担子很重，不过，她给我的印象是，在认真、专注之外，还有激情，思考仍活跃其间，她对语文教学改革心中很有数。和她谈起小学语文教学改革、南通小学语文教学研究时，她的意见思路很清楚，也很具体，不时表达自己的见解，且见解颇有新意和深意。当然，她还很执著，不轻易改变自己的看法，甚至有点"任性"。对此，我还是很赞赏的。

一次，王老师给我电话，说她有个想法——小学语文"三味课堂"，即语文味、儿童味、家常味，征求我的意见。我思考以后给她答复："三味课堂"的提法是好的。后来，在海门、通州、启东召开过"三味课堂"教学研讨会，我参加了，听她和她的团队的介绍，对"三味课堂"有了感性认识，也有了一点深入的思考。在赞赏的同时我想就一些问题作一点深入的阐释。

其一，我赞赏、支持王爱华的勇气和眼界。一个地区的教研员究竟以什么来影响、指导当地的教学改革？大概有两种方式，一是具体的方法、途径、技术指导，一是以理念、主张来指导。前者是形而下的，后者是形而上的。所谓形而上，就是要在方向上、思路上、特色上组织大家研究，而"三味课堂"显然属于后者。帕斯卡尔早就指出，人的全部尊严在于思想，当然这也是教研员的全部尊严之所在。方法、途径、技术等指导固然重要，但这些东西教师们可以在实践中探索、生成、创造，而方向、思路、特色则需要有高位的指导和引领。王爱华有这种责任感，她有勇气，而勇气正来自她对语文教学的深度理解和她更加开阔的眼界。一个教师应当逐步明晰自己的教学主张，一个地区的语文教学同样如此。王爱华不仅有责任感，而且是有智慧的。

其二，"三味课堂"从不同的角度突显教学及语文教学的特质，从整体上构建小学语文教学。语文教学改革可以有不同的角度，有不同的切入口，改革的样态是多元的。不过作为一个地区的教研员则应当有宏观的、战略的思维，从整体上思考，通过顶层设计去推进，否则很有可能偏于一隅，偏于个人的视野和偏好，致使教学有失偏颇，淡忘教学改革的基本规律。"三味课堂"则不然。语文味，从语文本体去思考，指向语文的特质，体现语文的"独当之任"，让语文更"语文"一些；儿童味，从教学中的主要关系去思考，指向学习的主体——学习者、儿童，语文应是儿童自己的语文，语文中永远有儿童的身影，儿童永远在语文的中央；家常味，从教学的展开形态去思考，指向语文教学的日常形态，真实、自然，月月如此，天天如此，成为常态。三味，语文的特质、儿童学语文的特点、日常语文教学的特征，构成了语文教学的立方体，不同的侧面有不同的"味"，但每一个侧面又不是单一的"味"，三味——三个方面是相互依存、相互支撑、相互促进的，这是一个整体，犹如一个立方体矗立在课堂里，给儿童整体的影响，也给教师以整体的引领。

其三，"三味课堂"有一个核心——儿童。"三味课堂"以儿童的语文学习为尺度，它不是成人的语文，是儿童的语文；不是教师的语文，是儿童自我建构的语文；不是少数儿童的语文，是所有儿童共同的语文。这就是常说的教育的基本立场——儿童立场。倘若，"三味课堂"只关注语文味，把语文的特质、语文的"独当之任"搞得十分清楚，而这一切游离于儿童学语文之外，亦即没有儿童味，这样的语文味有何价值呢？同样，提倡家常味，而不关注儿童的学习常态，也是无意义的。所谓家常味，就是儿童学习语文的"正态"，是常态。因此，三味应以儿童学习为核心来设计、来展开，以儿童学语文为根本尺度来评价。这样的整体建构才有魂，才有目的，才能体现语文育人的核心理念。随着研究的深入，儿童味与语文味的结合，实质是指儿童发展核心素养以及语文学科核心素养，在核心素养目标的引领下，"三味课堂"研究进入一个新阶段。

其四，"三味课堂"有一个传统——文以载道。中唐韩愈曾提出"文以贯道"，宋理学家周敦颐在这基础上作了这样的阐释：文，所以载道也。文以载道的意思是说"文"像车，"道"像车上所载的货物。通过车的运载，货物才可以达到目的地。因此，文就是传播道、传承道的手段和工具。文，是文学、是语文。道，是思想、是道德、是价值。所以说，语文本来就有传承思想、道德和价值的功能和责任。而"三味课堂"中就内蕴着文与道的统一。语文味，通过文以载道，让语文、让语文教学更有味、更有其本味。儿童味，正如前面说过的，语文味离了儿童就变了，这个味也就损失其价值了。因此，文以载道的实现都聚焦于儿童在文中的价值澄清、领悟以及教师的引导。家常味，就是让道得以家常化、常态化，当文中之道成为常态时，就会天长地久地沁入儿童的心灵。通过对这一传统的继承，"三味课堂"才能够发展得更有方向感、价值感和同一感。

其五，"三味课堂"是对情境教育的坚守和创造性转化。李吉林老师的情境教育是重要的教学流派和学派，解决了教学及其研究中的一些基本的、根本性问题，引导学生在真实的、优化了的情境中学习，学得快乐，学得高效。情境教育研究是从语文教学开始和突破的，对语文教学改革有着可持续的深远影响。毋庸置疑，"三味课堂"一定要充分体现情境教育的理念和经验，用情境教育来引领"三味课堂"的研究与实践。从另一个角度说，"三味课堂"是情境教育的一个部分，也是情境教育的具体化，是情境教育的一种表现形态。王爱华就是这么认识和设计的。事实正是这样。所谓儿童味，体现的是情境学习中的主体；所谓语文味，体现的是情境语文的核心要义；所谓家常味，体现的是常态的学习情境。依我看，"味"就是一种情景、情境，且是对情景、情境的情感表达，是一种表情，更有情感、态度、价值观的认知与体现，它更生活，让情境教育在"味"中传播。因而"味"应当是以品的方式学语文，语文教学有了品位。而这一切又都体现了南通小学语文教学的特色和价值追求。南通小学语文教学有着悠久而优秀的传统，有着丰富的积淀，自然形成一个派别，我以为就是"通派语文"。通派语文以情境教育为集大成者，以情境教育为代表、为典范，"三味课堂"正是通派语文的具体的、生动的体现。

"三味课堂"正在向我们讲述着一个语文的故事，这一故事是分章节的。无论是这章还是那章，也无论是这节还是那节，都很有味道，这些味道可以沁入心扉，滋润儿童的心田。"三味课堂"这一故事的主人公是儿童，这一故事的编创者是南通的小学语文老师们，这一故事的首倡者是王爱华老师。我们爱读这样的故事，我们将续写这一故事。

是的，语文是个故事，语文教学改革是个故事。故事之"味"是一种吸引力、影响力和引领力。用这样的"味"，用"三味课堂"继续吸引、影响、引领小学语文教学改革，从而让小学语文诞生更精彩的故事。

张学青：与儿童情感脉搏一起跳动

几年前，在福建的福州参加一次语文教学研讨会，听张学青的一堂语文课。坐在旁边的赵小雅和我说了一句：这是至今为止她所听到的一堂真正的阅读课。赵小雅，时任《中国教育报·课程周刊》主编，才女，眼睛很"毒"。她曾经这么定义"诗"："诗，就是——喘着——气——说话。"美妙，深刻至极。我相信赵小雅主编对张学青语文课的评价。

当时学青教的是什么课文已经记不清了，但她的文学气质，和学生交流的语气，对课文的阐释和引导，我的印象是很深的。她似乎和孩子的心灵在悄悄对话，与孩子的脉搏一起在有节奏地跳动，像是给孩子吹去一股什么风。读了她的著作，我才知道，用书名《给孩子上文学课》来概括我的感受才是最为贴切的。"给孩子上文学课"，一如学青的风格：静静的，轻轻的，平实的，然而深蕴着她的激情；有时，她又快言快语，带一点锋利，然而却透着她的真诚和直率，不加任何装饰。我很欣赏。

"给孩子上文学课"的意义究竟在哪里？作家张丽钧曾在搞一项面对高中生的"语文学习现状问卷调查"时，加进了一个填空题——"语文，是写给（　）的情书"，要求学生根据自己的理解随意填写。调查结果归为五类：崇高类、功利类、混沌类、谐谑类、靠谱类。她说，对谐谑类表示理解，写出这类答案的孩子有一颗叛逆的心；而对靠谱类则奉献敬意和爱意，写出这类答案的孩子堪称语文的知己，因为这类答案涉及的关键词是：生活、精神、灵魂、人格……张丽钧的调研实在有创意，有诗意，触及语文的一些深层次的问题，可以说触及了语文的本质和核心价值，虽说是针对高中生的，可具有十分重要的普遍意义。

小学呢？学青用这本书作了准确、清晰、生动、深刻的回答。从她的语文教学中，我领悟到，语文，是与情感脉搏一起跳动的儿童哲学。这里暗藏着一句话：文学，是以文学的方式馈赠给儿童的精神哲学的礼物。也就是说，它不像哲学那样，穿起礼袍，像模像样，甚至是一本正经地走在圣道上，而是穿着便服，和蔼地走在普通道路上。其实，用黑格尔的话来说，后者也是哲学，是普通人的哲学。这条哲学之路，走的人越走越多，越走越喜欢。将学青上的文学课，比作儿童精神哲学一点都不为过。我们暂不深究她的具体课例与她的解读，先读读她所拟写的标题：儿童，就是最美的春天；只是因为停不了；使看不见的被看见；念念不忘，终有回响；让诗性之光穿透教育的雾霾；这样的夜啊，有文学的光……在"后记"里，学青这么小结："文学对人的情感的熏陶，并不是徒长一点伤春悲秋的情绪，而是借助作品，唤醒和点燃人的恻隐之心，辞让之心，是非之心以及澡雪精神，从而唤起人对这个世界最深切的理解和同情，以及向着美好生长的力量。"这正是对哲学、对儿童精神哲学真切的阐释和文学化的表达。

布罗茨基说："文学是伦理学之母。"杜威曾说，教育学是哲学，哲学说到底是教育学。文学课不能离开文学，讨论文学课也不能离开文学讨论什么美学、伦理学、哲学。但与此同时，也不能囿于文学、止于文学讨论文学，若此，我们的视野会窄起来，格局会小起来，格调也就浅了起来，价值立意显然是不高的。学青认定"文学是人学"这一世界性的共识。她说："我们的教学对象是'人'，当然离不开'人学'。"接着她指出，"文学对于小学生而言，是种高不可攀的东西，只有中学、大学才有资格、有能力去接触它、研究它"这一认识是个大误区。文学是儿童精神哲学恰是对"文学是人学"的深刻追问与回应。况且，儿童是哲学家，这同样是世界性的共识。既如此，儿童当然可以学哲学，让文学中透射出精神哲学的意蕴来，是没错的。

可贵的还在于学青"给孩子上文学课"还绘制了一幅文学学习地图：从散文、童话、小说、诗歌、图画书以及文学创作等六个层面，来展开对儿童的文学教育。这一学习地图，给了学生一个文学的框架，初步建构起文学概念以及学习的路径。学习地图不是知识地图，而是知识、能力、态度、价值观的整合，所以是文学素养培育与发展的图景。这样的图景具有情境性、开放性、综合性，其中有学生学习文学的学习活动与学习方式，课程、教学、学习三者就这么有机地融合在一起。学青给孩子上文学课既有文学意识和视野，又有课程、教学、学习的意识和视野，两种意识、视野重叠、整合，使得文学课有一种特有的气象，尤其是她对文学体裁所持的观点特别重要，有深度，有针对性，这应是学习地图中的路标。情境中所表现的气象和形成的观点，必定会感染人，让他们受到精神的关怀和人格的陶冶。

可贵还不止于此。学青"给孩子上文学课"，眼里不仅有文学，更有孩子。没有孩子，文学怎能是人学呢？文学课又怎能是教人学文学呢？学青心里永远有儿童。"儿童，就是最美的春天"，她将《只拣儿童多处行》演绎为哪里有儿童就有春天，我十分赞赏。也许这正是冰心的深意，而这深意被学青开发出来了。对儿童的发现，还应体现在对童话的发现。学青说，"童话是真的"，但童话是需要擦亮的。"擦亮童话"，实质上是擦亮崇高、美好、高尚，擦亮自己的内心。一个教师内心缺失崇高，童话只是个故事而已。这一切的关键是，学青让童年重临她的心头，她心里永远有个儿童。没有儿童，就没有真正的儿童文学，肯定没有真正的孩子们的文学课。

2009年诺贝尔文学奖得主、德国的小说家、诗人、散文家赫塔·米勒在答谢词中讲了一个"你带手帕了吗"的故事："'你带手帕了吗？'每天早上在我出门之前，母亲都会站在大门口问我这个问题。我没带手帕。正因为我没带，所以我要回屋里取一块。我从来不事先带好手帕，是因为我总是等着她问我这个问题。"因为，"手帕是母亲早上关心我的一个证据"；

因为，"'你带手帕了吗'，是母亲对我的疼爱的一种间接表示"；因为，"爱藏在一个问句中，那是将爱说出口的唯一方式"。我读了真感动。

张学青的"给孩子上文学课"正是这样的。我想见，她会问，孩子们，你们上文学课了吗？而孩子们则问她：张老师，你还会给我们上文学课吗？因为儿童精神哲学是藏在文学课中的，是藏在他们的对话中的。

孙春福：心永远在"场"

——评孙春福和他的"场效应"语文课堂

如何评点孙春福，一直没有找到一个好的开头。后来，我想，最好的开头，就是一开始直截了当地说出我的核心感觉和深刻印象。否则，最闪光的核心就有可能会被一些其他的东西遮盖或淹没。

我对孙春福的核心感觉是：一个研究型的语文老师，一个正在向学者型教师前行的语文教师。他善于理性思考，但不轻慢教学实践；他有灿烂的感性，但绝不止于感性，而是勇敢地去触摸深刻的理性；他关注语文课堂，并在语文课堂里耕耘，但绝不满足，而且要在书斋里著书立说。阅读的坚持，学术的追求，研究的深入，写作的不懈，成了他内心的呼唤，构成了他语文教育生涯的主要内容和基本要求，形成了他特有的学习方式、工作方式，以至生活方式。正是这些，彰显了孙春福的个性，他的语文教育的个性，他的工作方式的个性，他的生活的个性。

一、孙春福研究叶圣陶

他的教学是从学习叶圣陶起步的，他的发展是从研究叶圣陶开始的，他在研究叶圣陶中成熟起来、丰富起来、深刻起来。因此，孙春福心在"场"，心在叶圣陶。

在孙春福的心目中，叶圣陶就是一位"真诚而能实行的教育家"。研究叶圣陶对孙春福来说是一次重要的语文教育启蒙，实际上是重要的人生启蒙。所谓启蒙，康德他们的观点是，理性是启蒙的前提条件，启蒙就是远离不成熟，把话说明白。孙春福接受叶圣陶的启蒙，他从研究叶圣陶中获得了许多珍贵的东西。一是叶圣陶关于教育爱的情感。他认为语文教育要让学生"浸润在爱的空气里"，要让学生"胸中充满希望"，要把学生"幼小的心灵与国家的命运联结一起"，教育的终极目标是"造就健全的公民"。他用叶圣陶的话来滋养和激励自己。二是叶圣陶关于作文与做人相统一的作文主导思想。他把叶圣陶的思想从以下三个方面进行剖析：作文与做人统一于生活的充实之中；作文与做人统一于良好的心理素质的形成之中；作文与做人统一于求诚品质和良好习惯的培养中。事实证明，未来也会再次证明，作文与做人的统一永远是作文教学之道、语文之道、教育之道。三是叶圣陶关于"教是为了不教"的核心理念。孙春福对这一核心理念的理解是：教，最终是为了不教，教不是目的，不教才是目的。因此，教语文应当是教学生学语文，让学生自己去学语文，主动学好语文。可以说，孙春福准确地把握了叶圣陶教育思想的精髓，可见他的学习力、理解力和思考力是很强的。

孙春福和叶圣陶有一种特殊的关系，那就是孙春福1984年师范毕业后任教的学校，正是当年叶圣陶任教过五年的甪直镇吴县第五高等小学。他们相隔几代，但孙春福没有被时间、年代阻隔，他们没有同时在场，但他的心一直追随叶圣陶，因此，他的心在"场"，心在叶圣陶。需要说明的是，有孙春福这样工作经历的不止他一人，而像他能这么有意识地、虔诚地、执著地去学习和研究叶圣陶的并不多见。这是孙春福的可贵之处。

二、孙春福研究儿童

他把语文教学观植根于儿童观，以正确的儿童观促进语文教育观的调整和提升。这样，孙春福的语文教育研究有了一块基石，而他的语文教育有了一个鲜明的儿童立场，他的语文成了儿童语文。因此，孙春福的"场"，心在儿童。

孙春福透过语文看到的是儿童。随着学习、研究的深入，他越发觉得作为教育对象的儿童，没有以往我们认识的那么简单。他思考的是：儿童到底是怎样的一群人？他们的天性到底是什么？对以上问题的追问，孙春福找到一个很艰难的切入口，那就是哲学和人类学，这足见他的勇气和底气。在分析生命演化的"重演律"以后，他信奉了两个教育家的话。一个是卢梭："在万物秩序中，人类有他的地位，在人生的秩序中，童年有他的地位，应把成人看作成人，把孩子看作孩子。"一位是蒙台梭利，儿童天生具有一位"内在老师"或"内部向导"，所以，语文教育需要尊重这位"内在老师"或"内在向导"。当然，他也没忘掉叶圣陶对儿童的认识："学生跟种子一样有自己的生命力。"从这些出发，孙春福坚定了一个教育的信条：儿童是语文教育的主体，而发挥学生的主体性，"首先要尊重、顺应儿童的天性，注重开发、培育以本能、欲望、情感、直觉、想象等为主要表现形式的非理性成分"。

关注、尊重、开发儿童的非理性，这是孙春福非常重要的观点。童年是一个非理性成分的发展期，利用儿童的非理性可以使语文教育真实、自然、生动、活泼，有情有义，有根有据，当然就会适合和有效。孙春福利用这一理论支点，探索儿童语文学习方式，重在儿童的语文生活，以丰富的生活滋润儿童的人文世界；重在实践，让儿童在感性活动中获得个体经验；重在角色转换，让儿童置身文本情境；重在内容的整合，进行研究主题的研究性学习；等等。为此，我们才会从他的《望月》教学案例中，看到儿童语文学习的主体性、主动性、生动性，也不乏深刻性。他的语文课有一颗童心，童心闪烁在文本的解读中，闪烁在儿童的对话中，闪烁在儿童的想象中，闪烁在儿童的游戏中。儿童语文学习中的非理性，并不排斥对儿童理性品质的培养。孙春福的可贵之处，在于把理性品质"潜伏"在非理性的学习方式中。理论和实践都证明，从来没有所谓纯粹的非理性学习方式。雨果就这么阐释过："想象就是一种深度。没有一种精神机能比想象更能自我深化，更能深入对象。"雨果甚至把想象称为"伟大的潜水者"。孙春福关于儿童的天性、非理性的问题的研究是比较深刻的，因而，他的儿童语文是有深度的。心在不在儿童，效果当然是不同的。

三、孙春福研究语文课堂教学的系统效应

植根于叶圣陶的语文教育目标，植根于儿童观，他系统思考，整体建构他的语文课堂教学论：场论效应。因此，孙春福的心在"场"，心在对语文课堂教学系统效应的探索与追求。

这是孙春福对理想语文课堂教学系统效应的一种理论假设。记得杜威有过这样的阐释：教育好比输电管。教育就是要开发学生生命的潜能，让学生生长能量，积蓄能量，以实现能量升级。而输电所在的环境，所创设的情境就是一个场，是一个能量场，在这样的能量场里学生就会获得生命的体验，获得生命的跃升。

孙春福对场的解释更多的是从人与人的关系去考量的。他于1995年，根据素质教育、系统论的思想，考察了许多优秀语文教师的课堂教学，总结了自己一些成功的课堂教学实践后，强烈地感受到，语文教师在课堂教学中只有发挥教材、教师、学生三要素间的交互作用，准确地分析、把握教材的情意因素和语言训练要求，通过最佳的组织、安排、引导，激发出学生高涨的情绪和充沛的情感，才能提高学生学习的积积极、主动性，进入积极互动的境界。这种境界是由科学、艺术地处理各种关系而形成的。这就是孙春福描绘和所期望的"场论效应"。

可贵的是，孙春福的"场论效应"形成了一个较为完整的结构，那就是主论—主体论—导体论—基体论—教师成长论。主论与分论之间的逻辑关系是清晰的，最后归结到教师专业成长上去。有创意的是把教师当作"场效应"中的导体，而基体则是以教材为基础的教学内容。当然，这些概念仍需斟酌，比如教师是导体，阐释还得进一步完善，但是能有这样一个框架以及相应的解说，是很不错的。

正是基于这样的建构，孙春福的语文教学有了更加开阔的视野，更宏大的背景，以及较深的理论思考，因而不仅不是盲目的，而且是在科学与艺术的轨道上运行。孙春福把自己的心放在教学的场上，他的心是属于语

文教学的，他的心永远在"场"，永远在"场"上激荡。

四、孙春福研究语文教学的本体

在思考宏观的、理性的、框架性问题的同时，他始终记住叶圣陶关于语文教学的"独当之任"，那就是对语言文字的理解和运用，那就是语文素养的提高。他的心在"场"，心在语言文字上，心在语文教学的主要任务上。

孙春福提出一个十分重要的观点：语文素质的"合金"。他说："素质是一种合金……丰富生动的语言就是一种合金，可以带给学生形象的感受、情感的陶冶、理智的启迪，这是语文特有的魅力。语文教学只有带着学生进入这样好的境界，才称得上是在塑造学生的语文素养。"所谓"合金"，首先喻指语文素养的宝贵，其次喻指语文素养的综合性，再次喻指语文素养是可以开发的，语文教师应当是点石成金的人。

语文素养的"合金"在哪里？孙春福明确指出，在优质教材的整体价值上。因此提高学生的语文素养，非常重要的是充分开发利用并最终实现优质教材的整体价值。这是一。语文素养实质是学生的内在品性。而学生语文的这种内在品性又存活在学生通过语言文字所形成的形象中，这种形象应当是圆满的，是审美的。这种圆满、审美的形象，带领学生去感受和品味语言文字，感受和领悟语文的内在品性。这是二。孙春福坚持认为，学生语文素养需要通过语言文字的训练去提高。这样的训练，他又凝练成六个字：重内化，强外练。比如语感的训练，比如阅读的训练，比如篇章的训练，等等。这是三。基于语文素养"合金"的开发与训练肯定不是机械的、乏味的，肯定不是技术化的、工具化的，而是把技术、工具融入在发自内心需求的，充满情意和创意的训练中。这样，语言文字已成为一种充满灵性的生命。

孙春福关注语文素养，触及许多方面，不过，他自觉地把语文素养聚焦人文精神培养上。值得肯定的是，孙春福对人文精神的流变作了一番比较全面和仔细的考察，在此基础上，对人文精神内涵作了解读，从人的主体地位、人的理想追求、人的精神文化品格、人的自由与尊严等方面阐发自己的见解。这种对人及精神的追向与探寻，自然把语文素养的培养与提升，引入到一个深刻的层面，其含金量是显而易见的，将其称为"合金"是恰如其分的。而且，孙春福努力地将这些因素渗入语文教育实践中。

是的，孙春福的"场效应"语文课堂中，最为重要也最可贵的，是他的心永远在"场"。

刘昕：回到根据地

刘昕写了本有深度的书。

书名《审美入境：儿童言语生命的引领与陪伴》，几个关键词点击了全书的核心要素和理念，揭示了刘昕对小学语文的崇高追求，闪烁着她的理性光彩。

概念思维，是一种哲学思维，表现了理性思考的水平。刘昕在这方面做得很好，突显了她的优势。不过，这本书又不是纯粹的概念思维和理性思考，又有许多生动的叙事与案例呈现、分析，表达了佐藤学所认定的"话语性实践"的含义。其实，刘昕是把两种思维和表达方式结合起来，这本身彰显了她的"言语生命"。这需要有厚实的基础，有一定的功力。这些似乎与她的年龄不相称，但恰恰表现了她阅读研究后学养水平的提升，标志着她逐步走向成熟。

刘昕是在阐释语文教学的意义。"一首诗或一幅画不过是一种凭借，它们所含有的意义只能是我们赋予的。于是，'我们'成了意义的最高决策者。"这是一位学者关于意义的阐释。刘昕，这位意义的决策者究竟阐释了什么意义呢？我以为，她寻找到实践与研究语文教学的另一种视角，因而阐释了语文教学的一些重要意义。

其一，语文教学的最高使命是让儿童拥有言语生命。刘昕说，"语文是'在世'的确证"，儿童"在世"的标志是他会言语、会表达。这种"在世"既是生存又是存在，当然更是一种充溢生命意义的生活。生命是完整的，语文的"工具性与人文性"亦应是统一的，统一在儿童的言语生命中。唯此，语文才会真正成为儿童的精神家园。

其二，儿童言语生命的拥有需要教师的引领与陪伴。教育，尤其是语文教育首先是一种陪伴，在陪伴中引领，陪伴的实质是引领。教师对儿童的陪伴怀揣着爱心，也必须怀揣素养与策略。刘昕将语文教师的素养概括为"文化素养""审美气质""高超技艺"；将策略归结为"教材探美设境""儿童愤悱关注""教授主体扩大"等。她十分重视审美素养，但并不排斥教学的技术，两者的结合成为教学的艺术。

其三，语文教学的境界应当是"审美入境"。审美入境绝不仅仅是途径，更为重要的是这是最高境界，因为"美是自由的象征"，审美具有令人解放的感觉。儿童处在释放状态，自由成了创造的保姆。可贵的还在于，刘昕对"审美入境"思维图表的描绘，充满着语文味、文学味、审美味，又体现了先进的教育理念，将本土文化的意象和具体方法与现代教育的"对话""体验""讲述"相联结、相融合。"入境"的途径、方式成了儿童言语生命境界的生成与创造。刘昕，对情境，对李吉林老师的情境教育的认识是比较深刻的，把握是比较准确的，运用也是自如的。

其四，以上这一切，我们可以有一个意象的统整，那就是刘昕正在回归、寻找，抑或说正在守望语文教育的根据地。语文教学的根据地就在儿童的言语习得和生命拥有上，偏离了言语生命就无所谓语文教育。从另一个角度说，语文教育让儿童拥有了言语生命，就是儿童回到了自己的根据地——幸福的语文生活以及整个儿童幸福的童年生活。再转变一个视角，教育也就回到了自己的根据地——儿童。儿童在审美入境中丰盈、提升、发展，教育站立在根据地上，瞭望更加美好的未来。准确地说，根据地不是寻找的，也不只是坚守的，而是教师与孩子们共同创造的。刘昕正是这样的探索者，且逐步走向建构者。

书的第三章有不少刘昕与孩子们的信件，看了真感动，一股暖意漫溯心头。这不是活泼泼的言语生命吗？这不是一种审美入境吗？刘昕曾馈赠给小朋友一首诗《山也怕冷》，小朋友回赠她一首《山也怕热》。是的，山既怕冷也怕热。你看："山也怕冷／秋天就盖着落叶的被子／冬天就戴上白色的帽子"。"山也怕热／春天就盖着小草的被子，凉凉的／夏天就躲在大树的屋檐下"。在冷与热中，语言在生长，生命在生长，儿童在生长。儿童的根据地、语文教育的根据地、教育的根据地就是在"审美入境"中逐步建构起来的。

刘昕还很年轻，要走的路还很长，语文教育根据地建构的任务还相当艰巨。不过，我相信，只要心中有儿童，心中有语文，心中有审美的渴求，根据地的建构必然是会成功的，语文教育、教育，还有我们一定会回到根据地去。然后，立足于根据地向着语文的彼岸瞭望，向着世界和未来瞭望。

朱爱华：孩子们的大语文

　　课程改革中，我们常说这样的话：过去，我们把小小的课程当作偌大的世界；如今，我们要把浩大的世界当作我们的课程。仔细推敲，这两句话都对：课程，是世界的透镜；世界，是课程的宏大背景与永不衰竭的资源。总之，课程要与世界相联结、相沟通。

　　语文课程也应如此，准确地说是更应如此，因为语文原本就与生活紧密联结为一体，倘若，语文脱离了世界，脱离了生活，还有真正的语文吗？语文还有存在的价值和意义吗？非常欣赏叶水涛先生主编的刊物《语文世界》，语文就是一个大世界，刊名所追求和体现的正是一种语文的大视野、大格局。印度著名哲学家、20世纪最伟大的心灵导师克里希那穆提对世界与我们关系的判断是："世界与我们是无分别的。"可是，"我们画了一个圆圈"，"把自己封闭在一个私密的世界里……一旦进入这道墙里，你就会害怕走出墙外"。长期以来，语文教学似乎没有逃脱这一"圆圈"，封闭起来，于是逼仄起来，进而渐渐地生出害怕来。如何让语文与世界无界分，走进大世界，是一个值得深入研究和解决的问题。

　　朱爱华，这位语文教师有这样的意识和勇气，她语文教育的主张是：建构大语文。说其有意识和勇气，这是因为有背景和原因，那就是不少人认为小学语文姓小，姓"小"怎能"大"呢？确实，小学语文就是"小学语文"，不过，言其"小"，指的是一定要遵循小学教育、小学语文教育的规律和特点，不要好高骛远，与初中、高中要有界分，体现梯度。对此，我们应当毋庸置疑，坚定不移。但是，小学语文不应该是"小语文"，相反，应该是"大语文"。大语文，不是指知识、要求等内容的大与深，而是指它的视野、它的格局、它的智慧之大。唯有有大语文的理念，小学语文才会有更大的空间和前景。可以说，小学语文与中学语文、大学语文在视野上是不应分大小的。朱爱华老师的认识与勇气难能可贵。

在认识上如此，在现实中也应有建构大语文的自觉。语文教学实践中，不少教师局限于教材，局限于课堂，走不出去，放不开，眼光难免狭窄起来。这种现状，影响了小学语文教育的深度改革。课程改革，包括语文教学改革，鼓励、倡导教师成为课程领导者，研究课程、创造课程，为小学语文教师留下了很大的时空，我们要倍加珍惜。朱爱华在长期的改革实践中，对大语文建构有很深的体会和追求。这样的眼光和胸襟值得赞赏。

朱爱华老师的大语文教育观，不是一句口号，而是切实的建构行动。浏览她的全书，可以比较清晰地看出，她已初步建构了大语文教育框架：以主题整合为策略，对国家课程进行整合，同时，从社会生活出发，将语文触角伸向世界，开发具有特色，适合校情、学情的校本微课程，帮助学生自主学习，在文化中行走，过幸福的语文生活。框架中有一些要义很值得我们关注。其一，国家语文课程始终是主体，但需要进行整合；其二，只依托国家语文课程的内容又不够，需要开发丰富的校本语文课程，把学生引向世界；其三，无论哪一种整合或开发，都要以主题方式进行，即用主题来统整、串联；其四，语文学习的重点是引导和帮助学生自主学习，其目的是让学生在文化中行走，与世界亲密接触，过一种幸福的语文生活。这是小学语文，是小学的"大语文"教育。

实践告诉我们，朱爱华老师的大语文效果很好，学生的视野大为拓展，语文素养有了明显的提升。从书中多次看到赵梓淳的名字。她是一位小学生，但写出了《我的偶像——摩挲文化中的余秋雨》，视角竟如此独到："虽然余秋雨的文化偏于散文，但你所能看到的，是一个叹息的文学家默默注视着历史的暗角与背影。""他对人们说：'我们不须害怕，我们只是在抚摸历史的伤痕'，尊敬与敬佩，似乎远远不能概括我的心情，还是用一个通俗而又最能概括的词语吧——我的偶像。余秋雨用生命摩挲着文化，文化包容着他的生命。"尽管人们对余秋雨有不同的评价，但一个小学生写出这样的话来，不能不承认，大语文在她的心田里埋下了什么样的种子。还有"走近李时珍"主题、"走近莫高窟"主题、"如皋民俗文化"主题，等等，都闪烁着小学生语文素养所需要发出的光芒。语文课程，大语文教育不是老师给予的，而是孩子们自己创造的。

相信孩子，他们有一个博大的语文世界，等待我们去关注，去开发，去创造。这，就是孩子们的大语文。当然，首先是相信自己，相信自己的内心，自己的内心是博大的，那么胸怀是博大的，视野是博大的，格局也会是博大的。孩子们的大语文，来自语文教师内心的博大。朱爱华正是这么去认知、去修炼、去建构的。

陆红兵：散步中路标的寻找与创造

陆红兵是个好青年。

陆红兵是个出色的语文教师。

如今，他出书了，我们大家都非常欣喜。为他这本书写几句话，我愿意，很高兴。但一提笔，还真不知道写什么好。其实，我对红兵并不陌生，只是不知道从哪里说起。最后，我的诸多想法聚焦在"好青年""出色的语文教师"上。在我的评价理念和标尺里，这是一个很不错的评价。

"寻找路标"是一个极具思想张力、充溢着文化想象的概念和话题。红兵的语文教学的确在不断地寻找、发现甚至创造着路标，不过，我深以为他其实也是在不断思考、寻找自己人生前行的路标。他的书，既是他在人生路标寻找过程中的一个重要成果，更应视作他人生旅途中的一个路标。这一路标始终指向未来，遇到拐点也好，还是爬坡也罢，路标总是在召唤他、引领他。红兵也以自己的努力说明，路标不仅是寻找到的，更是自己铸造、成就的。正是对教育意义、对人生意义有充分的认知，有一种无限的情怀，又有勤奋学习、大胆探索的行动，红兵才会在自己面前竖起了一个洒满阳光的路标。

路标，散步，这类日常用语正在"美学化""哲学化"，换个角度说，美学、哲学正在发生重要的转向，即转向日常生活。正是这样的转向，让我们对教育、对语文有了新的视角，有了更为丰富和深刻的发掘。我相信，红兵已关注了学界这些转向和变化，说明了他已有了超越的意识，即从语文开始，向美学，向哲学投去了目光，从中汲取新的学术营养，拓展自己的视野。当然，这还只是起步，却相当重要。我说，这应该是红兵事业发展中竖起的一个新的路标。

说起散步，肯定想起宗白华先生的《美学散步》，想起亚里士多德将持自由自在主张的学说派别唤作"散步学派"。这种联想很自然、很正常。问题在于，我们有没有理解宗白华所主张的"散步美学"究竟是什么意思？从他的著作里，不难发现，所谓散步美学，首先倡导的是自由的心情。黑格尔将"自由的心情"称作是一种境界，他说："现实中很高的利益和为了这些利益而做的斗争，使得人们没有自由的心情去理会那些较高的内心生活和较纯洁的精神活动，以致许多较优秀的人才都为这种环境所束缚，并且部分地被牺牲在里面。"显然，散步的自由心情，旨在追求内心纯洁的生活和崇高的精神活动，而要坚决摒弃利益的纷争，摆脱物欲的束缚。其次，宗白华以"诗（文学）和画的分界"为题，道出了散步美学倡导的美学的融合，"诗中有画，而不全是画，画中有诗，而不全是诗"，"情和景的圆满结合，也就是所谓'艺术意境'"。再次，散步美学自然也倡导了创造美的方式，看似是随意的、率性的，却是"与逻辑不是绝对不相容的"。这种方式是直觉把握的方式。正是在散步的方式中才会有新的发现，才会创造美。

毋庸置疑，这是极高的境界，一般人难以追求，更难以达到，但并不意味着不要去领悟，不要去体验，不要去追求。红兵对散步美学理论是理解的，更可贵的是，他长期在李吉林老师的关心指导下，在情境教育的抚育下，有进步、有追求，并用散步美学来引领自己的语文教学，这是值得赞赏的。年轻人就怕没有追求，没有理想。没有理想的光照，没有追求的推动，怎会有进步呢？用宗白华的话来说，怎么会有"伟大心灵的表情"，又怎能去"超越美的自然的构造物"呢？红兵能对语文教学形成自己独特的理解和崇高的审美追求，我很感动，很受启发。

不过，红兵在追求的同时，又注意克服年轻人易犯的毛病，那就是不切实际，喜好高谈阔论。他很低调（有时候，我以为他不应这么低调，稍微高调一点又何妨呢），很踏实，很专心，很钻研，用一步一个脚印去形容并不为过。书中一个个课例都是他"上"出来的，一个个设计都是他想出来的，一篇篇文章都是他写出来的。有意思的是，十来个篇章，他有意不去精心排列，让它们"随意"些，率性点，也许，他正是在追寻散步美学的特性吧。

散步虽说率性，却并不否定散步中的路标。红兵把散步与路标结合在一起，统一起来，无非是说散步之所以有逻辑，在于对路标的建构，以及路标的清晰。往深处说，路标是他散步时的内在秩序，也是他前行方向的预测，它可以指引散步迈向境界。

红兵还有许多闪光的东西，比如，儿童深度；比如，感悟与训练的陪伴；比如，"我—我"的对话；比如，从汉字教学走向汉字教育；再如，情感与语言的相互邀请……都透射出红兵的思想活跃以及他的灵性。我想强调的是，红兵的散步美学下的语文教学，绝不是只顺应儿童的稚嫩，恰恰相反，他追求语文教学的深度，当然这是"儿童深度"。换个角度说，这一深度是在"散步"中生成的，"散步"是探寻深度的方式，是深度诞生的复杂的情境。红兵认识了，把握了。红兵不断开发自己，提升自己，在散步中有了一种跃升。完全可以这么说，红兵在语文教学实践与研究中，寻找了一个又一个路标，一个个路标串联起语文教学改革之旅，也支撑起他自己的发展之旅。

台湾女画家、诗人、作家席慕蓉 2011 年 9 月 24 日在《文汇报》上登过一篇文章，题目是《回望》。她说："我多么希望，能像好友蒋勋写给我的那句话一样：'书写者回头省视自己的一路走来，可能忽然发现，原来走了那么久，现在才正要开始。'"红兵记住，你更是才"正要开始"。未来不是找出来的，而是走出来的，是创造出来的。你继续你认定的散步美学，去探索自己的语文散步，在路标的指引下，一直前行。而我，愿意做坐在路边为你鼓掌的人，也愿意与你同行，因为，你也为我竖起了一个路标。

樊裔华：回眸，前行的开始

　　对樊裔华的语文教学作一个较为准确的评述，是很不容易的。因为她还有另一个身份——副校长，她涉及的方面是比较多的。不过，也许正因为此，她的语文才会有异样的色彩。樊裔华的成长告诉我们，成为一名优秀的语文教师不仅需要语文的专业，更需要全面素养的提升。

　　作些梳理，樊裔华的语文教学之道中，最为重要的是，她在寻找、发现、把握对于孩子们来说那"最初的东西"。实践研究中，她引用美国诗人惠特曼的一首诗《有一个孩子向前走去》："有一个孩子向前走去，他看见最初的东西，他就变成那东西，那东西就变成了他的一部分……"接着她这么写道：我们相信，如果是芬芳的茉莉，那么这个孩子就会去追求美，追求品；如果是杂乱的野草，那杂乱、粗野、平庸就可能伴随着他。她坚信，语文教学中一定有优秀与平庸之分，一定有先进与落后之分。优秀、先进在哪？就得去寻找和创造。寻找那"最初的东西"是一个创造的过程。创造那"最初的东西"成了樊裔华语文教育的核心理念，成了她语文教育的主题，因而语文教育有了魂，有了品。

　　怀着这样的信念，樊裔华开始了寻找之旅。首先，她把目光聚焦在儿童上。她爱儿童，儿童也爱她。"掰着手指算算，樊老师去南京出差四天了都没回来，我们都非常想念她。老师出差前跟我们约好，回来后会送我们每人一份小礼物，我们好期待啊！"发自儿童内心的日记，道出了师生之爱。是爱把她与学生的心联结在一起。她和学生的语文教学是一种爱的约定，那"最初的东西"就在爱的约定中闪光，爱就是孩子最需要的那"最初的东西"，樊裔华的语文就是爱的语文。尤为可贵的是，她爱"顽童"。她说："真诚地赏识'顽童'，引领'顽童'……相信今日之'顽童'，明日也会大有作为。""顽童"遇到的那"最初的东西"，会保留"顽"中的快乐与智慧，于是，"顽童"并不"顽"，"顽童"有另一种可爱。"最初的东西"凝聚在哪里呢？她以为凝聚在优秀的文学作品中，尤其是优秀的儿童文学作品中，优秀作品中的真善美进入儿童的心灵，儿童的语文就会真善美起来。儿童可贵的童心在与"最初的东西"相遇时会诞生最神圣、最精彩的语文教育。

樊裔华一直在进行读写一体化的研究。读写一体化是个老话题，但又是一个新话题。言其老，是因为长期以来，大家一直在研究，但可以说进展并不大；言其新，是因为她有新的突破。其新，其高立意、多智慧则体现在让儿童相遇那"最初的东西"。在她看来，读、写及读写结合绝不是技术，而是让它们成为儿童最喜欢的语文学习方式，让他们在读、写以及读写结合中有最真切的体验，以及在体验中生发兴趣。樊裔华上过《桂花雨》。她以为，从儿童视角出发，摇桂花只有一个字——乐，即"快乐是摇花前急切的等待""快乐是摇花时热切的忙碌""快乐是摇花时奇妙的想象""快乐是摇花后幸福的分享"。所谓读写结合，就是让儿童永远怀着快乐的心情，在"摇花前""摇花时""摇花后"的过程中，领悟与把握生活的时序、作者的写作思路与写作的路径。

樊裔华还提出教语文有一个"语文以外"的问题。语文以外的东西，一是生活。教师的教语文、学生的学语文都离不开生活，丰富的生活是师生最丰厚的资源。引领儿童爱生活，在生活中学语文，在生活中主动寻找那"最初的东西"。寻找过程中，有对各种现象以及现象背后价值的澄清、判断、选择。远离生活，与生活相隔绝，就会与那最需要的"最初的东西"告别。尤要注意的是，语文学习本身就是一种生活；热爱生活，从某种角度看，就要热爱语文，语文本身就成为那"最初的东西"。二是教师的全面素养。语文教师不仅要有很高的专业水平和专业智慧，而且应当有更全面的素养，包括文化修养与人格力量。樊裔华有这样的认识，也有这样的追求。语文教学的成功得益于她的全面素养。可以说，她正是以"语文以外"的理念和素养，帮助儿童发现"最初的东西"。那"最初的东西"不仅在语文之内，也在语文之外。

樊裔华以回眸的眼光和姿态，梳理自己的语文教学时，那"最初的东西"在她的眼前和心头闪亮，于是，回眸，又成了她前行的开始。

唐颖颖：一位特级教师的跃升

在思考为唐颖颖写下一点什么的时候，总觉得她在我眼前晃动。原因很多，其中，恐怕师生情谊是关键。多少年前了，我在二附小（南通师范学校第二附小——编者注）当老师，唐颖颖还在二附小读书，是小学生，在李吉林老师班上。她给我留下的印象是：认真、努力、守纪，好像胆子有点小，是个好学生。现在她在二附小当老师，而且是很优秀的语文老师。每次回学校，见到唐颖颖，总想从她的身上寻找她童年的影子，而且想发现她的变化。

唐颖颖既没变，又在变。她没变，因为她仍像小时候那样，很真，没有任何做作，童年的生活在她身上留下十分美好的印记。她又在变，变得更认真、更投入。有一年，我在二附小传达室，只见唐颖颖从远处走来，到了传达室，认真地与老师谈话，好像是在讨论、交流备课、听课的事。我一直在她旁边，静静地看着她，可她一点反应都没有。后来，突然间发现了我，很不好意思地说：啊！成老师！她终于从她的世界中，从语文的天地里走了出来。她啊，执著，全身心地投入，心无旁骛，为了语文，为了研究，可以忘掉一切。我很欣赏。

我也很欣赏她的书稿，文章风格变化很大。文字更成熟，更流畅，思考更深刻，线索更明晰，表达更准确。从她的文字里，分明看到她行笔时的姿态：从容，边写边思考。大概她写作、思考的样子，就像那天在传达室的情景。我自然想到，一个人在发展的路上，总会有个突破、跃升期，说不定，不知什么时候，她通了，深了。这个节点或迟或早会来到。对唐颖颖来说，这个节点来的正是时候，相信，她的书稿会成为她发展旅程中的关键，自此，她会越走越高，越走越好。唐颖颖的变化让我很惊喜。我很赞赏。

其实，变化有个沉淀、准备的过程。唐颖颖的变化，说到底，和她当年的语文老师、现在的导师是分不开的。李吉林，这位语文教育家、儿童教育家，一直陪伴她走过了 31 年，一直带着她，像带研究生一样。李老师爱护她，教育她，帮助她，引导她，严格要求和训练她，让她在具体的、生动的、丰富的情境里感受、熏陶、体验、领悟。唐颖颖是得到李吉林老师真传的弟子。她的素养结构、教育理念、教学技艺、交往能力、处事方法都有李吉林的文化印记。唐颖颖一直追随着李老师，一直是李老师的忠诚跟跑者，是李老师情境教育的真切体悟者和认真践行者。

于是，唐颖颖以"小学语文主题情境学习的实践与探索"为题进行实践与研究是很自然的事。情境教育成了唐颖颖的理念核心、理论支撑、实践引领。从她的书稿来看，儿童、儿童成长是她研究的主题、核心与旨归。她说，要遵循儿童成长的生命逻辑，在我看来，她从儿童成长的生命逻辑里梳理出了她自己成长的生命逻辑，儿童成长的生命逻辑与她成长的生命逻辑已融为一体，互动着，形塑着，这是情境学习中最精彩的。

唐颖颖的研究聚焦于儿童的学习。教学是有教的学，语文教学不聚焦儿童的学习，就不是真正的语文教学。主题情境学习，是情境中的综合学习、跨界学习，更多地采用体验式、探究式、合作式的学习方式。在这样的学习中，儿童才会实现语言学习的"具身性"，文本才会在重构中"增值"，预约的精彩才会出现。但是，唐颖颖的研究有开阔的视野，那就是置于课程的语境中，让语文和语文学习更具课程意义。"课程的语文"以及"生态图书馆"等概念的形成与提出，是唐颖颖的一大进步。

研究既要有上位的理念，还应有具体的、深入的操作。随境识字、情境活动，都很具操作性，尤其是瞄准了情境学习中的难点，唐颖颖表现了她的创造性。以下一些关键词都很有新意、深意：情感激励、知识镶嵌、观察想象、情境感受、理智交融、美中的萌发等等。这些总是让你心灵一次又一次地被触动。她已在理念与实践的融通中有了新的进展。

唐颖颖还会变，还会在原有的基础上不断改变自己，超越自己。齐白石成名后，有人问他：是如何从一个木匠华丽转身成一位巨匠的？他答道：作画是守静之道，涵养静气，事业有成。我想，何止作画呢？王维诗言："行到水穷处，坐看云起时。"唐颖颖的心无旁骛会凝练成守静之道，语文教学改革向深处漫溯时，她，一定会"坐看云起时"的。

****

重读这篇文章后，忍不住加上一小节。有一次，我到学校去和老师们讨论教学成果奖申报的事。唐颖颖说，她有一个话题，好似主题情境教学中关于题材分类的，而且有了不少的成果，还出了一本书（有了样书，正式出书要到下个月）。她说，她不报了。李吉林、我，还有校长陆红兵都动员她申报，她答应了。但我回到南京后，听说她不准备报了，因为，她说成果还不成熟。……

徐芳：在关联中诞生意义

——读徐芳《语文诗学别解》

徐芳，一位有理想、有见地、有追求的小学语文教师，近几年来一直在执著地做一件事，她命名为"小学语文诗学别解"。

古希腊哲学家亚里士多德写过一本重要的著作《诗学》，这是欧洲最早的一部文艺理论著作。后来，欧洲历史上相沿成习，将一组阐述文艺理论的著作统称为诗学。现在有些国家有时也将研究诗歌原理的著作，称为诗学。可见，诗学关乎文艺理论，也关乎诗歌原理，总之，这是门高深学问。

语文诗学似乎还没有一个规范的、权威的定义，按诗学的定义，语文诗学可以理解为对语文理论、语文教育理论的阐释，还可以理解为，语文诗学是语文美学。其实，这两种理解是互相联系的。可以认定，审美、立美应当是语文诗学的最高使命与境界。总之，研究语文诗学极富挑战性。

徐芳接受了这一严峻的挑战，而且对语文诗学进行"别解"。通阅全书，我以为"语文诗学别解"，在表象上是将经典诗词的原解与语文教育相关联，来解读语文教育中的现象，产生新的解释和意义，以引领语文教育的境界。往深处看，"语文诗学别解"意图站在语文美学的高度，发掘语文教育的审美意义，并希冀有朝一日能在"语文诗学"上作一点探索性建构，最终能臻于语文美学。不言而喻，这立意相当崇高，伴随而来的当然是极大的难度。

徐芳的"语文诗学别解"目前探索的是经典诗词与语文教育的关联和互解，寻找二者之间产生的意义。谈论意义、意义互解是很难的。德国的格雷马斯甚至认为这"简直比登天还难"，"谈论意义唯一合适的方式就是建构一种不表达任何意义的语言，只有这样我们才能拥有一段客观化距离"。这客观化距离被称作"区别性间距"。在索绪尔看来，"意义世界屏幕上罩着一层不易觉察的蜘蛛网，构成蜘蛛网的是千万个纵横交错的区别性间距"。而"构成上述间距的正是事物的种种可比较方面之间的关系和差异"（格雷马斯著，吴泓渺、冯学俊译，《论意义》）。毋庸置疑，在经典诗词与语文教育之间是存在"区别性间距"的，这"间距"让我们的想象的眼前立着一块烟雾"屏幕"；不过，二者之间又有"可比较方面"，烟雾可驱散，意义可显现。徐芳要做的工作就是寻找这些"可比较方面"，以消弭"区别性间距"。如前文所述，她着力将经典诗词与语文教育发生关联，用经典诗词来透视语文教育，加以想象，加以拓展，这是一种创造。不难发现，徐芳研究"别解"的基本策略是：寻找与发现——锁定诗词与语文教育现象；领悟与联想——寻找可比较之方面；迁移与转换——用诗词来解读、描述语文教育；反思与评论——加以论证、深化自己的解读。用"别解"之三十三来说，这种关联，正是"身无彩凤双飞翼，心有灵犀一点通"。徐芳说，"灵异之物"可把语文教学引向"通达之境"。这是一种研究的格局，自然地，这研究的格局成为她著书的格局。这格局证明了她思路清晰。

事实说明，徐芳的"别解"是成功的，意义间的"区别性间距"得到消弭与超越，意义可以发现，也可以明晰表达。比如，她首先表达了语文教育的情与境。"别解"之三十九——"一往情深深几许，深山夕照深秋雨"。徐芳有到位的解说：语文教师"应视语文教学为自己的精神家园，要'一往情深'。语文的气象万千如'夕照''秋雨'，如缕缕阳光照彻语文教师的境界人生，似丝丝雨滴沁入语文教师的文化心灵"。自不必多言说，语文，语文教育，语文教师，语文学习中的儿童，情深几许、意义几多。这种情与境正是"别解"要解说的、要追求的。

"别解"，不只是一解，更不是唯一的所谓权威式的一解，而在于多解，在于丰富多彩，在于开阔视野、开放心灵。董仲舒曾说："《诗》无达诂，《易》无达占，《春秋》无达辞。"说的正是文化的相对性，描述的正是审美的差异性、丰富性。"别解"要追求"无达诂"的境界，创造语文教育的美轮美奂。"别解"之六、之四十九——"横看成岭侧成峰，远近高低各不同""窗含西岭千秋雪，门泊东吴万里船"，道出的恰恰是语文教育的多姿多彩。徐芳说："从多角度去领会'善'的事物是美的，比只从一个侧面去看待要充实得多、丰富得多。""教师的设计应是'窗''门'，而那一个个灵动的教学环节就是镶嵌其中的一幅幅画面，学生在欣赏玩味中尽情领略那意蕴无穷的诗情画意：赏春花秋月，喜意盈怀；观惊涛骇浪，壮怀激烈；听高山流水，叹知音难觅；咏大江东去，抒壮志情怀……这才是真正的语文——激情的飞扬、灵魂的震荡、才华的喷涌、思想的闪光；这才是真正的语文教学——像春雨，像清风，像枫叶，像瑞雪。"是的，穿越"窗""门"可以行万里之船。语文之舟将在漫漫的长途上去开启一扇又一扇"窗"与"门"，到达希望的彼岸。

如此的"别解"需要大量阅读，更需要心灵的沉静、领悟的融入、智慧的想象，需要灵性、才气，也需要扎实、踏实。这些都锻炼着徐芳。徐芳，努力了。可以这么说，"别解"正是心灵的又一次解读与解放，是智慧的又一次释放与生长，"别解"其实是"正解"。

语文教学，路，还很长，努力吧——我们大家。

陈林静：创造真正属于自己的语文生活

　　陈林静，一位小学语文教师。印象中见过她，一定是的。那是在江宁百家湖小学的一次会上，还有在学校的橱窗里。

　　其实，认识一个人，不一定要见面，读他的文章，读他的故事，读他的课，也会认识，甚至比见面的认识还要深入。我与陈林静老师，就是在读她的"真味语文"中认识的。我读着她的一篇篇文章和一堂堂课，尤其读着她的语文童话，就是在和她一次次对话。

　　如果对我的阅读体会作一概括的话，那就是陈林静在创造属于自己的语文。而属于自己的语文又是为儿童创造的，因而她创造的是真正属于儿童的语文。准确地说，是陈林静和她自己的学生在共同创造语文。这一切，又都是为了过一种生活，这种生活叫语文生活。

　　创造属于自己的语文，陈林静主要受了萨特的影响。这位法国哲学家曾被誉为 21 世纪的良心。他说："阅读是一种被引导的创造。"这是对阅读的定义，亦是对阅读教学、语文教学的定义。这一定义不仅准确，而且相当深刻。阅读是读者与作者凭借文本的对话，作者总是向读者倾诉，而读者总是在倾听，在倾诉与倾听之间，心灵与心灵发生了沟通、融合，还有碰撞，于是产生了意义。意义的产生，是新的视域的出现，新的世界的诞生，在读者的心里有了一种新的想象。这一过程是创造的过程。阅读教学、语文教学也是如此。所谓的"被引导"，绝不是被动式，更不是强迫式，而是文本亦或教师对学生的牵引和引领，这恰恰道出了教学、教师的职责，也道出了阅读教学、语文教学的智慧。

陈林静引导儿童的语文学习经历创造的过程，不仅基于文本，而且基于对儿童的认识与发现。她坚定地认为，儿童是情感的宝藏，具有纯洁的真诚，还具有无限的可能性。所以她说，语文教学要从儿童的立场出发，开发儿童的可能性，让这一宝藏在阳光下显现。为此，语文教学必须抓住几个关键词：生活——最广阔的语文天地；自主学习——有效的学习途径；思考——智慧的起点；独特体验——个性化的学习。可以说，陈林静在寻找儿童语文学习的秘密。这一密码可以引导语文学习的创造。

儿童"被引导"语文生活的创造，关键是要明白儿童是怎么学语文、怎么学习的。陈林静为此关注并认真学习了一些关于学习科学的理论知识，并形成了鲜明的理念：学习，儿童快乐的旅行。语文学习是语文的生活之旅，怀着快乐的心情，获得幸福的体验。她还提出，让学习真的发生。儿童的学习在有些教学情境中是不会真正发生的，可能还会有"疑似学习"，只有学习真的发生，学生才会带着新的问题上路。这叫什么？这叫"真味语文"。真味语文，是学生真正的、真实的、真诚的语文生活，是语文生活中对语文的创造。显然，这样的理解超越了对真味语文的浅表的理解。

为创造儿童自己的语文，陈林静还对阅读教学的结构作了调整，尤其是针对课外阅读，提出了"经纬阅读"的概念。纵向联系布设，建构小学生课外阅读的"经"；横向丰盈阅读场，建构小学生课外阅读的"纬"；构建有效的阅读指导，突出课外阅读的"经""纬"发展；构建科学的阅读评价，促进课外阅读的"经""纬"融合。这是阅读的大时空、大格局，是立体式的整体建构，颇有新意和深度。

特别赞赏她的才情。她倾泻自己的才情创作语文童话。好好读读她的作品"真味·语文童话"吧。记住她的比喻：撅着肥臀的姿态的土拨鼠；记住她发自内心的声音："每一天，我们都在长大，我们变得和以前不再一样 / 因为我们拥有了很多很多"；记住她创造的语文：土拨鼠的语文生活。

可爱的土拨鼠啊，我们记住了，永远去追寻你。

附录

成尚荣：做一个发声者

《江苏教育报》记者　李旭　何书勉

拥有国家督学、国家基础教育课程改革专家等众多头衔的成尚荣，在公众眼中，更是一位敏锐、睿智而极具亲和力的教育学者。年逾古稀的他，常常笑言自己是"70后"，虽满头银发，谈笑间依然声音洪亮、思维活跃。他的书桌和书架上，堆放着几十种长年固定阅读的报刊，在大量的阅读、行走与思考中，他数十年如一日保持着对教育改革前沿的热切关注，触摸着一个时代教育脉搏的跳动。谈及当前教育领域的种种话题，他更是如数家珍，旁征博引，字字珠玑，博雅从容的气度令人叹服。他用阅读和思考所赋予的力量，在这个时代努力地发出自己的"声音"。

"人是意义的创造者"

自2002年从江苏省教科所退休至今，成尚荣从未停止过读书和研究的脚步。在公务外出、讲学以外的大部分时间里，家里的那张书桌是他永恒的一方天地。"对我来说，只有坐在书桌前，才能追寻到人生的意义。"成尚荣说。"书桌"是成尚荣不断学习的外在表征，而追溯他的轨迹可以发现，其实从他的教育人生伊始，这张"书桌"就与之相伴，不离左右。

"我非常坦率地说，我是中师毕业生。"成尚荣从不讳言自己学历起点不算高。1962年，21岁的他从南通师范学校毕业，被分配到南通师范学校第二附属小学担任语文教师。进校第一年，校长便安排他教六年级。至今回想起来，成尚荣都觉得那是一种难得的锻炼。

在通师二附小的23年中，成尚荣先后担任学校的副教导主任、副校长，后来又做了校长。他说，自己最大的收获，就是在李吉林老师的引领和帮助下学会了研究。"我向李吉林老师学习了很多，尤其是她'把工作当作研究来做'的品质。她不是一个普通的教书匠，而是一个真正的儿童研究者，不断地在寻找教育的规律。"

20世纪80年代，一次偶然的机遇，让成尚荣迎来了职业生涯的重要转折：他被调到江苏省教育厅，任初教处副处长。到省教育厅工作以后，他得知南京师范大学正在筹备举办大学本科函授班，便打算应考。"那段时间，我拼命地读了很多书，大学语文、哲学、心理学、教育学……"天道酬勤，最终他考取了南师大教育系学校教育本科专业。三年函授教育，他比较系统地学习了教育理论。

从一开始就教六年级，到被调至省教育厅任职，再到担任省教科所所长，之后又参加第七次、第八次课程改革……"我在教育生涯中有幸遇到了这一次次机遇，每一次我都非常投入、认真地把握了这些机遇。"成尚荣说，"有人说，机遇总是垂青于有准备的人，我却更愿意将这句话解读为：机遇是自己创造的，只要刻苦、努力、勤奋，就会有机遇。"

成尚荣将没有正式受过高等教育的训练当作人生最大的遗憾。因此，他尤其喜爱到大学校园漫步，欣赏学子们晨读的身影，感受大师们的流风遗泽。"知道自己基础薄弱并不是难为情的事情"，几十年如一日的努力正是出于这样一个朴素的认知——"勇敢地面对才能不断地激发自己、鞭策自己、提醒自己：世界有多大，学问有多少，你只读了这么一点点怎么够？"

一直以来，成尚荣阅读的书目都不止于教育类书籍，而是多方涉猎，包括哲学、经济、政治、伦理、社会学等各方面。"我读书的时候，会把别人的知识、观点纳入自己的思考框架，丰富自己的知识架构，甚至让自己的知识框架产生突破，我称之为'猜想性阅读'。"在他眼中，世界如此丰富多彩，只关注一个方面远远不够，而跨界可以开阔视野，创新也常常发生在知识的边缘地带、学科的交叉地带，"猜想性阅读"正是这样一种兼收并蓄的学习方式。

"如今有人说我是教育专家、学者，我是不敢当的。"成尚荣表示，"这不是作秀或假装谦虚"，而是因为"面对丰富的世界，总是感到自己浅陋；越感到浅陋，就越要刻苦自励"。所以，他以刻苦、努力、勤奋把握住一次次机遇，甚或退休之后仍然笔耕不辍、阅读不辍。"人是人生意义的创造者。人也可破坏意义，只有在创造中，人生才真正有意义。"成尚荣说。他用自己的经历回答了"怎样创造自己的人生意义"这个宏大而又寓意深远的问题。

"永远站在儿童立场上"

"教育是为了谁？是依靠谁来展开和进行？又是从哪里出发？"2015年7月16日上午，在南京大学附属中学举行的暑期教师培训班上，成尚荣应邀作了一场题为《儿童与儿童研究》的精彩讲座。近三个小时的脱稿演讲，成尚荣才思敏捷、妙语连珠，会场气氛热烈，掌声不断。

本雅明说，编织进实际生活的教诲就是智慧。在不同场合，成尚荣讲述了许多故事，这一个个故事凝聚着他对教育问题和现象的睿智思考与独立判断，而多数故事指向"儿童"：《一棵倒长的树》，表达儿童对成人世界的控诉与抗议；《鲜奶油蛋糕》，提醒教育者勿用成人视角遮蔽儿童；《成为路边鼓掌的人》，表明儿童立场关乎教育宗旨、关乎教育对儿童的认识、关乎教育方式……关于"儿童"与"儿童立场"的核心观点，是成尚荣长期以来特别关注和着力研究的一个命题。他认为，教育观、课程观、教学观、教材观、教师观……都应植根于儿童观。

"我心里永远住着一个儿童。"成尚荣说。他揭示了儿童发展的"密码"——童心。孩子有一颗童心，而教师需要一颗童心，"童心是真诚之心、赤子之心、创造之心。有童心的教师才能教出有创造力的孩子"。"亚里士多德曾提出'第一哲学'的概念，那么教师在学科专业之上，有没有更具普适性的'第一专业'？"成尚荣微笑着说，"我觉得是有的，儿童研究就是教师的'第一专业'。"

"认识、发现儿童是永恒的课题，而当前儿童教育存在一个问题，那就是对儿童的认识和发现是不完整的。成人往往会以理想中的儿童代替现实中的儿童。"这就要求教师不断钻研"第一专业"，不断丰富教育教学智慧，从儿童完整的世界入手，把握真实的儿童，既要看到他们的"伟大和天使般的可爱"，呵护、鼓励他们，"像对待玫瑰花上的露珠一样"；也要看到他们的"脆弱、粗糙"，严格要求他们。

李吉林说，自己是一位"长大的儿童"。在成尚荣看来，"长大的儿童"实质上是教师的一种大智慧，亦是一种大爱。要在成人的世界里发现儿童，教师就要回到"孩童时代"，和孩子一起想、一起玩、一起学，用孩子喜欢的方式教育他们、引领他们。这才是具有大智慧与大爱的教师，才能真正在儿童立场上挥洒自如。

"教师的专业成长需要大格局"

2015 年 4 月，"于漪、洪宗礼、李吉林教育实践和教育家成长座谈会"在镇江隆重举行，作为本次活动的主持人和策划者，成尚荣巧妙地将这场座谈会的主题命名为"先生回家"。"'先生回家'，不仅是三位名师重返镇江故里，更是'先生之风'的回归。三位名师的成长经历告诉我们，好教师首先是一名'先生'，应当具有先生之德，先生之道！"他深切地说。

这一场活动，源于几年前成尚荣看过的一部题为《先生回来》的纪录片。片中的蔡元培、胡适、马相伯、张伯苓、梅贻琦等一批民国时期的有识之士，开风气之先，不坠青云之志，深刻诠释了"先生"的人格内涵。成尚荣对记者回味说："那时的先生们，不擅争评职称，却更擅长个性教学；有知识，也更有情趣；有性格，也更讲人格和品格；教学相长，倾力爱护学生；不独守三尺讲台，更在广阔的社会舞台上展示大国民风范。"

"'先生'的本质应是'知识分子'。"成尚荣认为，"知识分子"固然和知识有关，但衡量知识分子最重要的标准不是知识，而是其行为是否超越了职业，是否具有崇高的理想、自由的意志、社会的良知、批判的精神和能力、追求和维护的价值。"让教师成为'知识分子'，这样的思考和建构会让教师的未来发展有一种大视野、大格局。"

在"知识分子"视野下，教师的专业发展究竟应该在哪里着眼，应在何处着力？三份案例触发了成尚荣对教师专业发展的深刻反思，他举例说道：在众多领域造诣极深的钱伟长先生总是强调"我没有专业，国家需要就是我的专业"；文学史家章培恒先生在回忆其求学生涯时，特别提到，学文学不能光学文学，应该对与文学相关的一些学科也好好地下功夫；南京师范大学附属中学校史馆里的一份史料记载着，该校教师每年须赴大学进修，进修课程以不同于所教学科为先，其次是相邻学科，最后才是自己所任教的学科。

钱伟长、章培恒等大家专业功力深厚有目共睹，可他们为什么却说自己"没有专业"？当年南京师大附中教师为何先选修其他的专业或学科？这让成尚荣陷入沉思。"专业之间不是割裂的，而是相互联系、相辅相成的。"他逐步得出自己的判断，"教育家、名师们成长的经历，不止一次地告诉我们，从优秀走向卓越，囿于自己的学科是走不远、攀不高的。教师的专业发展应超越学科专业，从专业走向课程，从课程实施者逐步走向课程的领导者。"

"昆曲《班昭》里有这样的唱词：'最难耐的是寂寞，最难抛的是荣华，从来学问欺富贵，真文章在孤灯下。'"从普通教师成长为真正的"先生""名师"，是一种突破和超越，它需要各种力量的引领和支撑。成尚荣强调，当前迫切需要开发教师的"第一动力"，即"内部动力"，使其自主生长和创造；让教师形成"第一品质"，即"反思"，让教师走向理性，走向质疑和批判，走向对事物的澄明。

"一个人总要发出声音"

"智慧是一种整体品质，它在情景中诞生和表现，以美德和创造为方向，以能力为核心，以敏感和顿悟为特征。""教育科研的最高原则是道德。""学校应成为教师专业发展的文化栖息地。"……这一句句闪耀着智慧的话语，均出自成尚荣散播于全国各地精彩的演讲和论坛实录。仅在2015年一年时间里，他就在全国各地讲学、主持不下50场，为数以万计的一线教师播撒智识、廓清问题、探索新知。与此同时，他坚持为时而著、笔耕立言——近10年中，他所撰写并收录于中国知网的理论文章就逾400篇。

最令人称道的是，无论是在沙龙、论坛等场合的公开发言，或是见诸报刊的真知灼见，成尚荣总能融汇古今中西之学，带领观众、读者进入新的思考视角；他往往从那些看似简单、普通的现象或命题中，捕捉到新的话题与探讨空间：如何理解课程改革和课堂教学改革之间的关系？教师在课程改革中应当扮演怎样的角色？教学改革面临着哪些新趋势、新走向？……

"课改，最需要的是意识、责任和勇气。""课改，必须改课。课堂教学改革最需要解决的问题之一，就是如何让学生学会学习。"这是2010年，在新一轮课改10年之际，成尚荣得出的概括和判断。在经年累月的观察与反思中，他从未停止对当下教育的问诊把脉。面对着纷繁的教育现象、困境与现实命题，他用充满张力的精辟论述，和许多教育者一起，向基础教育改革深处漫溯。

对课堂教学实践、一线教师的长期观察和接触，也为成尚荣参与国家基础教育课程改革的重大决策研究提供了有力支撑。作为教育部课程改革专家组成员，成尚荣见证了第七次、第八次课改的决策、实施，并主持研制了《地方课程管理指南》，为课改背景下地方教育行政部门如何在国家、地方、学校三级课程管理中转变工作方式，并起到承上启下的作用，提供了规范性指导。

近年来对"苏派教育"的关注，为成尚荣开辟了一个崭新的研究领域。2015年11月，他所主持的江苏省教育科学规划"十二五"重大课题"苏派教育的理论与实践研究"历时5年多，顺利结题。"这项研究可以引起研究者对于教育流派这一命题的关注，"成尚荣认为，"它也让在地域文化中孕育、诞生、发展起来的苏派教育，从自发走向自觉。"

"心有良知璞玉，笔下道德文章。一介布衣，言有物，行有格，贫贱不移，荣辱不惊。"2006年"感动中国十大杰出人物"评委会授予季羡林先生的这段颁奖词，成尚荣始终熟稔于心。"一个人总归要对这个社会发出点声音。作为教育人，应像季先生那样，做'道德文章'，做有良知的知识分子。"

对　话

记　者：您如何理解"在学科教学中培养学生的核心素养"？

成尚荣：核心素养是一个发展的概念。所谓"核心"，指向事物本质，对事物全局起支撑性、引领性和持续促进发展的作用。从这一角度来理解，核心素养之"核心"，应当是起着奠基作用的品格和能力。就像叶圣陶先生说的，所有的课都应当是政治课，所有的课也都应当是语文课。这句话有两层重要含义：一是学生发展核心素养中少不了思想品德素养和语言文字素养；二是学生发展核心素养既是基于学科的，又是超越学科的，应当用学生发展核心素养来统领各学科教学。因此，学科教师既要研究本学科的教学，又要关注、研究、把握和落实学生发展的核心素养。不仅要把握共同的、一般的核心素养，还应当研究和把握学科本身的核心素养。课程改革的未来走向将以核心素养为统领，以"跨界"思维为路径，以主题教学为核心。

记　者：在您看来，在新课改的背景下，教师应当具备什么样的知识结构？

成尚荣：我认为包括四个方面：一是学科知识，即专业知识，你的知识是否有前瞻性，决定着个人发展速度的快慢、质量的高低。二是学科教学知识，通过教学如何将自己的知识传授给学生，这是一种实践知识，是个性化、情景化的知识。两个班级学生不同，教法也应该不同。三是条件性知识，即教育科学理论知识，比如教育学、心理学、方法论等，具有教学艺术的教师应该懂得学生心理。四是文化性知识，即所谓的文化背景、文化底蕴。教师应该是一个文化人，是一个读书人，教师的专业发展要超越自己的专业，构建起自己的文化知识。

教育感言

智慧需要知识，但不等同于知识，智慧比知识更重要；课堂教学改革就是要超越知识教育，从知识走向智慧，从培养"知识人"转为培养"智慧者"；用教育哲学指导和提升教育改革，就是要引领教师和学生爱智慧、追求智慧。因为哲学就是爱智慧。从知识走向智慧的课堂教学，是对教师和学生规范性生存的一种超越，即从规范性生存走向创造性生存，用智慧和创造来充实、支撑、引领师生们的生存。

立德树人是教学改革的根本任务，也是教学改革的根本方向，这是毋庸置疑的。教学改革要将立德树人贯穿于教学的全过程，并以立德树人来评价教学和教学改革。这绝不意味着教学只要立德、只有立德，而没有知识、没有技能。恰恰相反，立德树人更加重视知识，不过，它重视的是以知识、技能为中介和载体，从知识中生长起良好的思想品德，生长起智慧；重视以思想品德来观照知识、技能，让知识的学习、技能的训练有魂有根，把知识转化为智慧，让技能体现道德意义。

当前课堂教学改革面临着四大走向：坚持以学为核心，让课堂教学发生根本性的变革；坚持基于学科本质的教学，让课堂教学发生深度的变革；坚持教学即儿童研究，让课堂真正成为儿童的课堂；坚持以现代信息技术变革课堂，让课堂呈现出更开放、现代的教学、学习方式。理解、把握这些新走向，我们才能更主动地做好准备，去迎接未来。

我的精神导师

南京市北京东路小学　孙双金

　　人的一生会遇到重要的"贵人"，成尚荣先生就是我的"贵人"之一，先生是我的精神导师。

　　他今年已 76 岁的高龄，但仍精神矍铄，面色红润，身材挺拔，思维活跃，记忆力超群，被誉为教育界的"传奇"。我从 1988 年认识成先生，至今已经 28 年了。28 年来，成先生一路指点我，引领我，鼓舞我，鞭策我走在教育探索的道路上。

一

　　1988 年 11 月，我有幸参加江苏省首届青年语文教师课堂教学大赛，一路过关斩将，代表镇江市参加全省大赛。比赛地点在仪征工业园区。我只身一人赴仪征参赛，凭借《小溪流的歌》一课获得评委的高度认可，获得一等奖，并上展示课。当时的评委有斯霞、李吉林、袁浩、朱家珑等语文界著名专家，还有成尚荣、袁金华、郑君威等省教育厅、省教科所的著名学者。我就是在那次大赛中认识了成尚荣先生。那时成先生英俊、潇洒，双眼炯炯有神，透射着智者特有的光芒。我是初出茅庐的无名小辈，他已是大名鼎鼎的学者。我对他只能仰视、崇拜。那时成先生给我的感觉是充满威严，可敬可畏，但没有亲近感。

对成先生的态度发生改变缘于参加省厅的一次会议。会议间隙，成先生来到我的房间。他一身西装，永远精神焕发，手里拿着条领带。成先生一进房间，就对我说："小孙，你帮我打一下领带。我看你衣服上的领带，结得很好看。"我有些受宠若惊，成先生原先威严的形象一下子变得亲切起来，仿佛是身边可以亲近的长者和朋友。我帮先生打好领带，先生高兴地对我说："你的课上得很好，衣着也很得体有风度。好青年要有追求，希望你能像斯霞、李吉林老师那样，做江苏小语界的名师。"先生话虽不多，但在我内心留下了深刻的印象。

二

一转眼，2003 年我调到省城南京北京东路小学任校长，和先生同居一城，请教的机会多了起来。我有非常深切的体会，只要我有需求，先生即便再忙，都挤出时间来指导，或亲临学校，或我到他府上，没有一次拒绝或推辞的。这让我十分感动。

大约是 2004 年，我到省城工作一年左右，小语界一些朋友要我提出语文教学的主张。我颇感犹豫，因为自己深感学养不厚，理论不足，难以支撑自己的主张。再加上刚到新的地方、新的环境不久，就提出自己的所谓主张，好似不妥。正在我彷徨之际，偶遇先生，谈了我的顾虑，先生听后，立即正色回答："这有什么顾虑的？提出自己的主张，是一位名师成熟的表现。你工作已经 20 多年，在小语界有这么大的影响，理应有自己的主张。再说了，提出自己的教学主张，也是逼迫自己不断学习，不断思考，不断提炼，不断总结。这于己于人都是好事，为什么不做呢？我支持你！"

得到先生这么坚定的支持，我心里的一块石头落地了。当时学校要改建门厅，五、六年级学生都在 49 中过渡。我准备上一堂新课《二泉映月》，试教时，我邀请了先生和一些志同道合的老师共同来听，并就"情智语文"做一个小型研讨。

记得上课那天，先生如约而至。依然衣着整齐，头发一丝不乱，目光炯炯发亮，腰板挺拔，精神饱满。他认真听了我两堂课，课毕，我们一群人聚在简陋的小会议室内，就我的两堂课和"情智语文"展开了热烈的讨论。先生仔细倾听每个人的发言，时而注目凝望，时而侧身思考，时而低头在本子上写上几笔。等每个人都充分讲透之后，先生谈了自己的观点：

"我认为孙双金老师今天用上《二泉映月》两堂课，来探讨'情智语文'的主张，很有意义。关于这两堂课，大家都谈了很好的意见，下面我重点谈一谈对'情智语文'的理解。其一，情感：儿童发展，儿童语文学习的动力密码。其二，智慧：儿童发展，儿童语文学习，心智成长的密码。其三，情智共生：直抵儿童精神发展的核心。"

接着先生洋洋洒洒，引经据典，层层剥笋式地对"情智语文"作深入的理论阐述。什么叫"听君一席话，胜读十年书"，什么叫"醍醐灌顶"，这就是我当时真切的感受。望着先生清瘦的脸庞，睿智的目光，听着先生充满哲思的话语，我的内心敞亮起来了，对"情智语文"追寻的步伐也越发坚定了。

2006年第12期《语文教学通讯》，刊发了我的"情智语文"专栏，其中"专家评说"一栏，成先生发表了《"情智语文"的核心价值与现实突破》的理论文章，表达了他三个鲜明的观点：

第一，"情智语文"与"语文就是语文"在语文本质与边界的坚守中寻觅，从教学见解走向教学主张。

第二，情智共生用语文的密码开启儿童的心智之门，直抵语文教学精神文化的核心。

第三，孙双金在"情智语文"中，用语文的方式让学生过有意义的文化生活，有效地完成语文的"独当之任"。

至此，我正式在小学语文届举起了"情智语文"的教学主张。如果说，在语文教学的道路上，我迈出了比较重要的一步的话，那成先生就是我重要一步的重要他者。

三

时间到了 2009 年。国家第八次课程改革进入深水区，尤其是语文教学，国人尤为重视。可是雷声大，雨点小，不见多少起色。我作为从教近 30 年的老语文教师，面对这样的现状，也是忧心如焚，思考着如何走出一条新路来。

那一阵我认真阅读了王丽女士主编的《名家谈语文学习》，商友敬先生主编的《过去的教师》，朱自清先生谈语文教学的专著，叶圣陶、夏丏尊主编的民国时期的教科书。走进历史，让我们的语文目光更加深远；走近名家，让我们的语文思想更加清醒。渐渐地，从名家名篇中，我发现了当代语文教育的弊端。

弊端之一：教什么错了。我们一直以为儿童认知水平差，应该从最浅显的教起。结果解放以后，甚至五四运动以来，我们就远离了语文经典，轻慢了经典，甚至丢弃了经典，转身亲近通俗，亲近白话，亲近浅显。于是，我们的孩童，从启蒙阶段就变成了通俗，变成了浅白。你第一眼看到的是经典，学习的、亲近的是经典，你就变成了经典。你第一眼看到的是通俗，学习的、亲近的是通俗，你就变成了通俗。这是真理，亘古不变的真理！

弊端二：怎么教也错了。五四运动之后，国门打开，引进了"德先生"和"赛先生"，于是乎，我们就认为民主科学是放之四海而皆准的真理。分而析之的科学方法用在理工科上是好方法，用在中国汉语学习上就用错了地方。中国汉语学习讲究日积月累，讲究熟读成诵，讲究涵泳感悟，但近代以来，我们一直用讲解分析法代替了，于是乎语文课就成了分而析之，讲而解之，甚至变成了"肢解式教学"。

找到弊端之后，我对症下药，建构自己的校本教材，以三块"大石块"——国学经典、诗歌经典和儿童文学经典来建构小学 6 年的语文教学体系。教材雏形一出，即得到部分专家的好评。为了经得起学界的质疑，我决定请部分专家给予论证。于是很自然想请成先生来校论证指导。

那一天，在我们的四楼小会议室，我们请了几位专家论证指导。有我校的前任校长、德高望重的袁浩先生，有著名儿童文学作家祁智先生，有国学研究专家戴传江先生，有南师大儿童文学研究专家谈凤霞女士，当然也有我敬仰的成尚荣先生。

专家们各抒己见，充分肯定了我对校本教材的架构，同时也提出了十分中肯的建议。譬如，如何让国学经典以儿童的方式让孩子亲近？如何选择古体诗歌和现代诗歌，比重如何处理？如何精选出中外优秀的儿童文学作品进入教材？……在临近研讨会尾声的时候，成先生提出了一个问题："给这套校本教材起个什么名字呢？"

有的说："叫情智校本教材。"

有的说："叫经典校本教材。"

成先生发言了："我起两个名字。一个叫'种子语文'，这是在儿童阶段播下经典种子的语文，种子是能生长的，是能带得走的，是有生命力的。另一个叫'12岁以前的语文'，12岁是心理学上的概念。12岁以前是儿童时期，叫'12岁前的语文'，说明它是儿童的语文，是为终身奠基的语文，是能够生长的语文。"

先生的发言总能让人眼前一亮，精神为之一振，因为他的语言充满了思想的内容，包含着哲理的思考，又恰当地从儿童的立场出发，充盈着诗情画意。好一个"种子语文"，好一个"12岁以前的语文"！

2009年下半年，我在《人民教育》发表了"12岁以前的语文"对小学语文教学体系的重构的文章，文章一经发表，在小语界产生了比较大的反响。《小学语文教师》以《童年的语文》为题转发此文，编辑部很快收到大量读者来电和来信，对文章的观点给予充分的肯定。编辑部时任主编李振村还特地打电话向我祝贺。当然，我也听到学界一些质疑的声音，譬如，如果这样把国家教材置于何地？小学生读国学是不是复古？是不是又回到死记硬背的老路上了？"国学"这个概念成立吗？站得住脚吗？……我知道这些质疑声音都是善意，都是为了让我们的思考更深入，更成熟。但是当现实的成果评奖遭遇挫折时，我的内心还是有波澜的。每当这时，成先生就鼓励我们："不要气馁，要相信自己，相信这条路走得是正确的。探索的道路怎么会一帆风顺？怎么会一马平川？多听一些反对的声音不是坏事，能让我们更清醒，更理智，更全面地思考'12岁以前的语文'。我相信你们的课题是有价值的，一定要坚定不移地走下去。"

先生的话是我们的定心丸。正如朱萍老师常常挂在嘴上的话："成所长一到，我们的心就定了。他总能让我们拨云见日，柳暗花明，豁然开朗。"

四

2011年12月，我参加江苏省人民教育家工程培训已整整两年了。根据教育厅的要求，每位培养对象必须举行中期成果展示活动。

"情智教育"研讨会如期举行。内容有四大版块：第一版块是我的主报告：《情智教育：在探索中前行》。第二版块是情智课堂展示：有我的儿童诗教学，还有我校语文、数学、综合教师的课堂展示，他们是朱萍、吴静、朱志林、陈静、张齐华、唐隽菁、吴京钧、查育辉。第三版块是我们全省小学校长组的校长和我校青年教师的两场沙龙研讨。第四版块是专家论坛。邀请参加指导的专家有我们校长导师组的金生鈜教授、吴永军教授、袁浩校长，另外我也邀请了成尚荣先生、朱家珑先生和叶水涛先生。

那一天，我校容纳300多人的阶梯教室济济一堂，高朋满座。会场舞台大红色背景板上写着"情智教育研讨会暨苏南五校联盟大讲堂"。南京兄弟学校的领导老师来了，苏南五校联盟学校（苏州吴江盛泽小学、无锡师范附小、常州局前街小学、镇江中山路小学）的领导老师来了，外省市友好学校的领导老师也来了。

我首先在会上作了《情智教育：在探索中前行》的主旨演讲，讲了五个方面：我们为什么提"情智教育"的办学主张；"情智教育"——我们的理解与追求；我们的管理理念；我们的领导策略；我们的情智课堂。这五个方面，我引用了我们的八个教育故事，以叙事性为主加上适当的理性阐述成为我演讲的总体风格。

演讲结束之后，我随即上了一堂现代儿童诗的展示课。课上我把教师藏起来，把学生推到课堂中央，让孩子们尽情地展开丰富的想象，选用最美妙的词语描述"阳光在溪上"奔跑、跳跃、旋转、飞舞的情景。课堂上孩子们的心灵敞开、思维活跃，想象的火花四射，博得听课老师和专家阵阵热情的掌声。

在专家评论环节，金生鈜教授首先作了"情智教育的理想、诗意与价值"的点评。本来安排成先生最后压轴发言，可等到金先生发言快结束时，成先生突然转过头来对我说：

"我想接着金教授的讲话，第二个发言。你帮我调整一下。"

我连忙调整专家发言顺序。金教授刚走下讲台，成先生精神抖擞健步走上讲台。他静静地扫视一下会场，会场上鸦雀无声。先生一开口就吸引了全场：

"我不是孙双金的导师，但是我是孙双金的好朋友。在和他的接触中，我向他学习了很多的东西，因而也有很多的感想。孙双金对情智教育有一个非常动听的比喻，叫作'北小这棵大树上长出的一片新的枝芽'。这是他的谦虚。但是我想说的是，枝叶是这棵大树上生长出来的，不过新生长出的枝叶给这棵大树又赋予新的生命和活力。……"

先生侃侃而谈，他谦虚地说讲三个观点：

第一，孙校长今天所介绍的情智教育定位更加准确，更加深刻，核心问题得到进一步彰显。

第二，孙校长今天表现出一种独特的表达风格，一种独特的表达方式。

第三，孙校长的情智语文带出了一个非常优秀的团队。

他在充分肯定的基础上，也对我们提出两点建议：

第一，关于智慧和情感的关系问题需进一步厘清。

第二，情智语文还要进一步找到理论依据。

先生特别推荐接受美学，希望我们在接受美学中找到新的理论支撑。

听着先生在台上滔滔不绝地深刻论述，看着先生深邃的目光、花白的头发，我感慨万千。

先生总是在我人生的节点上关注我，支持我，鞭策我。从情智语文，到12岁以前的语文，到情智教育，到前瞻性项目的申报……一路走来，一路陪伴，一路引领。颜回对孔子情不自禁地赞叹："仰之弥高，钻之弥坚，瞻之在前，忽焉在后。夫子循循然善诱人，博我以文，约我以礼，欲罢不能。"先生在我心中何尝不是如此呢？

先生之德，高山仰止；先生之智，浩浩荡荡；先生之风度，令人神往。

致　谢

　　早上五点多就起床了，准备写文丛的致谢。每次写东西前，总喜欢先读点什么东西。今天读的是《光明日报》的"光明学人"，写的是钱谷融先生。

　　钱谷融先生是我国著名文学批判家、文艺理论家、教育家。那篇写他的文章，题目是:《钱谷融:"认识你自己"》。文章写出了钱先生性格的散淡和自持，我特别喜欢。文章写到在2016年全国第九次作代会上，谈及当下的某些评论，钱先生笑眯眯地吟出杜甫的《绝句》:"两个黄鹂鸣翠柳，一行白鹭上青天。"看提问者似懂非懂，他便说:"黄鹂鸣翠柳，不知所云;白鹭上青天，离地万里。"提问者恍然大悟，开心大笑。

　　自然，我也笑了。我笑什么呢? 笑钱先生的幽默、智慧、随手拈来，却早就沉思于心。我还联想到自己，所谓的文丛要出版了，要和大家见面了，是不是也像钱先生所批评的那样，看似好美却不知所云，看似高远却离地万里呢? 我心里十分清楚:有，肯定有。继而又想，没关系，让大家评判和批评吧，也让自己有点反思和改进吧，鸣翠柳、上青天还算是一种追求吧。

　　回想起来，我确实有点追求"黄鹂鸣翠柳、白鹭上青天"的意思，喜欢随意、自在，没有严格的计划，也不喜欢过于严谨。我坚定地以为，这并没有什么不好，文字应当是从自己心里自然流淌出来的，有点随意，说不定会有点诗意，也说不定会逐步形成一种风格。我也清楚，我写的那些东西，没有离地万里、不知所云，还是来自实践、来自现场、来自思考的。不过，我又深悟，大家大师的"随意"，其实有深厚的积淀，有缜密的思考，看似随意，却一点都不随便，用"厚积薄发"来描述是恰当不过的。而我不是大家，不是大师。所以应当不断地去修炼，不断地去积淀，不断地去淬化，对自己有更严格的要求。

我也有点散淡。总希望写点单篇的文章，尽管也有写成一定体系的论著的想法，但总是被写单篇文章的冲动而冲淡；而且单篇文章发表以后，再也不想再看一遍，就让它安静地躺在那儿，然后我会涌起写另一单篇的欲望。所以，要整理成书的愿望一点都不强烈，在家人和朋友的催促下，我不好意思"硬回绝"，只是说："是的，我一定要出书。"其实是勉强的、敷衍的。说到底，还是自己的散淡所致——看来，我这个人成不了什么大事。

好在有朋友们真诚的提醒、催促、帮助。非常感谢李吉林老师。曾和李老师同事了23年，她是我学习的楷模，我的思考和研究，在很大程度上是在她的影响和提醒下进行的。清楚地记得，我从省教育厅到省教科所工作，李老师鼓励我。她又不断地督促我，要写文章，要表达自己的思想。非常感谢孙孔懿先生。孙孔懿是学问家，他著作丰厚，是我学习的榜样。他总是温和地问起我出书的事，轻轻的，悄悄的，我在感动之余，有一点不好意思。非常感谢叶水涛先生，水涛才华横溢，读书万卷，常与我交谈，其实是听他"谈书"、谈见解，又常以表扬的方式"诱发"我写书。非常感谢沈志冲先生。沈志冲是高我一届的同学，他的真诚和催促，成了我写作、整理文丛的动力。非常感谢周益民老师。周益民是我的忘年交，是知己。他一次又一次地提议并督促。他还说：我和我们学校的老师可以帮助你整理材料。不出书，真是对不住他。非常感谢校长和老师们，他们对我的肯定、赞扬和期盼，都是对我的鼓励。在徐州的一次读书会的沙龙上，贾汪区一所学校的杜明辉老师大声对我说：成老师，我们希望看到您的书，否则是极大的浪费。杜老师的话让我感慨万千，他的表情一直在我脑海里浮现，他的话语一直在我耳边回响。非常感谢华东师范大学出版社大夏书系的李永梅社长、林茶居先生、杨坤主任及各位朋友、编辑，真心实意地与我讨论，有一次他们还赶到苏州，在苏州会议结束后，又与我恳切交谈，让他们等了好长时间。他们的真诚，我一直铭记在心。当然，我也非常感谢我儿子成则，他常常用不同的方法来"刺激"我，督促我，他认为这应是我给他留下的最宝贵的财富。

在整理文稿的过程中，翟毅斌默默地、十分认真负责地为我做了大量的工作：文字输入、提供参考文献、收发电子文稿、与有关老师联系，事情繁多，工作很杂。他说，我既是他的老师又是朋友，他既是我的学生又是秘书，而且是亲人。我谢谢他——毅斌。

在与窦桂梅老师谈及文丛的时候，在鼓励之后，她又有一个建议：在书后附一些校长和老师的故事。这是一个极好的创意，我非常赞赏。窦校长亲自写了一万多字的文章，有一天她竟然写到深夜，王玲湘、胡兰也写了初稿。我很感谢她们，感谢清华附小。接着我和有关学校联系、沟通，他们都给予真诚的支持和帮助：孙双金、薛法根、祝禧、王笑梅、李伟平、周卫东、曹海永、冷玉斌、陆红兵等名师、好友给我极大的支持和真挚的帮助；南京市琅琊路小学、力学小学、拉萨路小学、南京师大附小等都写来带着温度的文字；名校长、特级教师沈茂德也写了《高度的力量》——其实，他才拥有高度的力量。

出书的想法时隐时现，一直拖着。去年春节期间，我生发了一个想法：请几位朋友分别给我整理书稿，大夏书系李永梅社长说，请他们担任特约编辑。于是，我请了江苏教育出版社的周红，南京市琅琊路小学的冯毅、周益民，江苏教育报刊社的蒋保华，南京市教研室的杨健，南师大附小的贲友林，还有翟毅斌，具体负责丛书各分册的编辑整理工作。他们花了大量的时间和精力，在九月底前认真地编成。这是一项创造性的工作，他们给我以具体的帮助，谢谢他们。

书稿交出去以后，我稍稍叹了一口气。是高兴呢，还是释然呢？是想画上句号呢，还是想画上省略号呢？……不知道。我仍然处在随意、散淡的状态。这种状态不全是不好，也不全是好，是好，还是不好，也说不上。"两个黄鹂鸣翠柳，一行白鹭上青天"，是我所向往的状态和心绪，也是我所自然追求的情境与境界。但愿，这一丛书不是"不知所云"，也不是"离地万里"，而是为自己，为教育，为课程，为大家鸣唱一首曲子，曲子的名字就叫《致谢》。

2017 年 2 月 15 日

图书在版编目（CIP）数据

语文气象 / 成尚荣著 . —上海：华东师范大学出版社，2017

ISBN 978 - 7 - 5675 - 6624 - 8

Ⅰ. ①语 ... Ⅱ. ①成 ... Ⅲ. ①语文课—教学研究—中小学

Ⅳ. ① G633.302

中国版本图书馆 CIP 数据核字（2017）第 162397 号

大夏书系·成尚荣教育文丛

语文气象

著　者	成尚荣
策划编辑	李永梅　林茶居
特约编辑	周益民
审读编辑	卢风保
封面设计	奇文云海·设计顾问

出版发行 华东师范大学出版社

社　　址 上海市中山北路 3663 号　邮编　200062

网　　址 www.ecnupress.com.cn

电　　话 021－60821666　行政传真　021－62572105

客服电话 021－62865537

邮购电话 021－62869887　地址　上海市中山北路 3663 号华东师范大学校内先锋路口

网　　店 http://hdsdcbs.tmall.com

印 刷 者 北京季蜂印刷有限公司

开　　本 700×1000　16 开

插　　页 2

印　　张 18

字　　数 258 千字

版　　次 2017 年 12 月第一版

印　　次 2018 年 7 月第二次

印　　数 6 101—9 100

书　　号 ISBN 978－7－5675－6624－8/G·10462

定　　价 54.80 元

出版人　王　焰

（如发现本版图书有印订质量问题，请寄回本社市场部调换或电话 021-62865537 联系）